国家社会科学基金青年项目“城镇化进程中农村环境法制研究”（项目编号13CFX095）

城镇化进程中
我国农村环境法制建设研究

Research on the Legal System Construction for
Rural Environment in the Process of Urbanization in China

李奇伟　著

法律出版社
LAW PRESS · CHINA

图书在版编目（CIP）数据

城镇化进程中我国农村环境法制建设研究 / 李奇伟著. -- 北京 : 法律出版社, 2024. -- ISBN 978-7-5197-9616-7

Ⅰ. D922.684

中国国家版本馆 CIP 数据核字第 2024X7E942 号

城镇化进程中我国农村环境法制建设研究
CHENGZHENHUA JINCHENGZHONG WOGUO NONGCUN HUANJING FAZHI JIANSHE YANJIU

李奇伟 著

责任编辑 韩满春
装帧设计 李 瞻

出版发行 法律出版社
编辑统筹 学术 · 对外出版分社
责任校对 王 丰 晁明慧
责任印制 胡晓雅 宋万春
经 销 新华书店

开本 710 毫米×1000 毫米 1/16
印张 14 **字数** 197 千
版本 2024 年 11 月第 1 版
印次 2024 年 11 月第 1 次印刷
印刷 北京新生代彩印制版有限公司

地址:北京市丰台区莲花池西里 7 号(100073)

网址:www.lawpress.com.cn

投稿邮箱:info@lawpress.com.cn

举报盗版邮箱:jbwq@lawpress.com.cn

销售电话:010-83938349

客服电话:010-83938350

咨询电话:010-63939796

书号:ISBN 978-7-5197-9616-7 **定价**:68.00 元

凡购买本社图书,如有印装错误,我社负责退换。电话:010-83938349

目　录

第一章　绪　论

第一节　研究背景与意义

农村是从事农业生产为主的劳动者聚居的场域，也是人类环境与自然生态环境相互融合的复杂系统。随着中国经济社会的迅速发展、城镇化进程的加速，农村一方面面临着自身生产、生活污染加重的形势，另一方面也需要应对工业污染、城市污染向农村转移的环境风险。在城乡分立二元体制下，生态环境风险更容易在管理相对薄弱的广大农村地区衍生、聚集、扩散，并体现为生态破坏、环境污染等一系列环境问题。“要清醒地看到，全国农村生态环境形势总体上仍然比较严峻，农村生活污染、面源污染还相当严重，工业污染、城市污染向农村转移，水土流失、土地沙化、生态功能退化等状况还在发展。”“目前，农村每年产生的90多亿吨生活污水基本上任意排放，2.8亿吨生活垃圾也是随意倾倒；化肥年施用量达到4700多万吨，有效利用率不到35%，造成了农村水体和土壤环境恶化。”“饮水安全问题十分突出，全国仍有近2.5亿农村居民喝不上干净的水，不能满足农民的基本需求。”①

---

① 《中国环境年鉴》编辑委员会：《中国环境年鉴（2009）》，中国环境科学出版社2009年版，第4~5页。

在严重的农村生态环境问题背后隐现的是问题频发且缺乏健全规范的农村生态环境管理。长期以来,城市环境治理和工业污染防治一直是我国环境政策法律规制的重点领域,而农村生态环境保护则处于附属地位。“城市是人口集中的地区、工业集中的地区,因而也是污染集中的、严重的地区。所以应该把城市作为防治和保护的重点,这是一个客观的规律。”①“环境保护工作涉及方方面面,在环境管理上要突出重点。可以说,污染问题是古已有之,中外有之。但当今大规模的污染问题,是工业迅速发展而又现代化程度不高的产物。因此,把工业污染防治作为环保工作的重点,是符合我国的实际情况的。”②“没有重点就没有政策。突出重点,讲究实效,以重点带全面,这是多年来环境保护工作行之有效的一个方法。环境保护工作的重点是什么?从地域上讲,城市污染负荷最重,环境质量回旋余地较小;就行业而言,工业污染占总污染负荷的70%~80%。因此,工作重点必须放在城市和工业污染防治上。各地在城市和工业污染防治方面做了大量工作,积累了一定经验。把重点放在城市和工业上,一方面是客观需要,另一方面也具备了相应的条件。”③

但在重点论法治思维下,集中政策资源对城市区域环境保护实施调控也可能存在重城市轻农村、重工业轻农业、重污染治理轻生态环境保护等问题。从我国农村环境法治运行情况看,在立法方面,我国尚未出台专门的《农村环境保护法》。有关农村、农业环境治理的法律规范零散分布在《环境保护法》《农业法》《畜牧法》《林业法》《水污染防治法》《固体废物污染环境防治法》《城乡规划法》《乡镇企业法》等法律文件中。由于立法的缺失,构成农村生态环境治理基本框架的核心要素,如农村环境监督管理体制、生态村镇建设管理、农村环境综合整治、乡镇企业环境保护管理等在法律层面没有明确规定,与农民生活生产息息相关的农村区域大气、水、固体废物领域的

① 国务院环境保护委员会办公室:《李鹏同志关于环境保护的论述》,中国环境科学出版社1988年版,第80页。

② 中共中央文献研究室:《十四大以来重要文献选编》(上),中央文献出版社2011年版,第73页。

③ 《中国环境年鉴》编辑委员会:《中国环境年鉴(1991)》,中国环境科学出版社1991年版,第38页。

法律制度建设滞后。

在执法队伍建设层面,《环境保护法》只规定了国家、省、市、县四级监管机构,却未就乡镇一级如何设置环境监督管理机构作出具体规定,从而事实上造成基层环境监管的结构空洞。2015 年《中国环境年鉴》指出,截至 2014 年年底,全国共有县一级环境保护管理机构 2815 个,乡镇一级环境保护机构 2968 个。平均下来 1 个县只有 1 个乡镇设有环境保护管理机构,只占到我国乡镇总数的 7.35%。[①] 如此一来,在倾斜性法制资源配置下会形成"城市"环保强、"农村"环保弱,"工业"环境保护标准高,"农业"环境保护标准低的局面。如果这种局面不及时进行调整或者修正,就会在区域间形成不同的环境管制强度,使原本一体的环境法治面临断裂、碎片化风险。有学者指出的,我国在进行环境立法时,其立法目标、基本原则和制度、具体法律规范的设计呈现出"为城市立法、为工业立法"的偏向,通过对立法时序、规制强度、规制重点、管制标准等的差异性安排,人为制造出"城市"与"农村"两套法制体系,并通过非均衡的权利义务安排使社会资源配置整体上向城市和工业环境保护倾斜,致使农村和农业环境法制被边缘化。[②]

在这种情况下,农村污染防治与生态环境保护议题理应受到法制层面的必要关注。制度才能管根本、管长远。严格的制度、严密的法治,可以为生态文明建设提供可靠保障。从域外国家和地区情况看,城镇化进程中农村生态环境法制问题已经引起了社会的普遍关注,针对基本农田保护、污染农地修复、新农村建设等问题,一些国家开始通过立法对其进行规制,如美国《农地保护政策法》、日本《农用地土壤污染防治法》、法国《农业指导法》、德国《农业法》和《土地整治法》等,逐步明确政府在农村生态环境保护方面的职责权限,清晰规定各方主体的环境治理责任。域外法治实践已经证明,在城镇化进程中不断健全完善农村环境保护法律制度,明确相关主体权利义

---

① 参见张卫东、朱沁园、鞠昌华:《垂直管理背景下乡镇环保机构建设探索》,载《环境保护》2017 年第 7 期。

② 参见谢玲:《城乡一体化背景下农村饮用水安全法律制度的重构》,载《华中农业大学学报(社会科学版)》2015 年第 3 期。

务责任，规范各项开发利用活动有助于化解农村环境风险，推动农村地区可持续发展。

就理论层面而言，在城镇化背景下审视、反思与农村生态环境保护密切相关法制建设问题，将有助于进一步深化环境法治理论。法律制度的构建与完善是保障农村环境保护治理活动规范、有序开展的重要前提，也是展开农村环境风险法律规制的制度前提。研究通过对农村生态环境法制的概念意涵、结构要素、价值功能等的分析，运用法学、政治学、公共管理学等学科理论，合理架构农村生态环境法律制度的基本理论框架，并在总结实践经验基础上构建完善一整套结构合理、规范有序符合我国实际的法律框架与组织形式。这些将有助于深化我国环境法治理论研究，也将有助于推动我国生态文明建设，提升农村可持续发展能力，因此，具有重要的理论价值。

就实践层面而言，在城镇化背景下审视、反思、重构与农村生态环境保护密切相关法制建设问题，将有助于健全农村环境保护的体制、机制，使之在实践中发挥更好的制度绩效。在现代法治理念下，无论是农村环境治理的性质、形式、原则、程序、责任等都应该有一定的法律依据。法律所具有的强制性、约束力和规范性特征，可以使之成为农村环境风险治理、保护农业生态环境的有力武器，发挥其他政策工具所不具备的作用。通过形塑农村生态环境保护治理规则体系，可以推动农村污染防治与生态保护，协调利益相关者利益，推进农村绿色发展。

总之，农村生态环境保护亟须在城镇化视角下从法律制度层面予以审视、重构。基于此，研究将以农村环境治理的相关法制建设问题作为探讨的主轴，尝试梳理归纳国内外相关法制建设经验，并针对我国农村环境治理实践情况予以实证分析，以期为未来农村环境治理的制度完善与立法建设提供智识支持。

第二节 国内外研究现状

城镇化进程中农村环境法制建设研究是关于“城镇化”“农村生

态环境保护”“农村环境法制”等主题的研究。研究需要反映“城镇化与资源生态环境之间耦合关系”“城镇化与农村环境法制建设之间关系”等主要问题域。因此,国内外研究现状将分成“城镇化理论研究”、“城镇化与资源生态环境之间耦合关系研究”和“城镇化与农村环境法制建设研究”三个部分展开。

一、城镇化理论研究

城镇化既是地域空间的转换,也是产业结构的转换,更是人类生活方式的转变。1867 年,西班牙工程师塞达首先使用“urbanization”一词描述城镇化现象。之后,随着世界范围内城镇化进程的加快,城镇化理论开始在世界各地风行。① 围绕着城镇化理论的建构、完善,国内外学者从多个方面进行了建设性研究。

(一)国外研究现状

国外对城镇化问题的研究已经经历了一段较长时间。我们以“urbanization”为搜索项在“Elsevier”上可以获得大约 73,390 项结果,在“Google Scholar”上可以获得大约 1,230,000 项结果。显示出学界对于城镇化理论研究的广泛兴趣,在此,仅简要梳理分析域外城镇化理论的主要形态。

从理论层面看,城镇化理论主要可以区分为以下几种理论形态。

(1)二元结构理论。W. Arthur Lewis(1954)②、John C. H. Fei 等(1961)③、Michael P. Todaro(1970)④、Dale W. Jorgenson⑤ 等采用不同结构理论模型论证了发展中国家存在的城市和农村、工业和农业

---

① 参见新玉言:《新型城镇化理论发展与前景透析》,国家行政学院出版社 2013 年版,第 1~3 页。

② See Lewis W. A. ,*Economic Development with Unlimited Supplies of Labour*,139 The Manchester School 22 (1954).

③ See Ranis G. & Fei J. C. H. ,*A Theory of Economic Development*,533 The American Economic Review 51(1961).

④ See Harris J. R. & Todaro M. P. ,*Migration, Unemployment and Development: A Two-sector Analysis*,126 The American Economic Review 60(1970).

⑤ See Jorgenson D. W. & Griliches Z. ,*The Explanation of Productivity Change*,249 The Review of Economic Studies 34(1967).

二元经济特征,并认为随着城市化进程的加速将实现二元经济的一元化。

(2)人口迁移理论。R. Heberle(1938)[①]、Zipf(1946)[②]、Lee E. S.(1966)[③]、D. Massey(1990)[④]等从人口迁移视角理解城市化过程,指出城市化意味着农村人口向城市转移,城市人口比重的增加。

(3)区位理论。Alfred Weber(1909)[⑤]、Walter Christaller(1933)[⑥]等认为,各类经济活动不仅要考虑生产要素资源配置、技术水平等要素,还要考虑所处的空间区位。城市在空间上的高度聚合使各种要素有序流动,从而在城乡间形成了不同空间布局和要素分布。

除此之外,城市规模与城市体系理论、非均衡增长理论、精明增长战略等也从不同侧面阐述了城镇化的理论内涵。总之,这些理论研究针对城镇化现象从不同理论视域展开了分析论证,呈现了人口、土地、产业等城镇化类型,并表明了城乡融合、一体化发展的总体趋势。[⑦]

(二)国内研究现状

国内最早涉及城市化的研究文献是吴友仁先生的《关于中国社会主义城镇化问题》(1979)。之后,费孝通先生连续发表系列有关

---

① Heberle R., *The Causes of Rural-urban Migration a Survey of German Theories*, 932 American Journal of Sociology 43(1938).

② Zipf G. K., *The P 1 P 2/D Hypothesis: On the Intercity Movement of Persons*, 677 American Sociological Review 11(1946).

③ Lee E. S., *A Theory of Migration*, 47 Demography 3(1966).

④ Massey D. S. et al., *Return to Aztlan: The Social Process of International Migration from Western Mexico*, Univ. of California Press, 1990.

⑤ Weber A., *Ueber den Standort der Industrien*, JCB Mohr (Paul Siebeck), 1909.

⑥ Christaller W., Die Zentralen Orte in Süddeutschland: Eine Ökonomisch-geographische Untersuchung Über Die Gesetzmässigkeit der Verbreitung und Entwicklung der Siedlungen Mit Städtischen Funktionen, University Microfilms, 1933.

⑦ 需要说明的是,在总体趋势以外在局部地区也存在"逆城市化倾向",但这并不影响总体判断。参见孙群郎:《20世纪70年代美国的"逆城市化"现象及其实质》,载《世界历史》2005年第1期。

小城镇建设的论文(1984,1985)①,形成了费氏“小城镇”建设理论。随后,“城镇化”的理论研究逐渐走向深入,并融入中央政策中形成了城镇化实践。我们以“城镇化”为搜索项在“中国知网”上对“主题”进行搜索可以获得大约15万项结果,对“篇名”进行搜索可以获得大约6万项结果。在此,仅选取与中国城镇化道路密切相关的两个主题——“城镇化道路”和“新型城镇化”两个方面内容进行分析。

关于“城镇化道路”选择议题,国内学者有不同的观点。徐更生(1987)②等基于缓解大中城市人口膨胀压力、减少对国家财政依赖等原因认为,发展小城镇是我国城市化道路的正确选择;刘纯彬(1988)③、吕颖慧(1997)④、马庚存(2001)⑤等认为,与发展大城市或者小城镇相比,中等城市论更具比较优势,因此,主张以发展中等城市为主;于晓明(1999)⑥、王小鲁、夏小林(2001)⑦、周牧之(2005)⑧则认为中国城市化应发挥城市的规模效应和集聚效应,以发展大城市为主。

关于“新型城镇化”建设议题,国内学者围绕“新型城镇化”的概念内涵、战略意义、改革路径等方面进行了较多探讨。单卓然、黄亚平(2013)⑨认为新型城镇化具有民生、可持续发展和质量三大内涵,平等城镇化、幸福城镇化、转型城镇化、绿色城镇化、健康城镇化

---

① 1984年、1985年,费孝通先生连续撰文就“小城镇”建设问题提出创新意见。可参见费孝通:《小城镇的发展在中国的社会意义》,载《瞭望》1984年第32期;费孝通:《小城镇,大问题》,载《江海学刊》1984年第1期;费孝通:《小城镇研究继续前进》,载《江海学刊》1985年第2期。

② 徐更生:《发展小城镇是我国实现农村现代化的捷径》,载《中国农村经济》1987年第11期。

③ 刘纯彬:《中国城市化要以建设中等城市为重点》,载《财经科学》1988年第7期。

④ 吕颖慧:《中国城市化应以中等城市为发展重心》,载《山东师范大学学报(人文社会科学版)》1997年第6期。

⑤ 马庚存、冷静:《略论中等城市的城市化道路》,载《理论导刊》2001年第6期。

⑥ 于晓明:《对中国城市化道路几个问题的思索》,载《城市问题》1999年第5期。

⑦ 王小鲁、夏小林:《合理的城市化发展政策》,载《中外房地产导报》2001年第5期。

⑧ 周牧之:《大转折:解读城市化与中国经济发展模式》,世界知识出版社2005年版。

⑨ 单卓然、黄亚平:《“新型城镇化”概念内涵、目标内容、规划策略及认知误区解析》,载《城市规划学刊》2013年第2期。

和集约城镇化六大核心目标；张占斌（2013）[①]指出，新型城镇化的战略意义在于有助于实现我国现代化、建设经济强国、解决经济社会问题、推动国民经济健康持续发展；倪鹏飞（2013）提出，政府应通过制定战略与规划、提供基础设施和公共服务、完善制度与政策、加强监督与管理积极推进新型城镇化进程。[②] 此外，还有学者，如李江苏等（2014）[③]、沈彦等（2015）[④]、李秋颖等（2015）[⑤]分别选取河南、湖南、山东等地为样本展开实证研究。这些研究在前期译介国外成果基础上试图找寻中国化的城镇化道路，推动了研究思路从外向内、本土化拓展。

二、城镇化与资源生态环境耦合关系研究

城镇化发展建立在资源环境承载力的基础之上，同时又对生态环境产生影响，因此，随着城镇化研究的逐步深入，城镇化与资源生态环境之间的耦合关系也为学界所关注。

（一）国外研究现状

城镇化与资源生态环境之间耦合关系的研究较早可以追溯到1962年《寂静的春天》、1972年罗马俱乐部提交的《增长的极限》报告。这些文献既唤醒了人们的环境保护意识，同时也阐述了现代技术与生态环境破坏、经济发展与环境保护之间关系，在深层次上对人类活动的生态环境影响进行了分析。之后，城镇化这一客观现象及其对生态环境的影响开始跃入研究者视野，并逐步形成了较为成熟的理论模型和实证研究。

---

① 张占斌：《新型城镇化的战略意义和改革难题》，载《国家行政学院学报》2013年第1期。

② 倪鹏飞：《新型城镇化的基本模式、具体路径与推进对策》，载《江海学刊》2013年第1期。

③ 李江苏、王晓蕊等：《城镇化水平与城镇化质量协调度分析——以河南省为例》，载《经济地理》2014年第10期。

④ 沈彦、朱翔等：《新型城镇化视角下的湖南省土地城镇化与人口城镇化协调发展研究》，载《中国人口·资源与环境》2015年第S1期。

⑤ 李秋颖、方创琳等：《山东省人口城镇化与空间城镇化协调发展及空间格局》，载《地域研究与开发》2015年第1期。

在理论层面,形成了几个著名的对策模型。例如,David Pearce(1990)[①]根据城市发展的起飞、上升、顶峰、下降、低谷等不同阶段,对城市发展过程中所出现的土地过量使用、环境污染、水资源的过度消耗等资源环境问题进行分析,提出了著名的城市发展阶段环境对策模型;Grossman 等(1995)[②]提出了著名的环境库兹涅茨曲线(EKC),认为经济增长最初会带来生态环境的恶化;之后,随着国民收入水平的提升,生态环境质量也会相应提升,在经济增长与环境质量之间呈倒"U"形的曲线[③]。

在实证层面,研究者们选取国家或地区实践进行了实证分析。例如,Martinez-Zarzoso 等(2008)[④]对发展中国家 1975—2003 年的面板数据进行分析后得出,如果城市化达到一定水平,城市化对于二氧化碳排放的影响就会转为负面,从而减少对生态环境的破坏。不同国家情况也不同。低收入国家会获得一个正向的但变小的值,中等收入国家会获得一个负向的但上升的值。

(二)国内研究现状

从国内情况看,城镇化与资源生态环境之间耦合关系的研究也获得了学者的关注。在理论层面,除了译介国外情况[⑤],马世骏等(1984)[⑥]、王如松(1988)[⑦]认为,城市生态系统可分为社会、经济、自然三个亚系统,它们在一定的时空范围内相互联系、相互作用,推动

---

① Pearce D. W. & Turner R. K., Economics of Natural Resources and the Environment, Johns Hopkins University Press, 1990.

② Grossman G. M. & Krueger A. B., *Economic Growth and the Environment*, 353 The Quarterly Journal of Economics 110(1995).

③ 孙慧宗:《中国城市化与生态环境协调发展研究》,吉林大学 2011 年博士学位论文,第 7~11 页。

④ Martínez-Zarzoso I. & Pérez-García E. M. & Suárez-Burguet C., *Do Transport Costs Have a Differential Effect on Trade at the Sectoral Level?*, 3145 Applied Economics 40(2008).

⑤ 参见刘吉双、衣保中:《日本城镇化"绿色发展"新动力方向研究》,载《现代日本经济》2015 年第 6 期;吴唯佳、唐燕、唐婧娴:《德国乡村发展和特色保护传承的经验借鉴与启示》,载《乡村规划建设》2016 年第 1 期等。

⑥ 马世骏、王如松:《社会—经济—自然复合生态系统》,载《生态学报》1984 年第 1 期。

⑦ 王如松:《城市生态位势探讨》,载《城市环境与城市生态》1988 年第 1 期。

了城市复合体的矛盾运动。盛广耀(2009)[①]则将城镇化与资源生态环境之间耦合关系延伸到经济发展与资源环境消耗之间,认为他们之间也呈倒“U”形曲线。

在实证层面,一些学者,如刘焱序等(2013)[②]、崔木花(2015)[③]、张引等(2016)[④]分别选取晋陕蒙地区、中原城市群、重庆等地为样本展开实证研究,认为城镇化与生态环境耦合协调关系有多种类型和表现形式,不能一概而论,也不能简单地认为两者关系就呈现为标准的环境库兹涅茨曲线形态。

总之,关于城镇化与生态环境耦合关系的研究反映出作为变量的城镇化对生态环境的影响,建立起了两者的连接关系,为探讨运用环境法治规范约束城镇化各项开发利用活动,避免造成农村地区严重生态破坏和环境污染提供了客观基础。

三、城镇化与农村环境法制建设关系研究

城镇化对生态环境会造成积极或者消极影响,那么,作为政策工具的环境法制在这一过程中是否能够起到预防、管制、修复作用呢?抑或城镇化作为社会发展背景对于农村环境法制会带来哪些影响?对这些问题的探讨是研究的关键。

(一)国外研究现状

国外关于城镇化与农村环境法制建设的研究起步较早。相关研究主要围绕“城市化与农地保护制度”“城镇化与城乡规划制度”“环境正义”等论题展开。

---

① 盛广耀:《中国城市化模式的反思与转变》,载《经济纵横》2009年第9期。

② 刘焱序、吴文恒、温晓金:《晋陕蒙能源区城镇化过程及其对生态环境的影响》,载《地理研究》2013年第11期。

③ 崔木花:《中原城市群9市城镇化与生态环境耦合协调关系》,载《经济地理》2015年第7期。

④ 张引、杨庆媛、闵婕:《重庆市新型城镇化质量与生态环境承载力耦合分析》,载《地理学报》2016年第5期。

就"城镇化与城乡规划制度"论题，Pryor（1968）[①]、Furuseth（1980）[②]等在关注城市无序扩张问题时，提出了城市增长边界措施。之后，诸多学者，如 Arthur CNelson（1996）[③]、Faisal（2004）[④]、Brueckner（2007）[⑤]等从理论与实证层面对城镇开发边界涉及的基础理论、划定方法、实施效果等问题进行了分析论证。

就"城市化与农地保护制度"论题，Coughlin R. E.（1981）[⑥]、Juergensmeyer J. C.（1981）[⑦]等分析指出，从 1967—1975 年的 8 年间，在美国约有 2300 万英亩的农地被改造为城市、交通、资源开发和其他非农业用途。其中，超过 1/3 的土地是农田或牧场。Hoffmann 等（1986）[⑧]认为，从各州情况看，由于地理、人口、产业特征不同，地方农地保护政策各有侧重，并且处在不断发展完善中。"在西海岸和密西西比河以东的州，递延课税立法占主导地位；从落基山脉到密西西比河的州，优惠评估立法获得更多支持；在西海岸各州（特别是俄勒冈州）、马里兰州和邻近的宾夕法尼亚州、弗吉尼亚州和新泽西州等，农业分区立法较为集中。东南和西南各州则没有授权展开农业分区；在东北部各州，开发权购买居于主导地位。"[⑨]

---

① Pryor R. J. , *Defining the Rural Urban Fringe*, 202 Social Forces 47(1968).

② Furuseth O. J. , *The Oregon Agriculture Protection Program: A Review and Assessment*, 603 Natural Resources Journal 20(1980).

③ Nelson A. C. & Moore T. , *Assessing Growth Management Policy Implementation: Case Study of the United States' Leading Growth Management State*, 241 Land Use Policy 4 (1996).

④ Mubarak F. A. , *Urban Growth Boundary Policy and Residential Suburbanization: Riyadh, Saudi Arabia*, 567 Habitat International 4(2004).

⑤ Brueckner J. K. , *Urban growth Boundaries: An Effective Second-best Remedy for Unpriced Traffic Congestion?*, 263 Journal of Housing Economics 3(2007).

⑥ Coughlin R. E. & Keene J. C. , *The Protection of Farmland: An Analysis of Various State and Local Approaches*, 5 Land Use Law & Zoning Digest 6(1981).

⑦ Juergensmeyer J. C. , *Farmland Preservation: A Vital Agricultural Law Issue for the 1980's*, 443 Washburn Law Journal 21(1981).

⑧ Hoffmann & Sandra A. , *Farmland and Open Space Preservation in Michigan: An Empirical Analysis*, 1107 University of Michigan Journal of Law Reform 19(1986).

⑨ 李奇伟：《美国城市化进程中基本农田保护制度的构建与启示》，载《环境保护》2018 年第 12 期。

就“环境正义”论题，Hooghe M. 等(2013)[①]通过对美国得克萨斯州埃尔帕索—华雷斯大都市工业设施选址的比较研究，探讨了与环境不公平相关的居住模式。结果表明，在城镇化进程中，墨西哥边境地区的居民与美国边境地区的居民所面临的工业危害的原始水平相比，存在着明显的不公平。Young A. F. (2013)[②]提出，针对巴西四个城市展开案例研究，通过城市生态和环境正义框架探讨城市化与全球环境变化的双向互动。结果表明，社会过程与城市化结构、速率问题会影响到环境正义，在各个地区呈现出不同样态。

(二)国内研究现状

国内农村环境法治的研究始于对农业环境和城乡环境法律保护的关注。韩德培(1991)在《环境保护法教程》中梳理了乡村环境、农业环境、乡镇企业环境管理的相关立法背景、意义以及法律规定。之后，随着“三农”问题、可持续发展研究的持续深入，学者的研究视域不断拓展。以“农村环境法”为关键词在中国知网上以“主题”分类进行搜索，可以获得大约 260 项结果，从 2009 年起每年发表的文献数量在 20 篇以上。其中，博硕论文有 165 篇，核心期刊 27 篇。显示出学界开始认真关注农村环境法治问题，在此，我们从“农村环境保护法治理论”“农村环境保护立法”“城镇化进程中农村环境法制建设”等方面进行归纳分析。

1. 就“农村环境保护法治理论”，有关文献主要围绕“农村环境法治发展理论”“农民环境权”“农村环境法治价值”等内容展开。

针对农村环境法治发展演进，蔡守秋(2009)[③]系统梳理了我国农村环境保护法治建设历程，分析了其成就、不足和改进措施；蒋莉

---

① Hooghe M. & Botterman S., *Urbanization, Community Size, and Population Density: Is There a Rural-urban Divide in Participation in Voluntary Organizations or Social Network Formation?*, 120 Nonprofit and Voluntary Sector Quarterly 41(2012).

② Young A. F., *Urbanization, Environmental Justice, and Social - environmental Vulnerability in Brazil*, Urbanization and Sustainability, 2013, p. 95-116.

③ 蔡守秋、吴贤静:《农村环境保护法治建设的成就、问题和改进》，载《当代法学》2009 年第 1 期。

(2011)[1]认为,世界范围内真正意义上的环境立法产生于工业革命之后,因此,环境法制起始于对城市、工业污染防治的法律规制。具体到中国的情况则是,虽然1979年颁布施行的法典《环境保护法(试行)》的出台早于《民法通则》,但立法对农村环境的保护却未置一词,呈现出强烈的城市中心主义色彩。

针对农民环境权理论,李挚萍、陈春生(2009)[2]指出,作为环境权的一种,农民环境权与城市居民环境权不同,一方面是权利主体具有特殊性,因为农民相对于城市居民、相对于企业组织居于弱势地位,另一方面农民环境权内容具有特殊性,因此,保障农民环境权意义重大。王鹏(2016)[3]从博弈论视角下出发探讨了农民环境知情权保护问题,认为政府和农民、企业和农民环境信息公开中处于博弈关系,应推动环境信息接收模式由单向型转变为双向型。

针对农村环境法治价值,一些学者突出强调要"回归城乡正义"。洪大用等(2008)[4]、郭淡(2008)[5]、钱水苗(2009)[6]等分析城乡环境不公的严峻现实,提出环境公平应成为农村环境保护法的基本理念。曹树青(2014)[7]则认为,城乡环境正义的失衡是城乡二元社会结构体制的必然结果,城乡环境立法应向法的正义价值回归,高效配置和利用农村环保资源法制资源,实现农村环境保护的根本改观。

2. 就"农村环境保护立法",有关文献主要围绕"立法模式""立法理念和原则""立法重点"等内容展开。

针对农村环境保护立法模式,王树义、刘琳(2015)[8]认为,农村

---

① 蒋莉:《农村需要什么样的环境法——基于对城市中心主义环境立法的反思》,载《内蒙古社会科学(汉文版)》2011年第4期。

② 李挚萍、陈春生:《农村环境管制与农民环境权保护》,北京大学出版社2009年版。

③ 王鹏:《博弈论视角下农民环境知情权的法律保护》,载《当代经济》2016年第14期。

④ 洪大用、龚文娟:《环境公正研究的理论与方法述评》,载《中国人民大学学报》2008年第6期。

⑤ 郭琰:《环境正义与中国农村环境问题》,载《学术论坛》2008年第7期。

⑥ 钱水苗:《环境公平应成为农村环境保护法的基本理念》,载《当代法学》2009年第1期。

⑦ 曹树青:《法律效率价值导向下的城乡环境正义探究》,载《政法论丛》2014年第5期。

⑧ 王树义、刘琳:《论我国农村环境保护之法治保障——以立法保护为重点》,载《环境保护》2015年第21期。

环境保护立法模式主要有两种，一种是制定专门的农村环境保护立法，另一种是在已经存在的环境保护法律中增加、修订农村环境保护条款。长远来看，我国应制定一部专门的农村环境保护法，以稳定的法律形态固定农村环境保护的相关制度，保护农村环境；以即时实效出发，还应先制定一部“农村环境保护行动计划”，有针对性地对当前我国农村环境的突出问题提供切实可行的法律制度。蔡守秋(2009)①指出，为了更好地加强对农村环境综合整治的法律规制，应该制定一部可操作性强的农村环境保护专门法规，如《农村环境保护管理条例》，结合当前切实加强农村环境保护管理工作的特殊需要，集中规定针对农村环境保护特点的管理体制、措施和制度。

针对农村环境保护立法理念和原则，黄锡生(2015)②认为，新农村环境法制建设应坚持实体正义法制理念、可持续发展理念、绿色发展理念和城乡一体化立法理念；应秉持立法的民主原则、合法原则、信赖利益保护原则、适度超前原则和利益协调原则；蔡守秋(2009)③分析认为，新时期我国农村环境保护法治建设的指导思想应是：从我国农村环境资源问题、环境保护立法的现状和我国农村环境保护历史性转变的实际需要出发，遵循自然生态规律和经济社会发展规律，坚持全面、协调、可持续的科学发展观，坚持节约资源和保护环境的基本国策，坚持环境公平正义、人与自然和谐、环境民主的理念，按照建设社会主义新农村和实现农村环境法治的要求，通过科学立法、民主立法，逐步健全具有中国特色的农村环境保护法律体系和法律制度体系，以保障农村居民合法环境权益，推进依法环境行政，加快农村环境行政管理体制改革，建设环境服务型政府、责任政府和农村自治组织，健全农村综合生态系统管理，完善农村环境“善治”机制，为“促进和保障中国农村经济、社会和环境的可持续发展，促进和保障中国农村资源(能源)节约型社会、环境友好型社会和生态文明

---

①　蔡守秋、吴贤静：《农村环境保护法治建设的成就、问题和改进》，载《当代法学》2009年第1期。

②　黄锡生：《社会主义新农村建设的环境法律问题研究》，法律出版社2015年版。

③　蔡守秋、吴贤静：《农村环境保护法治建设的成就、问题和改进》，载《当代法学》2009年第1期。

社会的建设”提供有力的法制保障。

针对农村环境保护立法重点，蔡守秋(2009)[①]指出，当前应该针对上述突出的农村环境问题和农村环境保护任务，进一步加强农村环境保护法对如下领域的规制：(1)保护农村饮用水源；(2)防治农村土壤污染；(3)防治畜禽、水产养殖污染；(4)防治工业企业污染特别是乡镇企业污染；(5)防治农药化肥等面源污染；(6)防治农村环境破坏；(7)农村生态保护和建设；(8)发展生态农业和绿色能源；(9)建设优美村镇、生态村镇。黄锡生(2015)[②]认为，应重点抓好四个方面的立法：第一，抓紧制定《土壤污染防治法》；第二，尽快针对农村畜禽养殖业和乡镇企业等具有负外部性生产性行为展开立法；第三，加紧研究有关农村自然生态养护方面的法律规定；第四，尽快通过有关规范引导农民日常生活的相关法律法规。刘国涛、张百灵(2016)[③]指出，应从正向和负向建构两个方面展开农村环境法制体系建构，正向构建重点在于农产品质量安全、生物质能开发利用、生态农业和农业生态补偿法制等领域，负向构建的重点在于农村地区内源性、外源性环境问题的法律控制、农村环境污染法律救济机制的完善等。

3. 就城镇化进程中农村环境法制建设议题，有关文献主要从“国际经验比较”“城镇化与农村土地制度”“城镇化与农村环境政策法制发展”等方面展开研究。

从国际经验比较视角看，孟健军(2014)[④]、乔海彬(2016)[⑤]在介绍日本城镇化与环境时，分析了日本城镇化的法律体系建立与制度变迁，指出日本的近代城镇化过程可以追溯到19世纪末20世纪初。随着城市人口的日益增加，日本于1919年4月制定了第一部《城市规划法》以及《城市街道建筑物法》；1946年9月制定了《特别城市规

① 蔡守秋、吴贤静：《农村环境保护法治建设的成就、问题和改进》，载《当代法学》2009年第1期。

② 黄锡生：《社会主义新农村建设的环境法律问题研究》，法律出版社2015年版。

③ 刘国涛：《农村资源开发与环境保护法制保障研究》，法律出版社2016年版。

④ 孟健军：《城镇化过程中的环境政策实践：日本的经验教训》，商务印书馆2014年版。

⑤ 乔海彬：《中外城镇化　日本农村地域改革》，法律出版社2016年版。

划》;1950 年制定了《建筑基本法》和《国土综合开发法》;1961 年制定了《繁华地区(新宿等)规划决议》《防灾建筑街区建设法》;1988 年 5 月修改了《城市开发法》及《建筑基本法》;1993 年制定了《环境基本法》。

针对城镇化与农村土地制度,曲福田(2010)[①]、谷素华(2014)[②]、张郁达(2015)[③]等以快速工业化、城镇化为背景,分析了中国工业化城镇化阶段特征、农村土地问题的主要矛盾及其原因,并以优化土地资源配置效率和保障农民合法土地权益为目标,分析了中国土地非农化的运行机制、生态影响和适度水平,提出了农村土地法律体系的建设任务和立法建议。

针对城镇化与农村环境政策法制[④],张俺元(2002)[⑤]指出,在农村城镇化建设中,由于公众环境意识淡薄、法制建设滞后以及执法行政主导体制等原因,造成生态环境恶化的趋势,应当加强环境法制建设。李长健等(2009)[⑥]认为,理性对待农村城镇化和农村环境治理应当树立农村环保法治理念,作出切合我国农村城镇化发展的法律制度安排。

总之,国内现有研究成果作出了两方面贡献:一是清晰阐释了城镇化的历史必然与资源生态环境之间的内在联系;二是梳理了农村环境立法,针对我国实际,尝试提出我国农村环境法制的基本框架,为进一步构建完善我国农村环境法制提供了基础。但是,已有研究仍然存在不足:一方面,有关理论研究仍不充分。诸如"城市中心"的线性化、刚性行政威权的迷信等亟待深思与破题;以城镇化为变

---

① 曲福田:《中国工业化、城镇化进程中的农村土地问题研究》,经济科学出版社 2010 年版。

② 谷素华:《中国城镇化进程中的农村土地问题研究》,吉林大学出版社 2014 年版。

③ 张郁达:《中国城镇化进程中的农村土地制度改革》,知识产权出版社 2015 年版。

④ 这一领域其他主要文献还包括:夏少成:《城镇化背景下农村环境问题之法治出路》,载《旅游纵览(下半月)》2013 年第 7 期;邵荷花、汪栋:《城镇化背景下农村环境保护法律问题研究》,载《安徽农学通报》2016 年第 14 期。

⑤ 张俺元:《农村城镇化与生态环境法制建设的构想》,载《泉州师范学院学报》2002 年第 1 期。

⑥ 李长健、王君健、陈志科:《城镇化背景下农村环境保护法律问题探究》,载《时代法学》2009 年第 1 期。

量,更加深入的探讨社会跃迁与农村环境法制变革关系的研究较少。另一方面,在规范建构层面仍然需要进一步加强针对性。需要考虑我国的特殊制度背景,例如城乡二元分立、公有的土地权属制度等,并结合我国环境法治实践提出更符合实际的制度建设方案。

第三节 研究结构与方法

本书除了绪论部分以外,主要分为五个部分。

第一部分,城镇化建设与农村环境法制变革。城镇化是非农产业在城市聚集、农村人口逐步向城市集中的社会发展过程。本质上,城镇化与环境法制建设特别是农村环境法制建设的关系是社会发展过程与社会治理政策工具之间的关系。一方面,城镇化表征着人口、土地、产业等各种社会要素的动态转换,从而促发出环境法制变革的社会需要,推动环境法制发展;另一方面,城镇化内蕴着生态文明建设因素,需要通过环境法制政策工具实现环境治理和环境质量提升,依法规范开发利用行为,避免城市化冲动。因此,两者是相互影响、相互促进的。

第二部分,城镇化进程中农村环境法制的演进与逻辑。从历时性视域看,城镇化进程中我国农村环境政策法制大体经历了初创、形成、发展和纵深推进四个阶段。在产生发展逻辑上,城镇化等多重因素影响和促发了农村环境法制的建立与发展;在规制理念上,可持续发展逐渐成为农村环境法制建设的指导思想;在规制重点上,"农村人居环境整治""农业面源污染防治""农业自然资源保护"等重点领域逐渐清晰;从制度体系发展看,中国特色农村环境保护政策法规体系基本形成。

第三部分,我国农村环境法制现状的审视与反思。从现状看,我国农村环境法制建设仍然存在诸多问题。在系统设计上,农村环境法制建设重要性未被充分认识,缺乏层次清晰、稳步推进的统筹规划;在法制结构上,政策措施运用充分,法制建设相对滞后,综合立法缺失;在具体制度上,监管制度、法律责任制度、环境标准制度、公众参与制度和法律激励机制等方面仍不完善。之所以如此，一方面，从客观因素看，农村环境保护乃至整个环境保护实践在我国才刚刚起步，对农村环境法制建设规律的认识需要一个较长过程；另一方面，从主观因素看，人为形成的城乡二元分立体制以及基于“重点论”法治思维产生的城市中心主义环境法制倾向，也深深地影响我国农村环境法制建设方向。这些因素共同触发了上述问题。

第四部分，域外农村环境保护立法与启示。从20世纪60年代开始，一些西方国家纷纷根据本国实际采取措施对农村环境进行治理。在诸多措施中，依靠法制力量对农村生态环境治理行为予以规范和约束，推行可持续发展战略成为这些国家的共同选择。如美国《农业法》、日本《食品、农业、农村基本法》等。由此，形成了各具特色的农村环境保护法制体系，并在法治实践运行过程中不断调整完善，这些对于我农村环境保护法制建设具有重要的镜鉴价值与启示意义。

第五部分，我国农村环境法制体系的构建完善。首先，应适时修订综合性环境保护基本法、《农业法》、环境保护单行法等与农村环境保护有关的外围法；其次，从立法权分配、立法行为规范以及立法内容完善等几个部分着手规范农村环境保护地方立法；再者，建立健全农村环境保护标准和技术规范；最后，应适时推动农村环境保护专门立法，现阶段专门立法的形式应是行政法规，并且应与现有环境法律体系协调。

从研究方法看，本书借助了法学、公共管理学、环境科学等多学科综合分析思路，将演绎推理和案例分析有机结合，力求在理论探讨和实证研究之间寻求契合点。在分析原理时，主要运用了文献分析方法。在分析制度的历史演变时，采用了历史情景考据方式。在进行现状、问题分析时，借助了个案分析方法。最后，基于“制度—结构”思路提出规范建构路径。

第二章　城镇化建设与农村环境法制变革

城镇化建设不只是人口、土地、产业的城镇化，不只是经济增长、结构调整，而是“五位一体”与生态文明建设紧密联系的。它建立在生态环境资源承载力基础之上，并以国家和地区的可持续发展作为重要目标。在城镇化建设过程中，环境法制的规范、引导、促进、保障作用是不可或缺的。适应新型城镇化建设要求，推动环境法制从城乡分立到城乡一体将是环境法制建设的革新目标。

第一节　中国城镇化进程与时代环保主题

城镇化是非农产业在城市聚集、农村人口逐步向城市集中的社会发展过程，是现代化、工业化发展的必由之路。从我国情况看，这一过程大体经历了“起步—稳步发展—加速发展”三个阶段。每个阶段都有不同的运行环境和发展特征，其中，作为新时期城镇化形态的新型城镇化阶段更加强调生态文明、绿色低碳，注重将生态文明融入各项建设中，使环境保护这一时代主题与中国特色新型城镇化较好的进行融合。

一、“城镇化”范畴的意涵与特征

从语源上看，“城镇化”对应着英文单词“urbanization”，其词头“urban”意为都市的、市镇的；其词尾“ization”由“iz(e)+ation”组成，表示行为的过程，意为“……化”。[①] 从汉字演化看，“城镇化”一词是“城”“镇”“化”三个词汇的结合。“城”金文为，篆文为。《说文·土部》：“城，以盛民也。从土，从成，成亦声。”本义为城墙，引申也指城墙以内的地方，又引申泛指城市[②]。“镇”篆文为。《说文·金部》：“镇，博压也。从金，真声。”本义为覆压，之后其义延伸为多重含义。例如，所镇守的险要地方或所负的重要职务；集镇；一级行政单位等。“化”金文为，篆文为。《说文·七部》：“化，教行也。从七，从人，七亦声。”本义为变化，现也可用作词缀放在名词或形容词后，表示转变成某种性质或状态[③]。显然，从语源上看，无论是英文还是汉语，“城镇”都强调的是地域概念，而“化”突出了“变化”因素，表示转变成“城镇”的过程或者状态。

从使用情况看，“城镇化”概念的提出最早可追溯到 A. Serda (1867) *Basic Theory for Urbanization* 一书。20 世纪 70 年代末，吴友仁(1979)等较早向国内引入了城镇化理论。由于汉语的复杂性，“urbanization”一词在翻译时出现了“城市化”“城镇化”等译法。一些学者认为，“urbanization”对应的翻译应为“城市化”，“Urban”作为词头就是“城市”“都市”的意思，而小型“城镇”概念与“城市”“都市”并不完全一致，因此，合适的译法应该是“城市化”[④]；另一些学者则认为，“urbanization”包含“城市”(city)和“镇”(town)，由于我国的“镇”建制规模一般较大，而且客观情况是，从农村向“镇”转换是我国“城镇化”的重要方面，因此，应翻译为“城镇化”[⑤]。从官方使用

① 张耀波：《曲靖城镇化发展研究》，云南大学出版社 2009 年版，第 42 页。

② 谷衍奎：《汉字源流字典》，华夏出版社 2003 年版，第 423 页。

③ 谷衍奎：《汉字源流字典》，华夏出版社 2003 年版，第 423 页。

④ 宋俊岭、黄序：《中国城镇化知识 15 讲》，中国城市出版社 2001 年版，第 16 页。

⑤ 成德宁：《城镇化与经济发展研究》，武汉大学 2000 年硕士论文，第 6 页。

情况看,“城市化”和“城镇化”都有使用①,但作为正式国家战略提出的政策称谓为“城镇化战略”。2000年,中共中央、国务院下发《关于促进小城镇健康发展的若干意见》中使用了“城镇化”这一概念。2001年3月,在《国民经济和社会发展第十个五年计划纲要》中提出“要不失时机地实施城镇化战略”。之后,在多次的政府工作报告和五年规划纲要中提到了“城镇化战略”,2014年3月《国家新型城镇化规划(2014—2020年)》正式出台。基于此,考虑到我国城镇化发展的实际以及与国家政策保持一致,本研究统一使用“城镇化”这一表述。

对于“城镇化”的定义也有不同观点。《不列颠百科全书》认为,城镇化是人口集中到城市或城市地区的过程,这种过程有两种方式:一是城市数量的增加,二是每个城市地区人口的增加。②《人口科学大辞典》指出,城镇化是指城镇人口在总人口中的比重不断提高的过程,既包括城市人口,也包括镇人口;或者说,是指在经济发展过程中人口不断由农村地区向城镇地区集中的过程。③《国土资源实用词典》认为,城镇化又称城市化、都市化。指农村人口不断向城镇转移,第二产业、第三产业不断向城镇聚集,人们生产和生活方式由乡村型向城市型转化,从而使城镇数量不断增加,城镇人口规模与地域规模不断扩大,城市质量不断提升完善的一种自然、社会历史过程。从质的规定性看,城镇化是一个不断被城镇“同化”的过程,表现在城镇的先进生产力、现代文明与生活方式不断向农村传播与扩散,最终达到与城镇共享的态势。从量的规定性看,城镇化又是一个不断被城镇“量化”的过程,即农村的地域不断转化为城镇地域、农村的人口不断转化为城镇人口、城镇数量不断增多和城镇规模不断扩大。④《科学发展观百科辞典》认为,城镇化是指从以农业活动为主

---

① 例如,《中华人民共和国国民经济和社会发展第十二个五年规划纲要》规定了“第二十章　积极稳妥推进城镇化”,但在文中也有12处提到了“城市化”一词。

② 魏后凯:《中国城镇化:和谐与繁荣之路》,社会科学文献出版社2014年版,第4页。

③ 向洪、张文贤、李开兴:《人口科学大辞典》,成都科技大学出版社1994年版,第670~672页。

④ 封吉昌:《国土资源实用词典》,中国地质大学出版社2011年版,第66页。

的农村向以非农业活动为主的城镇转型的过程。[①] 综观这些定义，它们都部分指出了"城镇化"的一些特征，如"人口集中""产业聚集""生产和生活方式转变"等。在这一基础上，我们将"城镇化"界定为人口、土地、产业等各种要素不断从农村地区向城镇区域聚集的动态过程。"城镇化"的实质是人口结构、产业结构、社会空间结构的转换，其基本特征如下。

（一）城镇化是现代性因素影响下社会结构变迁的自然历史过程

城镇化的纵深推进并不是个别国家或地区的偶然现象，而是区域发展的客观规律，是现代性因素不断渗入进而产生区域"同化"的发展趋向。这些现代性因素既包括资金、技术、人才等物化方面，也包括社会文化、生活方式等精神方面。它们会首先在城市区域内生根发芽、不断壮大，逐步拉大城市和农村的发展差距，进而产生强大向心力带动和影响周边农村区域在产业结构、空间结构和社会结构上与之趋同，从而推动农村地区走上城镇化、现代化道路。从近现代历史看，城镇化推进已然成为一种发展趋向。数据显示，18 世纪，城市人口只占到全世界人口总量的 3%，到 1900 年，这一比率上升到 14%，到 2000 年，上升到 55%，城市人口首次超过了农村人口。从城市数量看，10 万人以上的城市在 1950 年只有 484 个，到 1970 年上升至 844 个；100 万人以上的城市在 1950 年只有 71 个，到 1970 年增加至 157 个，1980 年上升为 234 个。到 2000 年，发展中国家中 100 万人口以上的城市也已经达到 400 个，而且这种趋势并没有放缓迹象。[②] 因此，可以说城镇化见证了国家现代化、工业化发展的进程。一个国家若要成功实现现代化转型需要在注重发展工业的同时推动城镇化发展。城镇化是推进现代化的载体和平台，承载着信息化、工业化的发展空间，影响着未来国家和地区现代化发展方向。

（二）城镇化是要素从农村地区向城镇区域聚集的转换形态

一般而言，现代性因素的融入首先发生在城市，带动城市区域生

① 奚洁人：《科学发展观百科辞典》，上海辞书出版社 2007 年版，第 243 页。

② 靳玉言：《国外城镇化比较研究与经验启示》，国家行政学院出版社 2013 年版，第 4 页。

产和生活方式的改变，并基于此形成了“城市”与“农村”的地域区隔。在这一过程中，城市作为现代性文明的载体，作为复杂的多要素聚合地域空间，往往会成为区域政治、经济、文化、军事等的中心。一方面，在社会发展演进之下，作为一个有机生命体的城市会主动扩张，始终保持与外界特别是农村区域的物质和能量交换，在吸纳与释放中不断自我调节①，在动态调整中逐步地将城市的现代性理念和工具系统渗透到农村区域，从城乡接合部到乡村逐步使其融入城市生产体系中，成为城市生产生活的一个重要组成部分；另一方面，农村地区也会被动地接受、吸纳现代化、工业化的积极因素改造农村面貌，在人口流动、空间转换、产业转移过程中主动适应社会飞速发展过程，使农村区域逐步地与城市区域在生产和生活方式上发生趋同，形成要素从农村地区向城镇区域聚集的转换形态。应当指出的是，这一动态转换过程主要是要素从农村地区向城镇区域聚集的单向度流动，但并不完全排斥相反流动的可能性——从城镇区域向农村地区转移，部分地区的逆城市化现象②就是如此，但这并不是主要趋势。

（三）城镇化体现为经济结构、空间结构、社会结构等多元要素的变迁

“城镇化”的实质是人口结构、产业结构、社会空间结构等的转换。其中，人口结构转换主要是指人口向城镇聚集，由农村人口逐步转变为城镇人口的过程。其可视化标准是城市人口占总人口的比重；产业结构转换主要是指农业生产活动向非农业生产活动的转换，是资本、劳动力伴随着城镇化过程逐步渗透到农村，推动从农业生产向工业生产转变的过程；社会空间结构转换主要是指在城镇化过程中，原本属于农村的土地逐步转为城市土地，城市空间不断扩张

① 新玉言：《新型城镇化理论发展与前景透析》，国家行政学院出版社 2013 年版，第 23 页。

② 逆城市化（Counter Urbanization）又称“反城市化”、“分散型城市化”，是美国著名城市规划师贝利（B. J. L. Berry）于 1976 年首先提出的一种现象。即大城市的人口和经济活动部分地由城市中心向城市外围迁移和扩散，使郊区无限蔓延，并导致城市中心区和中心城市的衰退。参见胡代光、高鸿业：《西方经济学大辞典》，经济科学出版社 2000 年版，第 928～929 页。

的过程。其主要指标是城市规模和数量。应该说，城镇化是这些结构转换的重要载体，通过这一载体这些要素能够在不同区域间流动，能够顺利实现转换，提升整个社会的现代化程度。当然，城镇化过程不仅只是人口结构的转变，还是产业结构、社会空间结构等的转换，不仅是有形的、完全物化的过程，还包括社会文化、生活方式等精神方面因素。正如美国学者弗里德曼所作的区分，城市化包括两个部分：第一部分体现为人口、工业化的生产要素向城市区域聚集的过程，农村景观向城市型景观推进的过程；第二部分则是城市的生活方式、文化、精神价值向农村区域的扩散过程。[①] 因此，也可以说，城镇化的复合过程是两面的，一面代表了农村向城市的集中、聚合，另一面体现为文化层面上城市生活方式向农村地区的扩散。两方面结合才能较好的理解城镇化的历史过程。

二、我国城镇化发展的历史进程

虽然城镇化代表了传统社会向现代社会转型和变迁的历史发展趋势，但各个国家在面对城镇化浪潮时表现方式有所不同。从我国情况看，从 1949 年以来我国城镇化率总体上呈现不断提升的趋势，但各个阶段又有不同，可以将其区分为“起步”“稳步发展”“加速发展”三个主要阶段。

（一）城镇化起步阶段：1949—1978 年

数据显示，从 1949—1978 年，我国城镇人口数量由 5765 万增加到 17245 万，城镇化水平从 10. 64%上升到 17. 92%，年均增长 0. 25%。这些数据反映出这一阶段城镇化的基本特征是，从一个非常低的起点（10. 64%）上逐渐起步、稳步增长。但如果细分这一阶段的发展过程，可以发现在总体增长趋势下，城镇化发展曾经出现了反复、冒进和停滞。1949—1957 年，我国城市化水平从 10. 6%上升到 15. 4%，属于正常增长时期。这一阶段增长的主要原因是国民经济恢复和第一个五年计划实施，国家在重点城市安排工业项目予以重点建设从而

---

① 新玉言：《新型城镇化，理论发展与前景透析》，国家行政学院出版社 2013 年版，第 20 页。

增加了对城镇人口的需求。1958—1965 年,我国城市化水平从15.39%上升到 17.68%。在此期间,1958—1960 年由于“大跃进”影响,城市化水平迅速上升到 19.75%;1961 年,在“调整、巩固、充实、提高”方针指引下,大批城镇人口返回农村,城市化水平不升反降恢复到 16.84%,出现了较为少见的“逆”城市化情况;1962—1965年,随着经济形势的好转,城市化水平开始稳步回升,达到 17.68%。1966—1978 年,我国城市化水平从 17.86%上升到 17.92%。这一阶段由于“文化大革命”的影响使我国城镇化发展进入了十年左右的停滞期。

(二)城镇化稳步发展阶段:1978—1992 年

数据显示,从 1978—1992 年,我国城镇人口数量由 17245 万增加到 32175 万,城镇化水平从 17.92%上升到 27.46%,年均增长0.68%。与前一阶段相比,这一阶段城市化率稳步提升,虽然没有超过美国学者诺瑟姆归纳的 30%城镇化初期阶段线①,但已经取得了较大进步。在此期间,城市数量由 216 座上升到 517 座,增长了139%,镇的数量由 2851 座上升到 11985 座,增长了 320%。这与我国实施改革开放政策的大环境息息相关。对外开放、对内改革大大提升了我国经济社会发展水平,在促进工业发展、显著改善人民生活的同时推动了城市发展、城乡间人口流动,使城市化水平有了明显的提升。虽然这一阶段也出现了局部经济“过热”、小城镇“遍地开花”和工业布局分散化等现象,但总体上呈现出积极向上、稳步发展的态势。

(三)城镇化加速发展阶段:1993—2017 年

数据显示,从 1993—2017 年,我国城镇人口数量由 32374 万增加到 81347 万,城镇化水平从 28.14%上升到 58.52%,年均增长1.26%,表明我国城镇化正进入加速发展的新阶段。在这一阶段,由于党的十四大确立了社会主义市场经济体制,进一步在财政金融、外

---

① 1979 年,美国学者诺瑟姆提出著名的“逻辑斯谛曲线”,将城市化过程分为 30%以下的初期阶段、30%~70%的中期阶段和 70%~90%的后期阶段三个部分。参见 Northam R. M. , *Urban Geography*, John Wiley & Sons, 1979, p. 38.

贸投资等领域进行深化改革,推动了我国经济社会的飞速发展。再加上中央层面更为重视城镇化发展作用,制定了较为清晰的城镇化战略从而有力促进了我国城镇化进程。党的十五届五中全会提出要“不失时机地实施城镇化战略”;党的十六大明确提出:“要逐步提高城镇化水平,坚持大中小城市和小城镇协调发展,走中国特色的城镇化道路。”党的十七大要求:“走中国特色的城镇化道路,按照统筹城乡、布局合理、节约土地、功能完善、以大带小的原则,促进大中小城市和小城镇协调发展。”党的十八大则明确要求“坚持走中国特色新型工业化、信息化、城镇化、农业现代化道路”。在这些政策引领下,我国城镇化发展获得了较之以往任何时期更快的增长,对新型城镇化道路的选择也更加理性科学。

三、新型城镇化建设与环境议题

在步入新时期以后,我国进入了中国特色新型城镇化建设阶段。从这一战略产生过程看,2012 年党的十八大提出“坚持走中国特色新型工业化、信息化、城镇化、农业现代化道路”;党的十八届三中全会明确“坚持走中国特色新型城镇化道路,推进以人为核心的城镇化”;2013 年中央城镇化工作会议强调“走中国特色、科学发展的新型城镇化道路”;2014 年《国家新型城镇化规划(2014—2020 年)》颁布,以专门规范性文件的形式进一步明确了“中国特色新型城镇化道路”。

从内涵上看,有别于传统城镇化建设,新型城镇化道路是吸收借鉴域外经验并从我国国情出发对城镇化发展规律展开的进一步探索,其理论特质主要体现在“以人为本、四化同步、优化布局、生态文明、文化传承”等方面。“以人为本”强调城镇化的目的是人,而不是单纯追求城镇化的物质效果。应赋予农民平等权益,消除户籍、城乡、区域歧视,依法保护农民合法权利,实现城乡居民机会均等和成果共享,走平等、包容、安全的和谐型城镇化之路;“四化同步”要求城镇化应与工业化、信息化、农业现代化同步推进。工业化是支撑,城镇化是载体,信息化是手段,农业现代化是基础,将城镇化与工业化、信息化和农业现代化紧密结合,形成四化同步、互动发展新格局。

“优化布局”是指科学合理的构建城镇化宏观布局,通过科学规划、严格控制用地规模、划定生态红线、城镇开发边界和建设紧凑型城镇等措施实现国土空间结构优化,提升空间利用效率;“生态文明”强调将生态文明建设理念融入城镇化进程中,通过节约集约利用自然资源、加强生态环境保护和污染防治,推广循环经济和清洁生产技术来促进绿色低碳发展,形成可持续的生产生活方式;“文化传承”要求在城镇化建设中注重继承中国传统文化,依据不同地域的文化历史禀赋和多样性文化特征进行差异化建设,发展具有中国地域风貌和文化特色的城镇。

显然,从内涵上看,新型城镇化建设内蕴着丰富的环境议题。它不仅体现为新型城镇化建设将面临的严峻环境风险和挑战,也意味着在新型城镇化建设过程中生态环境保护和绿色发展将是其重要方面,而且实现绿色发展、循环发展、低碳发展将成为推进新型城镇化建设的重要政策目标。

(一)新型城镇化建设面临严峻环境风险和挑战

环境污染和生态破坏将是新型城镇化建设面临的巨大挑战。城镇化建设也是如此。未来的城镇化建设如果不重视生态环境保护,就有可能带来环境质量下降、产业可持续发展受阻、社会矛盾增加等一些问题,进而影响城镇化质量。因此,新型城镇化建设的一个重要任务就是在促进城镇化发展的同时注重防范各项风险,特别是生态环境风险,在制定、实施重大政策时考虑环境影响并采取预防措施减少环境污染和生态破坏的发生。

(二)新型城镇化建设应坚持绿色城镇化发展道路

新型城镇化建设的一个重要原则就是“生态文明,绿色低碳”。换言之,区别于传统粗放型发展的城镇化建设模式,新型城镇化建设应以生态环境承载力为约束和前提,通过节约集约利用自然资源、加强生态环境保护和污染防治,走绿色城镇化发展道路。首先,生态文明、可持续发展理念是新型城镇化建设的指导思想。在整个新型城镇化建设过程中,不能仅仅只考虑经济社会效益,片面追求城镇化率，也要考虑生态效益，协调人口、经济社会发展与资源环境关系，在"共抓大保护，不搞大开发"思想指引下着力推进绿色发展、循环发展、低碳发展。其次，生态环境保护是新型城镇化建设内含的政策措施。推进新型城镇化建设的政策举措，包括科学编制城乡规划、合理确定开发边界、节约集约利用资源、强化环境治理和生态修复、注重文化传承与保护等，其实质都是环境保护措施。"城镇化"建设措施和"环境保护"措施，两者相互融合，相互影响，共同促进和提升城镇化的水平和质量。最后，进一步的绿色发展创新是推进新型城镇化建设的源源动力。这些创新将围绕绿色城市群建设、绿色产业发展、绿色制度保障等内容展开，通过加快美丽城乡建设步伐，助推绿色城镇化建设。

（三）新型城镇化战略以建设生态文明新城镇为发展目标

建设和谐宜人、生态文明新城镇是新型城镇化战略的发展目标之一。从具体环境治理目标看，新型城镇化战略的推进不仅需要加强事后的污染防治、生态修复，也需要注重事前的环境风险预防，通过排污许可、环境影响评价、划定生态红线等方式尽量减少潜在的污染和破坏；不仅需要加强对耕地、城镇未开发资源的保护，也需要提升资源综合开发效能，通过推进循环经济、清洁生产促进资源可持续利用；不仅需要改善城市环境，也需要统筹改进乡村环境，使城乡环境质量明显提升，公众享有清洁的空气、水和土壤。从体制目标看，生态环境监管体制需要进一步健全完善，基于中央部委改革依据事权集中原则进一步整合监督管理部门，明确监管职责，推进"垂直管理"试点，强化乡镇一级环境监督管理力量，形成统一规划、统一标准、统一防治的城乡环境监督管理体系。从价值目标看，以建设生态文明新城镇为发展目标不仅有助于让绿色生产、绿色消费成为城乡经济社会生活的主流，也有助于促进低碳、节能、循环社会的形成，有助于创造人与自然和谐的社会，促进美丽中国和生态文明建设，实现我国经济社会可持续发展目标。

第二节　城镇化与农村环境法制建设的关系

本质上，城镇化与环境法制建设特别是农村环境法制建设的关系是社会发展过程与社会治理政策工具之间的关系。一方面，城镇化表征着人口、土地、产业等各种社会要素的动态转换，从而促发出环境法制变革的社会需要，推动环境法制发展；另一方面，城镇化内蕴着生态文明建设因素，需要通过环境法制政策工具实现环境治理和环境质量提升，依法规范开发利用行为，避免城市化冲动。因此，两者是相互影响、相互促进的。

一、新型城镇化建设带来的社会跃迁格局影响农村环境法制变革方向

新型城镇化建设将会给整个社会注入改革活力，形成政治经济文化社会生态整体的跃迁格局。正如美国学者斯蒂格利茨所言，“影响 21 世纪人类经济社会发展的两件大事是美国的新技术革命和中国的城镇化”①。城镇化之所以如此重要，不仅在于通过城镇化可以使城镇数量增加、城镇规模扩大、城镇体系完善，更在于城市的生产生活方式、文化、精神价值向农村区域的扩散，进而促进城乡社会的全面进步；不仅意味着人口、土地等要素向城镇集聚，提升和发展城镇的总体经济实力，更意味着通过新型城镇化建设带来的创新要素聚集和知识传播扩散，将会增强经济创新活力，推动产业升级改造，促进新兴产业发展，使城镇化与工业化、信息化和农业现代化同步发展；不仅会改善人们的物质生活水平，也会伴随着现代文化的渗入与传统文化的传承使人们的精神生活更加丰富多彩，城乡文化更加繁荣；同时，新型城镇化建设也有助于提升城镇开发质量，可持续利用自然资源，更好地保护生态环境；有助于逐步消除城乡二元体制、推动区域协调发展，使城市居民和农村农民能携手共享城镇化发

---

① 李君如：《中国道路与中国梦》，外文出版社 2014 年版，第 151 页。

展成果，从而维护社会公平正义、促进社会和谐进步。

当然，作为社会发展的时代背景，城镇化建设带来的社会巨大变化会产生推动环境法制包括农村环境法制变革的强烈社会需要。客观地看，这一系列的经济社会变化，例如，数亿农民的身份转换、大量农地的城镇化、产业的转移等在带来经济社会巨大正向效益的同时也蕴含着生态环境风险，如农地流失、土壤污染、自然历史文化遗产缺乏保护、“城市病”问题、工业污染转嫁等。这些生态环境问题一部分是原本不曾出现而现在出现的新情况，有些则是原本不严重现在加剧的问题，还有些是原本被忽视现在逐渐凸显的情况。对于处在社会转型与矛盾叠加期的中国而言，化解这些风险需要有运转良好的社会治理模式与风险管控体制，“如果既有制度失语与风险规制失范，则会加速环境风险的蔓延”①。从我国现实环境法律制度建设情况看，农村环境治理的现状并不容乐观。原本就存在立法缺失、监管体制不健全、公众参与不畅等诸多问题，在面对城镇化建设的巨大变化时会更加疲于应付，从而产生城镇化发展需求与滞后的环境管理、不完善的管理制度之间的矛盾冲突。在这种情况下，如果不及时调整、改进农村环境法律制度，就会导致更多更严重的环境问题的发生，从而阻碍城镇化的顺利进行。因此，有必要对现有农村环境法律制度进行全面审视，不断调整完善以适应新型城镇化建设的需要。

具体来看，新型城镇化建设对农村环境法制变革的影响将是多层次、多方面的。这种多层次不仅体现在改变某一具体法律制度使之更加完善，也体现在深层次立法理念的变化，其关键在于突破“城市中心主义”立法倾向，实现从基于城乡分立的重点立法向基于城乡统筹协同立法的转变；不仅体现在制定或者修订一部法，如《农村环境保护法》，也体现在将城市和乡村环境法律融为一体，统一思路、标准、规划展开一体化治理；不仅体现在制度的健全完善，也体现在体制机制的完善，推动从偏重城市型管理体制向城乡一体综合管理体制转变；多方位则强调对环境法各个领域的综合影响，包括自然资源保护和环境污染防治，包括城市和农村涵盖的水、土壤、大气、湿地、

① 秦鹏、李奇伟：《污染场地风险规制与治理转型》，法律出版社 2015 年版，第 2 页。

野生生物、自然遗迹、人文遗迹、自然保护区、风景名胜区等各种要素。而且更加突出的要求农村环境法制建设朝着城乡一体、综合治理的发展方向迈进,从而使新型城镇化建设成为农村环境法制变革的历史契机,不断提升我国环境可持续管理水平。

二、农村环境法制建设是推动中国特色新型城镇发展的重要政策工具

建设生态文明新城镇是新型城镇化建设的重要发展目标,而实现这一目标离不开行政、经济、科技、宣传教育、法律等政策工具。其中,行政措施使用最为广泛,行政机关基于命令控制模式通过行政许可、环境标准、行政管制等方式实施环境管理、推动生态环境保护。但行政措施只是“外部约束”,一般比较刚性难以提供内在激励,加之在一些情况下会出现“政府失灵”情况,因此,单一行政管理措施并不能较好地完成环境保护任务;环境管理经济手段,如价格、税收、财政、信贷、收费、保险等,基于市场手段调节或影响市场主体行为,在交易过程中实现环境成本内部化进而实现环境治理。其优点在于能够提供环境治理的内在激励,促进技术创新、降低环境治理成本。其缺点则在于,适用范围有限,机制构建需要建立在明晰产权、较低交易成本等基础之上,在“市场失灵”情况下可能影响环境治理效果;环境科学技术是实施环境管理的技术基础。它的发展进步可以显著降低污染防治和生态修复成本,提升资源开发利用效率,促进新能源开发利用。但环境科学技术的发展速度和水平并不能完全满足现代环境管理需要,再加上发展不平衡,市场应用推广难、技术风险频发等因素使环境科学技术的应用效果大打折扣;环境教育是提升公众环境意识的教化基础。它有助于科普环保知识、提升环境意识和参与能力,在整个社会形成实现可持续发展的战略环境。其缺点则在于教育效果不确定、教育形式和方法仍然比较老旧。

相较而言,法律手段具有一定的比较优势。一方面,法律具有行政、经济、科技、宣传教育等措施不具有的强制性。可以通过禁止性规范、义务性规范的规定,通过法律责任追究促进环境管理目标的实现,使环境管理活动依循“有法必依、执法必严、违法必究”的法治原

则展开,进而保障可持续发展战略目标的实现。另一方面,法律手段是其他环境保护措施得以有效实施的制度保障。在全面依法治国形势下,无论是行政管理、经济调节,还是科技宣教都离不开法制的规范引导作用。换言之,法律手段不仅仅是与行政、经济、科技、宣传教育并列的政策措施,也是行政、经济、科技、宣传教育活动得以规范开展的法制基础。依法行政、依法调节经济是行政领域、经济领域的制度要求,依法规范科技宣传活动则是持续推动环境保护技术发展和促进环境教育质量提升的基本要求。

具体来看,法制推动生态文明新型城镇发展的作用主要体现在规范、引导、促进、保障等方面。从法制规范层面看,健全的法制有助于明确各类主体的权利、义务与责任,在法律调整中衡平各方利益,规范和约束各类主体活动;从法制引导促进层面看,环境法制将有助于促进环境友好型活动的开展,推进清洁生产与循环经济建设,促进生态消费价值观和行为的产生发展;从法制保障层面看,环境法制的完善将使各类主体活动有法可依,管理体制更加健全,各类活动有序开展,从而提升环境治理的效率。

第三节　适应新型城镇化建设要求农村环境法制的发展

城镇化需要考虑的不仅仅是人口、土地、产业要素流动问题,也需要考虑统筹城乡发展,消除城乡二元结构的体制机制障碍,推进城乡要素平等交换和公共资源均衡配置,重塑城乡关系的问题。从制度层面看,这需要对以往基于城乡分立思维构建的法律制度体系进行重新审视和反思,在城乡一体基础上形塑“城市”和“农村”立法、凝练关键制度,使其从整体性视角均衡调节“城市”和“农村”区域利益,促进城乡协调发展。在这一过程中,为了适应新型城镇化建设要求,农村环境法制也应作出能动回应:在立法理念上,从基于城乡分立的重点立法向基于城乡统筹协同立法转变;在法制结构上,突破“城市中心主义”立法倾向,补强农村环境保护立法,实现环境法律体系内部协调;在具体制度上,针对失地农民环境权益保护、工业污染转嫁防治、农村生态环境保护等重点领域展开制度建构,推动我国农村环境法制的发展。

一、法制理念的发展:从城乡分立到城乡一体化

特殊的城乡分立二元体制和制度安排是中国推进新型城镇化建设的主要障碍。在城乡分立体制下,双重公民身份(城市居民和农村农民)制度、双重土地所有制度、双重交换分配制度等限制了要素从农村地区向城镇区域自由流动,形成了城乡分割、城乡有别的经济社会结构。这一二元体制结构也影响环境法领域,在我国环境法体系中形成了基于地域差异——“城市”和“农村”的不同法制体系。城市环境法律法规,例如《城市市容和环境卫生管理条例》《城市绿化条例》《城镇排水与污水处理条例》;农村环境法律法规,例如《农业法》《渔业法》《乡镇企业法》《基本农田保护条例》等。两者自成体系,相互分割,在城市和农村区域形成了两套标准不一的环境保护行政管理体系。从实施情况看,人为分割的“城市”和“农村”环境管理体系在实践中产生了一系列不利后果,破坏了生态环境一体化规制原则,容易诱发环境污染转嫁与风险外溢,导致城乡环境非正义。因此,从城乡分立到城乡一体转变应是未来我国农村环境法制建设的发展方向。通过城乡统筹立法避免分割立法的各种弊端,重新整合“城市”和“农村”法制资源,实现对环境事务“城乡环境综合治理”,将有助于健全完善我国环境法制体系。

二、法制结构的变化:从城市中心到城乡并重

自20世纪70年代以来,城市环境治理和工业污染防治一直是我国环境政策法律规制的重点领域,并由此逐渐形成了以城市为中心展开法律制度构造的立法倾向。城市中心主义环境立法倾向是指在进行环境立法时,其立法目标、基本原则和制度、具体法律规范的设计呈现出“为城市立法、为工业立法”的偏向,通过对立法时序、规制强度、规制重点、管制标准等的差异性安排人为制造出“城市”与“农村”两套法制体系,并通过非均衡的权利义务安排使社会资源配

置整体上向城市和工业环境保护倾斜,致使农村和农业环境法制被边缘化。[①] 这种"城市中心主义"立法倾向已经渗透到我国环境法制的各个方面,并由此引发了诸如环境污染转嫁与风险外溢,"污染避难所"效应[②]等一系列问题。在这种情况下,未来农村环境法制发展需要对"城市中心主义"立法倾向进行矫正,充分考虑城市和农村环境保护的共性与个性,平等对待、兼顾协调城市和农村在环境保护方面的各项利益,实现从基于城乡分立的重点立法向基于城乡统筹的协同立法的转变。

三、制度规范的建设:从重点防控到融合治理

在具体制度层面,基于城市、农村分割形成了城乡不同的环境管理体系,进而因为对城市投注了更多环境法治资源,产生了以城市环境保护为中心的重点区域防控制度。这些制度,如环境影响评价制度、"三同时"制度、重点污染物排放总量控制制度和区域限批制度等,已经成为环境法的基本制度,并在环境法治实践中发挥了重要作用。但环境法治的作用场域并不只是城市。"事实上,对于一个国家而言,环境法治的价值不只是为区域性突出环境问题的解决提供政策工具,也在于将局部环境问题的解决与区域间、国家间甚至全球性环境问题的解决相协调,以系统论思维整体推进环境治理水平的提升。"[③]因此,未来的环境法制建设需要从以城市为中心的重点防控转到区域管控全覆盖,并着力实施跨界污染风险控制,针对城市向农村污染转嫁这一现实问题作出法治回应。这意味着要从城乡一体综合管理的思路出发,在"城市"和"农村"区域间缩减管制强度落差,通过制度设计防控工业污染的外溢,避免农村地区走上"先污染后治理"的老路。

---

① 谢玲、黄锡生:《城乡一体化背景下农村饮用水安全法律制度的重构》,载《华中农业大学学报(社会科学版)》2015 年第 3 期。

② 1994 年,Copeland 和 Taylor 提出"污染避难所"假说认为,在全球贸易自由化背景下,由于发达国家和发展中国家环境管制标准的差异,会促使高污染性行业、产业从发达国家转移到发展中国家,使发展中国家成为发达国家的"污染避难所"。参见王军:《理解污染避难所假说》,载《世界经济研究》2008 年第 1 期。

③ 李奇伟:《论城市中心主义环境立法倾向及其矫正》,载《求索》2018 年第 6 期。

第三章　城镇化进程中农村环境法制的演进与逻辑

城镇化表征着人口、土地、产业等各种资源要素的动态转换，它不仅会影响和带动城市区域生产生活方式的转换，也会深刻改变农村经济社会面貌、影响农民生产生活，进而产生推动环境法制特别是农村环境法制变革的社会需要，促进农村环境法制的发展。这一部分将从历时性视域分析探讨城镇化进程中农村环境法制的演进与逻辑，围绕城镇化进程对农村环境法制发展影响的主要方面：如工业污染向农村转移、农业现代技术利用过程中的农产品质量安全保障、农村人居环境建设等，基于《中国环境年鉴》[1]等资料信息展开细致梳理，并归纳总结其发展的基本规律。

第一节　城镇化进程中我国农村环境法制的发展演进

从制度演进过程看，城镇化进程中我国农村环

---

① 《中国环境年鉴》从 1990 年开始出版持续至今。其中，对 1990 年以前我国环境保护工作也作了历史回顾，是研究我国环境保护法制历史较为权威的材料。基于此，本书收集整理了 1991—2017 年度所有已经出版的《中国环境年鉴》，并进行分类整理，希望能够较好地展现城镇化进程中农村环境法制的演进轨迹。

境政策法制大体上经历了四个阶段,分别是初创阶段、形成阶段、发展阶段和纵深推进阶段,表征了我国农村环境法制从无到有、从不成熟到逐步成熟的发展历程。

一、我国农村环境政策法制初创阶段:1949—1977年

在这一阶段,随着现代工业体系逐步在我国建立,不仅城市出现了比较严重的污染问题[①],农村也开始出现生态破坏、农业化肥污染等情况。就农村环境政策法制而言,这一时期专门性政策法规并未出台,人们的环保意识也不强烈,但有关工作开始起步。这一阶段农村环境法制建设的孕育发展主要体现在以下几个方面。

首先,针对“大跃进”过程中出现的环境问题制定了相关政策法规。在1958—1960年,在“大办钢铁”和“大搞群众运动”方针指引下,农村大炼钢铁和大办工业,这些企业不仅管理混乱、污染严重,还滥挖滥采对农业生物资源造成了极大的破坏。[②] 为此,国务院于1963年颁布了《森林保护条例》,重点制止滥砍滥伐现象;1965年,国务院批转地质部制定的《矿产资源保护试行条例》,批评了矿产资源开发过程中的浪费破坏现象,提出“保护和合理利用矿产资源”要求。

其次,“文化大革命”时期产生了大量环境问题。这一时期,由于“文化大革命”的影响,原本就极为有限的环境保护制度受到批判否定,环境污染和自然生态破坏无遏制地迅速蔓延开来。[③] 在三线建设中,“靠山、分散、进洞”的错误方针导致大量重工业、生产有毒有害物

---

① 在这一阶段,我国相继提出“重工业优先发展战略”“变消费城市为生产城市”等政策主张,使中心城市内工业企业数量迅速增长,从1965年的15.8万家增加至1976年的29.4万家,增幅达到86%。由于那一时期城市规划工作废弛,这些新建工业企业很多建在城市中心区,一些还靠近水源地,再加上当时基础设施建设滞后,城市环境问题逐渐凸显出来。据测定,当时在一些主要城市每月降尘量为100~400吨/平方千米,个别地区达到了上千吨/平方千米。在对44个城市地下水污染情况进行调查后也发现,有41个城市不同程度地受到污染,其中,污染较为严重的就有9个。参见曲格平:《中国的环境管理》,中国环境科学出版社2007年版,第26页。

② 《中国环境年鉴》编辑委员会:《中国环境年鉴》,中国环境科学出版社1990年版,第2页。

③ 《中国环境年鉴》编辑委员会:《中国环境年鉴》,中国环境科学出版社1990年版,第3页。

资的工厂建设在偏远山区，对当地的农村环境造成了巨大影响；在农业生产方面，“以粮为纲”口号导致以牺牲林业、牧业、渔业为代价发展粮农生产，毁林、毁牧、围湖造田、人造平原等现象频发，农村的自然生态遭到极大破坏。[①]

最后，在内外因素影响下，我国农村环境保护事业开始起步。从外因看，主要是1972年联合国人类环境会议。我国派人员参加，并借此机会了解国际环境问题及其对社会的影响，开始意识到中国环境问题也应该积极治理。周恩来总理听取汇报会，指示应将环境问题提到国家的议事日程上来，召开全国环境工作会议，并设立环境保护机构。从内因看，这一时期的环境污染与生态破坏问题日益凸显，加强我国环境保护工作已经迫在眉睫。1970年12月26日，周恩来总理接见国务院部门负责同志时指出，农林部门要把防治公害问题提上工作日程。1973年8月，我国召开了第一次全国环境保护会议。会议简报指出了农药、珍稀动物遭受损害等情况；审议通过了“全面规划，合理布局，综合利用，化害为利，依靠群众，大家动手，保护环境，造福人民”的环境保护工作方针和《关于保护和改善环境的若干规定》。该规定是“新中国成立以来第一个环境保护法规性的规定”[②]，该规定强调要“加强对土壤和植物的保护”，“努力发展新化学农药，尽量做到效果高，对人畜毒害低，对农作物、水源和土壤残留少。逐步减少滴滴涕、六六六等农药的使用。加强使用农药的宣传教育，使农民掌握使用农药的科学知识，避免对人畜和农作物的危害。”[③]1974年12月15日，国务院环境保护领导小组发出（74）国环办字1号文件。该文件中的《国务院环境保护机构及有关部门的环境保护职责范围和工作要点》对农林部的分工意见是“组织制定污水灌溉和渔业用水的水质标准”，“组织制定安全、合理使用农药的规定”，“组织各地区制定绿化造林规划”，“要加强对自然保护区……

---

① 《中国环境年鉴》编辑委员会：《中国环境年鉴》，中国环境科学出版社1990年版，第3页。

② 《中国环境年鉴》编辑委员会：《中国环境年鉴》，中国环境科学出版社1990年版，第4页。

③ 中国环境科学研究院、武汉大学环境法研究所：《中华人民共和国环境保护研究文献选编》，法律出版社1983年版，第10页。

资源的管理，制定或修改保护条例”，“组织开展农林科研工作”。之后，在1974年5月国务院环境保护领导小组成立，环境保护工作在全国逐步开展起来。1977年7月15日，农林部在湖南省株洲市召开了第一次全国农业环境保护工作座谈会，并形成《全国农业环境保护工作座谈会纪要》，提出要查清污染源，加强科学研究。①

总的来说，这一时期我国环境保护政策法制还刚刚起步，系统的农村环境政策法制建设尚处在孕育阶段，出台的相关政策法规只是针对迫切需要解决的问题，如森林滥砍滥伐、矿产资源破坏性开采、化学农药危害等个别问题提出，农村农业环境法律规范不成体系也不全面。

二、我国农村环境政策法制形成阶段：1978—1992年

改革开放以后的20年多年，既是我国经济社会高速发展阶段，也是环境保护事业取得突飞猛进、环境保护政策法制体系逐步建立形成的重要阶段。这一时期，一方面，随着《环境保护法（试行）》（1979年）、《环境保护法》（1989年）颁布实施、大批环境保护单行法制定出台，我国环境政策法律体系初步成型；另一方面，农村环境保护的专门制度陆续推出，农村环境政策法制的基本领域、主要制度框架逐步形成。由于农村环境保护法制是我国环境法制的重要组成部分，而且它的发展受到环境法制整体发展状况的影响，因此，这一部分将从上述两个方面进行分析探讨。

（一）在这一阶段我国环境保护政策法制体系的发展

在这一阶段，党和政府对环境问题严重性的认识逐步加深②，提出了一系列政策主张，推动环境保护政策法律体系逐步成型。1978年2月，《中华人民共和国宪法》通过，宣告“国家保护环境和自然资

---

① 农业部科技教育司、中国农业生态环境保护协会：《中国农业环境保护大事记 1970—2000》，中国农业科技出版社2000年版，第5页。

② 1983年1月12日，邓小平同志在同有关部门负责同志谈话时指出：“要大力加强农业科学研究和人才培养。提高农作物单产、发展多种经营、改革耕作栽培方法、解决农村能源、保护生态环境等等，都要靠科学。”参见农业部科技教育司、中国农业生态环境保护协会：《中国农业环境保护大事记　1970—2000》，中国农业科技出版社2000年版，第13页。

源，防止污染和其他公害”，以国家根本大法的形式确立了政府的环境保护义务，为我国环境法制的发展确立了基础。1978 年 12 月，中共中央批转国务院环境保护领导小组《环境保护工作汇报要点》。在通知中指出：“消除污染，保护环境，是进行社会主义建设，实现四个现代化的一个重要组成部分。”“我们绝不能走先建设、后治理的弯路。我们要在建设的同时就解决环境污染的问题。”这是第一次以党中央的名义对环境保护工作作出的批示，并且强调了环境保护是社会主义现代化建设的重要组成部分。

之后，我国环境保护政策法制获得了长足发展。从政策层面看，相关政策陆续出台。1981 年 4 月，国务院作出了《关于在国民经济调整时期加强环境保护工作的决定》指出“保护环境是人民的根本利益所在”，并从严格防止新污染的发展、抓紧解决突出的污染问题、制止对自然环境的破坏等方面规定了防治的具体措施；1984 年 5 月，国务院作出《关于环境保护工作的决定》认为：“保护和改善生活环境和生态环境，防治污染和自然环境破坏，是我国社会主义现代化建设中的一项基本国策。”[①]1990 年 12 月，国务院发布《关于进一步加强环境保护工作的决定》，决定指出：“农业部门必须加强对农业环境的保护和管理，控制农药、化肥、农膜对环境的污染，推广植物病虫害的综合防治；根据当地资源和环境保护要求，合理调整农业结构，积极发展农业生产。”[②]此外，环境保护政策在这一阶段开始纳入党和政府的综合决策。1984 年《中共中央关于经济体制改革的决定》、1986 年《国民经济和社会发展第七个五年计划》等都有关于环境保护的内容。其中，《国民经济和社会发展第七个五年计划》设置专章规定了“环境保护”，强调了防治工业污染、控制重点城市污染、保护江河水质、保护农村环境和生态环境等方面的任务和措施。

从法制层面看，防治环境污染和生态破坏的法律陆续颁布实施。1979 年 9 月，第五届全国人大常委会通过《环境保护法（试行）》，结

---

① 国务院法制办公室：《中华人民共和国法规汇编　1982—1984》（第 6 卷），中国法制出版社 2005 年版，第 554 页。

② 农业部科技教育司、中国农业生态环境保护协会：《中国农业环境保护大事记 1970—2000》，中国农业科技出版社 2000 年版，第 34 页。

束了中国环境保护无法可依的局面。该法第二章为“保护自然环境”，其中对合理使用土地、严格管理和节约农业用水、植树造林等内容作出了规定；之后，《海洋环境保护法》（1983年）、《水污染防治法》（1984年）、《森林法》（1984年）、《土地管理法》（1986年颁布、1988年修订）、《大气污染防治法》（1987年）等环境保护领域单行法获得通过。1989年，第七届全国人民代表大会常务委员会第十一次会议通过《环境保护法》，为我国环境法制的进一步发展打下了坚实基础。

（二）在这一阶段我国农村环境保护政策法制的发展

这一时期，在环境保护逐渐受重视的大环境下，农村环境政策法制建设也取得一定成绩。在政策层面，1983年1月12日，邓小平在同有关部门负责同志谈话时指出：“要大力加强农业科学研究和人才培养。提高农作物单产、发展多种经营、改革耕作栽培方法、解决农村能源、保护生态环境等等，都要靠科学。”①1983年12月，李鹏在第二次全国环境保护会议上讲话指出：“农业环境的保护，要同合理开发和利用农业资源、发展多种经营结合起来。要充分注意保护土地、水面、森林、草原和珍稀野生动植物资源。”②1984年5月，国务院作出《关于环境保护工作的决定》提出：“各级人民政府要加强对乡镇工业和街道工业的领导，做好规划，合理确定产品方向和布局，制定相应的规章制度，切实防治环境的污染和破坏。”“要认真保护农业生态环境。各级环境保护部门要会同有关部门积极推广生态农业，防止农业环境的污染和破坏。”1990年12月，国务院发布《关于进一步加强环境保护工作的决定》规定：“农业部门必须加强对农业环境的保护和管理，控制农药、化肥、农膜对环境的污染，推广植物病虫害的综合防治；根据当地资源和环境保护要求，合理调整农业结构，积极

① 农业部科技教育司、中国农业生态环境保护协会：《中国农业环境保护大事记1970—2000》，中国农业科技出版社2000年版，第13页。

② 农业部科技教育司、中国农业生态环境保护协会：《中国农业环境保护大事记1970—2000》，中国农业科技出版社2000年版，第15页。

发展农业生产。”①

在法制层面，1979年9月，《环境保护法（试行）》第二章“保护自然环境”对合理使用土地、严格管理和节约农业用水、植树造林等内容作出了规定；之后，1984年，《水污染防治法》规定：“向农田灌溉渠道排放工业废水和城市污水，应当保证其下游最近的灌溉取水点的水质符合农田灌溉水质标准。利用工业废水和城市污水进行灌溉，应当防止污染土壤、地下水和农产品。”1986年，《土地管理法》指出：“各级人民政府必须贯彻执行十分珍惜和合理利用土地的方针，全面规划，加强管理，保护、开发土地资源，制止乱占耕地和滥用土地的行为。”1989年，《环境保护法》提出：“各级人民政府应当加强对农业环境的保护，防止土壤污染、土地沙化、盐渍化、贫清化、沼泽化、地面沉降和防治植被破坏、水土流失、水源枯竭、种源灭绝以及其他生态失调现象的发生和发展，推广植物病虫害的综合防治，合理使用化肥、农药及植物生长激素。”值得一提的是，原农牧渔业部于1984年制定了《全国农业环境监测工作条例（试行）》，对规范农业环境监测工作起到了重要作用。

在这些政策法制要求和相关部门积极工作下，我国农村环境政策法制的基本领域、政策框架逐步形成，“村镇规划与建设工作”“农业环境保护”“乡镇企业污染防治”等重点领域逐渐凸显出来。

1. 村镇规划与建设工作

这一阶段主要从加强村镇规划、文明集镇、文明村庄建设和乡村基础设施建设等方面着手开展农村环境保护工作。在村镇规划方面，1982—1988年，我国共完成村庄规划28万个，占村庄总数的74.9%；完成集镇规划3.3万个，占集镇总数的92.7%。② 在文明集镇、文明村庄方面，1989年，建设部村镇建设司、农民日报社、建设报社联合举办了全国文明集镇、文明村庄的评选活动。全国有100个

---

① 农业部科技教育司、中国农业生态环境保护协会：《中国农业环境保护大事记1970—2000》，中国农业科技出版社2000年版，第34页。

② 《中国环境年鉴》编辑委员会：《中国环境年鉴》，中国环境科学出版社1990年版，第247页。

集镇、99个村庄分别获得全国文明集镇、文明村庄的称号。[①] 在乡村基础设施建设方面，到1989年，全国有1246个集镇、2.4万个村庄用上了自来水；累计用自来水的集镇达22492个，村庄达35.3万个，分别占集镇、村庄总数的49.3%和9.3%，1989年，全国有908个集镇、4.8万个村庄通了电；累计通电集镇达9.4万个，村庄294.2万个，分别占集镇和村庄总数的96%和64%。北京、天津、上海等11个省、市集镇全部通电。[②]

2. 农业环境保护工作

农业环境保护工作主要聚焦在"农药安全管理""生态农业建设""农业环境标准建设"等方面。在农药安全管理方面，1979年，《中华人民共和国环境保护法（试行）》规定："积极发展高效、低毒、低残留农药。推广综合防治和生物防治，合理利用污水灌溉，防止土壤和作物的污染。"1983年12月，李鹏在第二次全国环境保护会议上讲话指出："要加紧研究高效、安全、经济的农药。并着重发展低残留农药，以减轻农药污染。凡污染严重的新农药、不许生产、进口和使用高毒和高残留农药不准用于蔬菜、茶叶、果树、烟草以及中药材等作物。要合理使用化肥，充分利用农家肥。"[③]1989年，《环境保护法》提出："合理使用化肥、农药及植物生长激素。"为了实现农药安全管理，1982年4月，农牧渔业部等部委颁布了《农药登记规定》，6月颁布《农药安全使用规定》，9月颁布《农药登记规定实施细则》，1989年修订《农药安全使用标准》，基本形成了农业安全管理的制度框架。

在生态农业建设方面，1985年6月国务院环委会发布《关于发展生态农业，加强农业生态环境保护工作的意见》。文件指出："实践证明，农村经济初步搞活之后，如何使我国农业进一步稳定、全面地发展，使农业生态环境不断得到改善，逐步实现良性循环，已成为一

---

① 《中国环境年鉴》编辑委员会：《中国环境年鉴》，中国环境科学出版社1990年版，第248页。

② 《中国环境年鉴》编辑委员会：《中国环境年鉴》，中国环境科学出版社1990年版，第248页。

③ 农业部科技教育司、中国农业生态环境保护协会：《中国农业环境保护大事记1970—2000》，中国农业科技出版社2000年版，第15页。

个亟待解决的问题。我们认为发展生态农业是解决上述问题的重要途径。”之后，生态农业试点工作在全国推广，到1990年26个省、自治区、直辖市已建立不同类型的生态农业示范点（村、场）1100个[①]，对推动生态农业的发展起到了积极作用。李鹏[②]等国家领导人都积极肯定了生态农业建设工作的重要性。

在农业环境标准建设方面，1979年3月国家颁布《渔业水质标准》，12月颁布《农田灌溉水质标准》（试行），1984年制定《农用污泥中污染物控制标准》，1985年4月正式发布《农田灌溉水质标准》，1987年10月发布《农用粉煤灰中污染物控制标准》，1987年10月通过《城镇垃圾农用控制标准》，1988年10月实施《保护农作物的大气污染物最高允许浓度》等。[③]

3. 乡镇企业污染防治

在乡镇企业污染防治方面，党的十一届三中全会以后，乡镇企业获得迅猛发展[④]，但由于规划不合理、管理滞后、设备落伍等因素，乡镇企业在发展中也给生态环境带来污染和破坏。资料表明，在当时1750万家乡镇企业中，污染较重的企业占5%～18%，重污染的占1.2%。排放的废水、废气、工业粉尘和固体废物，分别占全国这几类污染物排放量的8.52%、16.41%、33%和9.5%。[⑤] 1983年12月31

① 《中国环境年鉴》编辑委员会：《中国环境年鉴》，中国环境科学出版社1990年版，第139页。

② 1991年11月，李鹏在山东省淄博市视察时指出：“发展生态农业，形成良性循环，这一点很重要。秸秆过腹还田，作用很大，既保护了土壤，又减少了施用化肥。”11月20日，又为山东省桓台县题词：“发展生态良性循环的农业。”参见农业部科技教育司、中国农业生态环境保护协会：《中国农业环境保护大事记　1970—2000》，中国农业科技出版社2000年版，第38页。

③ 《中国环境年鉴》编辑委员会：《中国环境年鉴》，中国环境科学出版社1990年版，第101～105页。

④ 我国乡镇企业萌芽于60年代初的队办、社办企业。党的十一届三中全会后迅猛发展。1962—1978年，年平均递增率为10%；1979—1983年，年递增率为14.5%；1984—1987年，年递增率达到43.9%。到1987年年底，全国乡镇企业总数已达1750万个，从业人员8805万人。参见《中国环境年鉴》编辑委员会：《中国环境年鉴》，中国环境科学出版社1990年版，第140页。

⑤ 《中国环境年鉴》编辑委员会：《中国环境年鉴》，中国环境科学出版社1990年版，第140页。

日，李鹏在第二次全国环境保护会议上指出："现在有的社队工业污染比较严重，必须严加控制，限期治理，该调整的就下决心调整，该停掉的就要下决心停掉。"1984年5月，国务院作出《关于环境保护工作的决定》要求："各级人民政府要加强对乡镇工业和街道工业的领导，做好规划，合理确定产品方向和布局，制定相应的规章制度，切实防治环境的污染和破坏。"1986年，国民经济与社会发展七五规划指出："乡镇企业在没有'三废'治理设施的情况下，不得从事对环境有污染的生产"，"坚决制止大城市向农村、大中型企业向小型企业转嫁污染"。同时，国务院还专门针对乡镇企业污染防治作出了《关于加强乡镇、街道企业环境管理的决定》，又制定了《关于加强乡镇、街道企业环境管理的规定》(1984年)等规范性文件。

总之，在这一阶段，伴随《环境保护法》的制定实施，与农业环境保护密切相关的环境单行法，如《水污染防治法》《森林法》《土地管理法》等获得通过，再加上"村镇规划与建设工作""农业环境保护""乡镇企业污染防治"等重点领域工作的展开，农村环境保护管理和法制建设取得了一定成绩。但同样是在这一阶段，国家农业主管部门力推的《农业环境管理条例》只是征求意见并未通过，反倒是1991年山西省七届人大常委会第二十五次会议通过了《山西省农业环境保护条例》，首开我国省级农业环境保护法规的先河，农业环境保护法制专门化道路还留待以后进一步推进。

三、我国农村环境政策法制发展阶段：1993—2012年

伴随我国改革开放事业的纵深推进、经济社会的持续发展，农村环境管理和法制建设工作在这一阶段也取得了积极成绩。在政策方面，1999年环保总局《关于加强农村环境保护工作若干意见》、2007年国务院《关于加强环境保护重点工作的意见》两个专门文件的出台表明党和国家更加重视农村环境保护工作；在法制方面，1993年《农业法》、1998年《基本农田保护条例》获得通过，推动农村环境保护法制向前迈进了一大步。此外，这一阶段围绕"农村人居环境整治""农业面源污染防治""农业自然资源保护""乡镇企业污染防治"等重点工作，我国农村环境管理也取得了较大成绩。

（一）在这一阶段我国农村环境保护法制的发展

从法律层面看，1993 年《农业法》《农业技术推广法》，1996 年《乡镇企业法》《农产品质量安全法》，1997 年《刑法》（修正）等立法在这一阶段陆续推出。其中，最为重要的是《农业法》。《农业法》第七章专章规定了“农业资源与农业环境保护”，强调合理利用资源，保护基本农田，科学使用化肥、农药，加强水土保持，实施义务植树。之后，《农业法》经历了 2002 年、2009 年、2012 年多次修正，有关内容从原本的 5 条增加到 10 条，新加入了合理开发和利用可再生能源制度，农业资源监测制度，天然林区禁伐或限伐制度，草原轮牧、休牧和禁牧制度，渔业捕捞限额和禁渔、休渔制度，农业转基因生物安全控制制度等，使之成为规范农业环境保护活动的主要法律文件。1996 年《乡镇企业法》从防范乡镇企业污染行为入手作出了规定，强调应当依法合理开发和利用自然资源、执行环境影响评价制度、三同时制度、限期治理制度。1996 年《农产品质量安全法》从保障农产品质量安全，维护公众健康角度展开立法，禁止向农产品产地排放或者倾倒废水、废气、固体废物或者其他有毒有害物质，要求农产品生产者合理使用化肥、农药、兽药、农用薄膜等化工产品，防止对农产品产地造成污染。1997 年《刑法》（修正）在“第六章妨害社会管理秩序罪”下增加了“第六节破坏环境资源保护罪”，规定了“非法捕捞水产品罪”“非法猎捕、杀害珍贵、濒危野生动物罪”“非法占用耕地罪”“非法采伐、毁坏珍贵树木罪”等罪名，并于 1998 年审理宣判了全国第一起环境污染犯罪案。[①] 这标志着我国环境法制工作逐渐走上了行政执法与环境司法并重的轨道。[②]

从行政法规层面看，国务院在这一阶段较为密集的制定出台了一系列行政法规，如 1993 年《野生植物保护条例》《自然保护区条例》《水土保持法实施条例》，1994 年《基本农田保护条例》，1997 年《农药管理条例》，2002 年《农业转基因生物安全管理条例》等。其

---

① 参见《中国环境年鉴》编辑委员会：《中国环境年鉴》，中国环境科学出版社 1999 年版，第 159 页。

② 《中国环境年鉴》编辑委员会：《中国环境年鉴》，中国环境科学出版社 1999 年版，第 158 页。

中，1994 年《基本农田保护条例》（1998 年、2011 年两次修订）对于基本农田保护意义重大，它规定了基本农田保护区的划定、保护和监督管理问题，成为耕地资源保护的重要法律保障。1997 年《农药管理条例》则将 1982 年农业部、林业部、化工部等部委颁布的《农药登记规定》上升为国务院行政法规，对于加强农药生产、经营和使用的监督管理，保证农药质量，保护农业、林业生产和生态环境起到了重要作用。

从部门规章看，1997 年农业部审议通过《水生动植物自然保护区管理办法》，1999 年国家环保总局发布《秸秆禁烧和综合利用管理办法》，2001 年制定《畜禽养殖污染防治管理办法》《有机食品认证管理办法》，2006 年农业部出台《草种管理办法》，从多个专门领域进一步加强了农村环境法制。

从地方立法看，自从 1991 年山西省通过《山西省农业环境保护条例》以后，地方农业环境保护专门立法进程速度在明显加快。1993 年《湖北省农业环境保护条例》、1994 年《山东省农业环境保护条例》《宁夏回族自治区农业环境保护条例》、1995 年《广西壮族自治区农业环境保护条例》、1996 年《辽宁省农业环境保护条例》等，截至 2012 年年底，总计有 21 部地方农村环境保护专门立法获得通过，成为我国农村环境法制体系的重要组成部分。

从环境标准看，农业环境保护方面的标准体系建设也在加强。相继制定发布了《生态农业示范区建设技术规范（试行）》（1994 年）、《农业环境监测技术规范》（1997 年）、《畜禽养殖业污染物排放标准》（2001 年）、《规模化畜禽养殖业污染防治技术规范》（2001 年）、《农用运输车自由加速烟度排放限值及测量方法》（2003 年）、《湖库富营养化污染防治技术政策》（2005 年）、《食用农产品产地环境质量评价标准》（2007 年）、《温室蔬菜产地环境质量评价标准》（2007 年）、《国家级生态村创建标准（试行）》（2008 年）、《杂环类农药工业水污染物排放标准》（2009 年）、《磷肥工业水污染物排放标准》（2012 年）等。

此外，在这一阶段也对《生态保护法》《农业环境保护条例》《农业建设项目环境影响评价管理办法》《农业环境污染防治条例》等立法项目启动了调研论证工作。

（二）在这一阶段我国农村环境保护政策的发展

这一阶段，党和政府更加重视农村环境保护，专门召开全国农村环境保护工作电视电话会议，将其作为生态保护的一项重点工作来抓。1996 年，江泽民在第四次全国环境保护会议上指出："城市环境污染仍在加剧，并向农村地区蔓延，生态破坏的范围在扩大。必须认识到，保护环境的实质就是保护生产力，这方面的工作要继续加强。"李鹏提出："农村要重点加强乡镇企业的污染治理，解决好农药和化肥的污染问题，大力发展生态农业，广泛开展植树造林，控制水土流失，积极防治荒漠化。"2008 年，李克强指出："农村环境保护压力大、任务重。做好新形势下的农村环境保护工作，要统筹兼顾，正确处理三个方面的关系。"一是处理好农村环境保护与农村经济社会发展的关系，二是处理好城市环境保护与农村环境保护的关系，三是处理好主动预防和被动治理的关系。2011 年，李克强在第七次全国环境保护大会上强调："要坚持城乡统筹、梯次推进，加强面源污染防治和农村环境整治。城市环境与农村环境唇齿相依，农村环境保护不好，不仅损害农民的利益，还会严重影响城市居民的菜篮子、米袋子、水缸子。"

社会各界更加关注农村环境保护问题，两会代表和委员有关方面的提案逐年增加。2003 年，"农村水源污染和生态环境破坏"议题成为代表和委员关注的热点，全国政协王耀华委员提出《关于大力整治我国农村部分地区严重污染的建议》、吴正德委员提出《关于规模化养殖场对环境的污染亟待解决的问题》提案①；2008 年，鞠章网等 15 名代表提出"关于加强农村环境保护与环境污染治理"，何培篙等 10 名代表提出"关于进一步重视治理农村环境污染问题"等建议②；2009 年，夏士林代表提出了《关于要求加强农业农村环境污染防治工作的建议》，赵林中代表提出《关于加大财政转移支付力度，解决农

① 参见《中国环境年鉴》编辑委员会：《中国环境年鉴》，中国环境科学出版社 2004 年版，第 273 页。

② 《中国环境年鉴》编辑委员会：《中国环境年鉴》，中国环境科学出版社 2008 年版，第 435 页。

村环境污染问题的建议》，民建中央提出《关于大力加强我国农村环境污染防治》的提案，九三学社中央提出《关于在新农村建设中加强环境保护与生态建设》的提案；[①]2010年，人大环资委交办的16件议案中，有2件是制定《农村环境保护法》的，其他农村环境保护政策建议、提案共16件，内容集中在农村饮用水安全、农村垃圾处理、农村环境监管、农村环境保护长效机制建立等方面；[②]2011年，农村环保类建议提案为44件，内容主要集中在保障农村饮用水安全、农村垃圾处理等的基础设施建设、畜禽规模化养殖污染防治以及加强农村环境监管、建立农村环境保护长效机制等方面。[③]

从政策文件角度看，这一阶段一系列有关"新农村建设""环境保护"的政策文件中包含农村环境保护的内容，如1998年《中共中央关于农业和农村工作若干重大问题的决定》[④]、2005年《中共中央、国务院关于推进社会主义新农村建设的若干意见》、2006年《国务院关于落实科学发展观加强环境保护的决定》等；专门的农村环境保护政策文件也陆续出台，包括1999年国家环境保护总局发布《关于加强农村生态环境保护工作的若干意见》的通知，2007年国务院办公厅转发了国家环保总局等8个部委《关于加强农村环境保护工作的意见》，2007年国家环保总局印发了《全国农村环境污染防治规划纲要》《国家农村小康环保行动计划》等，这些文件突出强调了农业环境保护的重要性，明确了农村环境保护的总体要求、关键措施，是保护好农村农业环境的政策基础。此外，还有其他农业环境保护政策

---

① 《中国环境年鉴》编辑委员会：《中国环境年鉴》，中国环境科学出版社2009年版，第220页。

② 《中国环境年鉴》编辑委员会：《中国环境年鉴》，中国环境科学出版社2010年版，第230页。

③ 《中国环境年鉴》编辑委员会：《中国环境年鉴》，中国环境科学出版社2011年版，第260页。

④ 例如，1998年10月，党的十五届三中全会通过《中共中央关于农业和农村工作若干重大问题的决定》，决定指出："实现农业可持续发展，必须加强以水利为重点的基础设施建设和林业建设，严格保护耕地、森林植被和水资源，防治水土流失、土地荒漠化和环境污染，改善生产条件，保护生态环境。""改善生态环境是关系中华民族生存和发展的长远大计，也是防御旱涝等自然灾害的根本措施"。参见农业部科技教育司、中国农业生态环境保护协会：《中国农业环境保护大事记　1970—2000》，中国农业科技出版社2000年版，第40页。

性文件颁布实施。例如，1993 年《全国生态农业试点县建设实施指南》《全国生态农业试点县建设设置方案》《关于进一步加强乡镇企业土法炼硫磺污染防治工作的通知》；1995 年《关于严禁在蔬菜生产上使用高毒高残留农药，确保人民食菜安全的通知》《关于开展淮河流域农业环境污染调查和制定农业环境污染防治计划的通知》《农业环境保护技术政策》；1996 年《关于印发〈建设农业部环境质量监督检验测试体系实施方案〉的通知》；1997 年《关于印发〈基本农田保护区土壤环境质量监测实施方案〉和〈基本农田保护区土壤环境质量监测技术方案〉的通知》《关于进一步做好严禁焚烧秸秆工作的紧急通知》《关于进一步加强对农药生产单位废水排放监督管理的通知》《关于印发〈建设农业部环境质量检验测试体系实施方案〉的通知》；1998 年《关于加强乡镇企业污染防治和保证贷款安全的通知》《关于加强乡镇煤矿环境保护工作的规定》《关于加强氰化盐企业污染治理的通知》《关于加强自然资源开发建设生态环境管理的通知》；1999 年《全国生态环境保护纲要》《关于做好〈全国生态环境建设规划〉中生态农业和农村能源建设工作的通知》；2000 年《关于加强基本农田环境保护的通知》；2001 年《关于加强秋季秸秆禁烧工作的紧急通知》《国务院关于禁止采集和销售发菜制止滥挖甘草和麻黄草有关问题的通知》；2003 年《关于加强城乡规划监督管理的通知》；2004 年《农业资源与生态环境保护体系建设规划（2003—2007）》；2006 年《关于加强集约化禽类养殖与屠宰场所环境监管的紧急通知》等，形成了较为系统的农村环境保护政策管理体系。

从农村环境管理政策领域看，主要体现在“农村人居环境整治”“农业面源污染防治”“农业自然资源保护”“乡镇企业污染防治”等方面。

1. 农村人居环境整治

农村人居环境整治主要聚焦在“村镇规划和建设试点”“环境优美小城镇建设”“农村饮水安全保障”等方面。在村镇规划和建设试点方面，1993 年国务院制定《村庄和集镇规划建设管理条例》，2003 年国家环保总局和建设部颁布《小城镇环境规划编制导则（试行）》，为村镇建设健康发展提供了可靠政策保障。截至 1993 年，全国调整完善建制镇规划1800多个、集镇规划3180个、村镇规划148个。全国村镇建设试点8976个，其中部级试点60个，省级试点391个，地市级试点1293个，县级试点7232个，对提高村镇建设的整体水平，起到了较好的示范作用。[①] 在环境优美小城镇建设方面，2002年，国家环保总局组织拟订了《全国环境优美小城镇考核指标体系》，为开展环境优美乡镇创建工作提供了依据。[②] 到2007年年底，全国环境优美乡镇数量达到425个。各地也先后开展了省级环境优美乡镇和生态村创建工作。[③] 在农村饮水安全保障方面，2008年印发《关于加强农村饮水安全工程卫生学评价和水质卫生监测工作的通知》，中央补助地方农村改水改厕4542万元。[④] 到2009年年底，全国农村改水累计受益人口达9.03亿，其中，自来水受益人口6.51亿，占受益人口总数的72.1%；手压机井1.65亿，占受益总人口的18.3%；其他改水形式受益人口0.84亿，占受益总人口的9.3%。已改水受益人口占农村人口94.3%。[⑤] 值得一提的是，2008年国务院提出了“以奖促治、以奖代补”重要政策措施，中央财政首次设立农村环境保护专项资金，安排农村环境保护专项资金5亿元用于“以奖促治、以奖代补”。之后逐年增加，到2011年该项政策资金达到了40亿元，其中36亿元用于支持连片整治工作。截至2011年，共安排80亿元农村环保专项资金，支持1.63万个村庄开展农村环境综合整治和生态示范建设，受益人口3729万，有力支持了各地开展农村环境综合整治工作。[⑥]

---

① 《中国环境年鉴》编辑委员会：《中国环境年鉴》，中国环境科学出版社1994年版，第245~246页。

② 《中国环境年鉴》编辑委员会：《中国环境年鉴》，中国环境科学出版社2002年版，第273页。

③ 《中国环境年鉴》编辑委员会：《中国环境年鉴》，中国环境科学出版社2008年版，第314页。

④ 《中国环境年鉴》编辑委员会：《中国环境年鉴》，中国环境科学出版社2008年版，第267页。

⑤ 《中国环境年鉴》编辑委员会：《中国环境年鉴》，中国环境科学出版社2010年版，第211页。

⑥ 《中国环境年鉴》编辑委员会：《中国环境年鉴》，中国环境科学出版社2012年版，第2页。

2. 农业面源污染防治

在这一阶段,针对农业面源污染防治采取的主要措施是加强农药安全管理、测土配方施肥、畜禽养殖业污染防治、秸秆禁烧和综合利用管理等。

在加强农药安全管理方面,有数据显示,我国农药、化肥生产和使用量一直呈上升的趋势。1995 年农药、化肥使用量分别为 28.4 万吨和 2334 万吨,比 1990 年分别增长 30%和 26.6%。一些地区农药、化肥的过量和不合理使用给农村环境造成了严重污染,部分地区土壤营养元素失衡、板结,地力下降,农作物减产。大量化肥、农药和畜禽粪便流失到环境中,造成了湖泊、河流、近海海域的污染。这已成为我国面临新的更为棘手的水环境问题。[①] 为此,有关部门积极采取措施予以应对。1995 年,国家环保局起草部门规章《农药环境安全管理办法》并完成待送稿,并与农业部等联合下发《关于严禁在蔬菜生产上使用高毒高残留农药,确保人民食菜安全的通知》[②];1996 年,严格开展农药品种环境生态评审工作。对申请登记的 14 种农药,经过从环境生态方面审查只允许其中 13 种予以登记[③];1997 年,安排起草环境保护行业标准《化学农药环境安全评价准则》,配合有关单位在起草上报的化学物质污染环境控制法中增加了农药污染控制一节。[④]

在推动测土配方施肥方面,2005 年,农业部启动全国测土配方施肥行动,以 484 个粮食大县为重点,组织 10 万名技术人员进村入户对 5000 万农民进行科学施肥培训。[⑤] 2008 年,测土配方施肥项目县(场)数量达到 1861 个,推广应用面积达到 0.6 亿公顷以上,免费

---

① 《中国环境年鉴》编辑委员会:《中国环境年鉴》,中国环境科学出版社 1998 年版,第 134 页。

② 《中国环境年鉴》编辑委员会:《中国环境年鉴》,中国环境科学出版社 1996 年版,第 162 页。

③ 《中国环境年鉴》编辑委员会:《中国环境年鉴》,中国环境科学出版社 1998 年版,第 246 页。

④ 《中国环境年鉴》编辑委员会:《中国环境年鉴》,中国环境科学出版社 1997 年版,第 120 页。

⑤ 《中国环境年鉴》编辑委员会:《中国环境年鉴》,中国环境科学出版社 2006 年版,第 346 页。

为1.2亿农户提供了技术指导服务。据统计,与农民习惯施肥相比,2008年实施测土配方施肥减少不合理化肥施用量120多万吨,示范区化肥利用率提高了3个多百分点。[①] 2009年,中央财政投入12亿元用于测土配方施肥补贴,项目区扩大到2498个项目县(场、单位),基本覆盖了所有县级农业行政区。粮棉油等主要农作物测土配方施肥技术覆盖率在60%以上,并向经济作物、园艺作物拓展。共推广测土施肥面积10亿亩以上,受益农户达1.5亿户。[②] 2011年,中央财政继续安排补贴资金8亿元,支持开展测土配方施肥,免费为1.7亿农户提供了测土配方施肥技术服务,技术推广面积12亿亩以上。[③]

在加强畜禽养殖业污染防治方面,组织起草了《全国畜禽养殖污染防治"十二五"规划》(2012年),启动了《畜禽养殖业污染防治条例》制定工作。[④] 从2004年开始建设集约化畜禽养殖污染防治示范工程,首批批复"武汉市东西湖区牛粪沼气发电及资源综合利用"等15个项目[⑤];2006年批复河北饶阳县牧兴养殖有限公司废弃物综合利用及污染治理项目29个,落实专项资金1500万元。[⑥] 2011年,开展规模化畜禽养殖场执法检查,共检查33,000余家,依法查处环境违法问题19,000多件,关闭禁养区内规模化养殖场1035家。[⑦]

在秸秆禁烧和综合利用管理方面,1999年4月,国家环保总局等

---

① 《中国环境年鉴》编辑委员会:《中国环境年鉴》,中国环境科学出版社2009年版,第370页。

② 《中国环境年鉴》编辑委员会:《中国环境年鉴》,中国环境科学出版社2010年版,第371页。

③ 中华人民共和国农业部:《2012中国农业科技推广发展报告》,中国农业出版社2013年版,第53页。

④ 2004年2月,曾培炎副总理作出关于"《畜禽养殖业污染防治条例》应抓紧制定"的批示,国家环保总局开始着手启动《畜禽养殖业污染防治条例》。参见《中国环境年鉴》编辑委员会:《中国环境年鉴》,中国环境科学出版社2005年版,第245页。

⑤ 《中国环境年鉴》编辑委员会:《中国环境年鉴》,中国环境科学出版社2005年版,第245页。

⑥ 《中国环境年鉴》编辑委员会:《中国环境年鉴》,中国环境科学出版社2005年版,第258页。

⑦ 《中国环境年鉴》编辑委员会:《中国环境年鉴》,中国环境科学出版社2011年版,第18页。

部委联合发布《秸秆禁烧和综合利用管理办法》,将秸秆禁烧工作列为重点工作,多次部署秸秆禁烧工作。农业部与北京、天津、上海、四川、河北、河南、山东、江苏、陕西、辽宁省、市签订了《农作物秸秆综合利用和禁烧协议书》,中央与地方共投入 1. 86 亿元补助和配套资金,支持农民购置秸秆还田等各类机具。① 2006 年,利用气象卫星对全国夏秋两季农作物秸秆焚烧情况进行监测。结果表明,2006 年大部分地区焚烧农作物秸秆现象呈持续下降趋势。② 2007 年,开展机械化秸秆还田技术应用示范,建立国家级示范县 173 个,省级示范县 328 个,实施机械化秸秆还田面积 3 亿亩,秸秆用于畜牧饲料约 2. 2 亿吨,占全国秸秆总量的 1/30。③

3. 农业自然资源保护

对农业自然资源的保护主要体现在“农业生物多样性保护”和“外来生物管理”等方面。在农业生物多样性保护方面,1999 年农业部组织专家对列入《国家重点保护野生植物(农业)名录》物种展开调查,到 2003 年年底,基本完成了《第一批国家重点保护野生植物名录》中农业野生植物资源调查,初步建立了农业野生植物资源普查数据库和图像数据库、种质资源鉴定评价数据库和地理数据库④;2002 年 8 月农业部发布了《农业野生植物保护办法》,2002 年 10 月下发《关于加强农业野生植物保护工作的通知》详细规定了农业野生植物的管理机构、采集、收购和进出口的申请、审批程序,以及保护区和保护点的建立等事项,为农业野生植物保护的规范化管理奠定了基础。⑤ 2004 年 2 月,农业部颁布《渤海生物资源养护规定》,对在渤海水域从事养殖和捕捞、生物资源增殖、生物资源保护和渔业水域环境

---

① 《中国环境年鉴》编辑委员会:《中国环境年鉴》,中国环境科学出版社 2001 年版,第 191 页。

② 《中国环境年鉴》编辑委员会:《中国环境年鉴》,中国环境科学出版社 2007 年版,第 218 页。

③ 《中国环境年鉴》编辑委员会:《中国环境年鉴》,中国环境科学出版社 2008 年版,第 267 页。

④ 《中国环境年鉴》编辑委员会:《中国环境年鉴》,中国环境科学出版社 2004 年版,第 281 页。

⑤ 《中国环境年鉴》编辑委员会:《中国环境年鉴》,中国环境科学出版社 2003 年版,第 350 页。

保护等活动提出了明确的规定。[①] 2007年,农业部颁布《国家重点保护经济水生动植物资源名录(第一批)》,建立了首批40个国家级水产种质资源保护区,初步构建了水产种质资源保护区网络,对保护国家重点保护经济水生动植物和地方珍稀特有水生物种及其栖息繁衍场所发挥了重要作用。[②]

在外来生物管理方面,2003年4月,国务院明确农业部作为外来物种管理的牵头部门。10月,农业部组织成立了"农业部外来入侵生物管理办公室",组织全国外来入侵生物的防治与管理工作。[③] 之后,农业部从建立监测体系、加强信息管理、综合防治等方面进行了大量工作,并在重点区域组织实施入侵生物防治行动。2006年,农业部选择北京、河北、云南等10个省市实施了灭毒除害行动;2008年,在北京、天津、河北等15个省(直辖市、自治区)开展外来入侵物种灭毒除害行动,对豚草等14种重大农业外来入侵物种进行了"灭毒除害"大行动,共铲除(灭除)外来入侵生物3200多万亩次,防除效果达到了75%以上[④]。2009年,农业部继续在全国17个省市开展刺萼龙葵、水花生、黄顶菊、薇甘菊、福寿螺等15种重大危险农业外来入侵生物灭毒除害、技术示范推广行动,共铲除(防治)外来入侵生物241万公顷;完成紫茎泽兰等18种重大入侵生物全国普查,完善全国外来入侵生物数据库;制定黄顶菊、薇甘菊等10种外来入侵生物监测预警技术规程。[⑤] 2011年,农业部重点组织开展了薇甘菊、黄顶菊、加拿大一枝黄花、水花生、水葫芦、豚草、福寿螺等10种重点外来入侵生物的普查和集中灭除;制定发布了6项外来入侵生物监测行业技术标准;全年动员各级人员334万人,防治外来入侵生物90多

---

① 《中国环境年鉴》编辑委员会:《中国环境年鉴》,中国环境科学出版社2005年版,第331页。

② 《中国环境年鉴》编辑委员会:《中国环境年鉴》,中国环境科学出版社2008年版,第443页。

③ 《中国环境年鉴》编辑委员会:《中国环境年鉴》,中国环境科学出版社2006年版,第281页。

④ 《中国环境年鉴》编辑委员会:《中国环境年鉴》,中国环境科学出版社2009年版,第207页。

⑤ 《中国环境年鉴》编辑委员会:《中国环境年鉴》,中国环境科学出版社2010年版,第211页。

万公顷,总体防控效果达到75%以上。通过灭毒除害行动,直接增收4亿元,间接经济效益达45亿元。[①]

4. 乡镇企业污染防治

这一阶段政府部门进一步加强了乡镇企业环境管理,制定出台了一系列政策法规,并针对"十五小"企业采取了关停措施,有力遏制了乡镇企业污染。1994年,国家环保局向各地下发《乡镇工业污染控制的重点行业与重点区域名单》(环然〔1994〕666号),组织完成《乡镇环境规划指南》编写工作。[②] 1996年,全国人大常委会通过《乡镇企业法》;1997年,国家环保局会同农业部、国家计委、国家经贸委联合下达了《关于加强乡镇企业环境保护工作的规定》,中国农业银行和国家环保局联合制定下发了《关于加强乡镇企业污染防治和保证贷款安全的通知》。[③] 为有效控制乡镇企业环境污染,加大对污染严重企业的环境执法力度,按照《国务院关于环境保护若干问题的决定》要求,在1996年9月30日以前,取缔、关停小造纸、小制革、小染料和土炼焦、土炼硫、土炼砷、土炼汞及土法炼铅锌、土法炼油、土法选金、土法农药、土法漂染、土法电镀、土法生产石棉制品、土法生产放射性制品等"十五小"企业。截至1997年5月31日,全国应关停"十五小"企业74,168家,已关停"十五小"企业64,083家,占应关停"十五小"企业总数的86.4%[④]。至2000年,各级环境保护部门在地方政府组织和有关部门配合下,取缔、关停"十五小"企业共计8.4万多家。[⑤]

总之,相较于前一阶段,这一时期农村环境法制建设取得了新的进展。1993年全国人大常委会制定《农业法》、1996年《乡镇企业

① 《中国环境年鉴》编辑委员会:《中国环境年鉴》,中国环境科学出版社2012年版,第312~313页。

② 《中国环境年鉴》编辑委员会:《中国环境年鉴》,中国环境科学出版社1995年版,第146页。

③ 《中国环境年鉴》编辑委员会:《中国环境年鉴》,中国环境科学出版社1997年版,第28页。

④ 《中国环境年鉴》编辑委员会:《中国环境年鉴》,中国环境科学出版社1998年版,第131页。

⑤ 《中国环境年鉴》编辑委员会:《中国环境年鉴》,中国环境科学出版社2003年版,第177页。

法》《农产品质量安全法》;1994 年国务院制定《基本农田保护条例》,1997《农药管理条例》,2002 年《农业转基因生物安全管理条例》等与农业环境保护直接相关的法律法规的出台,"农村人居环境整治""农业面源污染防治""农业自然资源保护""乡镇企业污染防治"等农村环境管理重点工作的展开,有力促进了我国农村环境法治的发展。

四、我国农村环境政策法制纵深推进阶段:2013 年至今

新时期,伴随着"五位一体"生态文明建设、美丽中国、乡村振兴战略的提出,农村环境政策法制建设取得了新的成绩。在指导思想上,以习近平生态文明思想为指导,坚持"人与自然和谐共生"的科学自然观,"良好生态环境是最普惠的民生福祉"的基本民生观,"绿水青山就是金山银山"的绿色发展观;在法制方面,2014 年修订《环境保护法》、2018 年颁布《土壤污染防治法》以及《畜禽规模养殖污染防治条例》《农用地土壤环境管理办法(试行)》等,推动了农村环境法制体系的健全完善;在政策层面,《国务院办公厅关于改善农村人居环境的指导意见》(国办发〔2014〕25 号)、《关于创新体制机制推进农业绿色发展的意见》、《关于加快推进长江经济带农业面源污染治理的指导意见》(发改农经〔2018〕1542 号)、《农村人居环境整治村庄清洁行动方案》(农社发〔2018〕1 号)、《农业农村部关于深入推进生态环境保护工作的意见》(农科教发〔2018〕4 号)、《农业农村污染治理攻坚战行动计划》(环土壤〔2018〕143 号)等一系列专门性农村环境保护政策文件的下发,显示出党和国家对农村环境政策法制建设的高度重视。

(一)在这一阶段我国农村环境保护法制的发展

在法律层面,2014 年《环境保护法》修订、2018 年《土壤污染防治法》等法律获得通过。与 1989 年《环境保护法》相比,2014 年修订的《环境保护法》在很多方面进行了修改完善。例如,进一步明确了"保护优先、预防为主、综合治理、公众参与、损害担责"原则,专章规定了"信息公开和公众参与",强化了法律责任等。对农业农村环境保护也作出了更为详细的规定,例如在结构上,1989 年《环境保护

法》只在“第三章　保护和改善环境”中进行了规定，而2014年修订的《环境保护法》在“第三章　保护和改善环境”和“第四章　防治污染和其他公害”分别作了规定，增设了农业农村污染防治的内容；在规范数量上，由1989年《环境保护法》规定的1条（第20条），增加到2014年修订的《环境保护法》的3条（第33条、第49条、第50条），数量明显增加；在规范内容上，1989年《环境保护法》只强调了农业生态环境的保护，例如防治土壤污染、土地沙化、盐渍化、贫瘠化、沼泽化、地面沉降和防治植被破坏、水土流失、水源枯竭、种源灭绝等，附带的提到合理使用化肥、农药及植物生长激素；2014年修订的《环境保护法》则新增“促进农业环境保护新技术使用”“加强对农业污染源监测预警”“推动农村环境综合整治”“指导农业生产经营者科学种植和养殖”“科学处置农用薄膜、农作物秸秆等农业废弃物”“组织农村生活废弃物的处置”“防治畜禽养殖污染”“禁止不符合标准固体废物、废水施入农田”等内容，以环境基本法的形式进一步加强了农村环境保护法制建设。2018年《土壤污染防治法》也具有重要意义。在其“第四章　风险管控和修复”中，按照“农用地”和“建设用地”的分类，对农用地风险管控和修复作出了具体规定，要求建立农用地分类管理制度、土壤污染状况调查制度、土壤污染风险评估制度、风险管控制度和修复制度，为农用地治理修复和安全利用提供了法律依据。

在行政法规层面，2013年，国务院在总结国家环境保护总局《畜禽养殖污染防治管理办法》（2011年）运行经验基础上，以行政法规形式颁布实施了《畜禽规模养殖污染防治条例》。该条例分总则、预防、综合利用与治理、激励措施、法律责任、附则6章44条。进一步明确了畜禽养殖污染防治坚持预防为主、防治结合、统筹规划、合理布局、综合利用、激励引导原则，明确了各级人民政府、环保部门及其他有关部门在畜禽养殖污染防治工作中的职责，规定了统筹畜禽养殖生产布局与环境保护、强化污染源头管控的具体措施，规定了畜禽规模养殖及其污染防治和废弃物综合利用的激励措施。《畜禽规模养殖污染防治条例》是我国在国家层面制定实施的第一部农业农村环境保护行政法规，其颁布实施是我国农业农村环保领域法制建设和生态文明制度建设的一件大事,是农业农村环保事业发展的一个里程碑。①

在部门规章层面,2017年原环境保护部、农业部共同下发《农用地土壤环境管理办法(试行)》;在环境标准层面,制定发布了土壤环境标准——《土壤环境质量农用地土壤污染风险管控标准(试行)》(GB 15618—2018);相继发布了多项指导性技术文件,如《农村环境连片整治技术指南》(HJ 2031—2013)、《农村饮用水水源地环境保护技术指南》(HJ 2032—2013)、《村镇生活污染防治最佳可行技术指南(试行)》(HJ-BAT-9)、《规模畜禽养殖场污染防治最佳可行技术指南(试行)》(HJ-BAT-10)、《畜禽养殖禁养区划定技术指南》等。

(二)在这一阶段我国农村环境保护政策的发展

这一阶段,在习近平生态文明思想指引下,农村环境保护政策法制建设取得了新的进展。习近平指出,"绿水青山就是金山银山","良好生态环境是最普惠民生福祉","山水林田湖草是生命共同体","共抓大保护、不搞大开发"。党的十八大报告提出"五位一体"总体布局思想。党的十八届五中全会强调牢固树立并切实贯彻创新、协调、绿色、开放、共享的发展理念。党的十九大报告指出,加快生态文明体制改革,建设美丽中国。针对环境政策法制建设,习近平突出强调"只有实行最严格的制度、最严密的法治,才能为生态文明建设提供可靠保障"。2018年《宪法》修正将"生态文明"写入了国家根本法;中共中央国务院印发《生态文明体制改革总体方案》,指出"坚持城乡环境治理体系统一,继续加强城市环境保护和工业污染防治,加大生态环境保护工作对农村地区的覆盖,建立健全农村环境治理体制机制,加大对农村污染防治设施建设和资金投入力度"。针对农村环境保护,习近平要求"结合实施农村人居环境整治三年行动计划和乡村振兴战略,进一步推广浙江好的经验做法,建设好生态宜居的美丽乡村",强调"农业发展不仅要杜绝生态环境欠新账,而且要逐步还旧账,要打好农业面源污染治理攻坚战"。

① 《中国环境年鉴》编辑委员会:《中国环境年鉴》,中国环境科学出版社2014年版,第394页。

社会各界对农村环境保护问题也投注了更多关心，两会代表委员相关提案数量不断增加。2012 年，涉及农村环境保护的建议提案 73 件。主要建议有：健全农村环保管理体制，加大农村环境综合整治力度，扩大连片整治示范范围，加大农村环境保护基础设施和监管能力建设力度，制定农村环境保护专项规划等。其中涉及农村土壤污染防治的建议提案与 2011 年相比明显增多。[①] 2013 年，两会代表和委员关注的问题主要涉及污染防治、生态保护、政策法规、农村环保等 4 个方面。其中，农村环保提案达到 79 件。[②] 2014 年，代表委员关注的问题主要集中在污染防治、生态保护、农村环保、科技标准 4 个方面。涉及农村环境保护的建议提案 93 件。主要建议有：健全农村环保管理体制，加大农村环境综合整治力度，加大农村土壤污染治理，扩大连片整治示范范围，加大农村环境保护基础设施和监管能力建设力度，制定农村环境保护专项规划等。[③]

从政策文件角度看，这一阶段是农村环境保护专门性文件出台最为密集的时期。2014 年，国务院办公厅下发《关于改善农村人居环境的指导意见》（国办发〔2014〕25 号）；2015 年，农业部印发《农业部关于打好农业面源污染防治攻坚战的实施意见》（农科教发〔2015〕1 号）；2017 年，中共中央办公厅、国务院办公厅印发《关于创新体制机制推进农业绿色发展的意见》；2018 年，生态环境部、农业农村部等五部委制定《关于加快推进长江经济带农业面源污染治理的指导意见》（发改农经〔2018〕1542 号），中央农办、农业农村部等 18 部门印发《农村人居环境整治村庄清洁行动方案》（农社发〔2018〕1 号），农业农村部出台《关于深入推进生态环境保护工作的意见》（农科教发〔2018〕4 号），生态环境部、农业农村部联合印发《农业农村污染治理攻坚战行动计划》。此外，还有其他农业环境保护政策性文件颁布实施。例如，2013 年，国家发展改革委、农业部、环境保护

① 《中国环境年鉴》编辑委员会：《中国环境年鉴》，中国环境科学出版社 2013 年版，第 263 页。

② 《中国环境年鉴》编辑委员会：《中国环境年鉴》，中国环境科学出版社 2013 年版，第 298 页。

③ 《中国环境年鉴》编辑委员会：《中国环境年鉴》，中国环境科学出版社 2015 年版，第 273 页。

部等下发《关于加强农作物秸秆综合利用和禁烧工作的通知》(发改环资〔2013〕930号),环境保护部印发《国家有机食品生产基地考核管理规定》;2014年,国务院办公厅《关于建立病死畜禽无害化处理机制的意见》(国办发〔2014〕47号);2015年,环境保护部联合十部委印发《关于进一步加强涉及自然保护区开发建设活动监督管理的通知》,制定《国家生态文明建设示范区管理规程(试行)》《国家生态文明建设示范县、市指标(试行)》《关于加强"以奖促治"农村环境基础设施运行管理的意见》;2016年,下发《关于进一步加强畜禽养殖污染防治工作的通知》等。

从农村环境管理政策领域看,"农村人居环境整治""农业面源污染防治""农业自然资源保护"等方面工作也取得了新进展。

1. 农村人居环境整治

首先,"以奖促治"推进农村环境综合整治。2013年,中央财政安排60亿元专项资金,选择江苏、宁夏两省(区)进行拉网式全覆盖连片整治试点。[①] 2014年,中央农村环保专项资金投入60亿元用于农村环境连片整治,重点支持重要饮用水水源地周边村庄的生活污水和垃圾治理。新增辽宁、浙江、青海三省开展拉网式全覆盖农村环境综合整治试点。[②] 2015年,中央财政安排农村节能减排资金60亿元支持各省(区、市)开展农村环境连片整治,重点整治南水北调水源地及输水沿线、其他重要饮用水水源地周边的村庄,重点治理生活污水、生活垃圾和畜禽养殖污染,保障饮用水水质安全。[③] 2016年,中央财政安排农村节能减排资金60亿元,支持全国3万多个建制村开展环境综合整治,重点开展农村饮用水水源地保护、生活污水垃圾和禽畜养殖污染治理。

其次,开展农村生活污水治理试点示范工作。采取城镇管网延伸,集中处理和分散处理等多种方式,加快农村生活污水治理和改厕。2013年,中央和地方共安排农村饮水安全工程建设投资324.35

---

① 《中国环境年鉴》编辑委员会:《中国环境年鉴》,中国环境科学出版社2014年版,第3页。

② 《中国环境年鉴》编辑委员会:《中国环境年鉴》,中国环境科学出版社2015年版,第362页。

③ 《中国环境年鉴》编辑委员会:《中国环境年鉴》,中国环境科学出版社2016年版,第280页。

亿元，建成集中供水工程近 5 万处、分散供水工程 4 万处，解决了 6343 万农村居民和农村学校师生的饮水安全问题[①]；2014 年，共安排农村饮水安全工程投资 339.2 亿元，建设 4.9 万处集中式供水工程，6.1 万处分散式供水工程，用于 26 个省（自治区、直辖市）解决 5844 万农村居民和 812 万农村学校师生的饮水安全问题；[②]2015 年，实际完成农村饮水安全工程总投资 397 亿元，建成集中式供水工程 5.38 万处、分散式供水工程 12.87 万处，解决了 6434 万农村居民和农村学校师生的饮水安全问题。[③]

最后，加强农村生活垃圾管理。2013 年，全国对生活垃圾进行处理的行政村比例为 35.9%，中央财政投入 11.963 亿元，建设 263.1 万个无害化卫生厕所。[④] 2014 年，全国对生活垃圾进行处理的行政村有 25.7 万个，占行政村总量的 47%，同比上升 10.4 个百分点；有生活垃圾收集点的行政村为 34.6 万个，占行政村总量的 63.2%，同比上升 8.4 个百分点；农村投入环境卫生的资金达到 169.9 亿元，其中垃圾处理 63.1 亿元。对生活污水进行处理的行政村为 5.5 万个，占行政村总量的 10%，同比上升 0.9 个百分点；农村投入污水处理的资金达到 63.8 亿元。[⑤] 2015 年，印发《关于全面推进农村垃圾治理的指导意见》，明确了到 2020 年农村生活垃圾治理目标及主要任务，并建立了逐省验收制度。四川是第一个通过农村生活垃圾治理验收的省份。[⑥]

2. 农业面源污染防治

一方面，推进农业面源污染防治攻坚战。2015 年，农业部印发

---

① 《中国环境年鉴》编辑委员会：《中国环境年鉴》，中国环境科学出版社 2014 年版，第 324 页。

② 《中国环境年鉴》编辑委员会：《中国环境年鉴》，中国环境科学出版社 2015 年版，第 252 页。

③ 《中国环境年鉴》编辑委员会：《中国环境年鉴》，中国环境科学出版社 2016 年版，第 280 页。

④ 《中国环境年鉴》编辑委员会：《中国环境年鉴》，中国环境科学出版社 2014 年版，第 324 页。

⑤ 《中国环境年鉴》编辑委员会：《中国环境年鉴》，中国环境科学出版社 2015 年版，第 273 页。

⑥ 《中国环境年鉴》编辑委员会：《中国环境年鉴》，中国环境科学出版社 2016 年版，第 280 页。

了《农业部关于打好农业面源污染防治攻坚战的实施意见》，提出“一控两减三基本”的农业面源污染治理总体思路，专门成立了农业部农业面源污染防治推进工作组，建立长效工作推进机制。[①] 2016年，农业部制定《农业面源污染防治攻坚战2016年重点工作实施方案》，印发《农业部2016年农业面源污染攻坚战延伸绩效管理实施方案》，对江苏、甘肃、云南等6省先期开展绩效管理试点工作。联合环保部、住房城乡建设部出台《培育发展农业面源污染治理、农村污水垃圾处理市场主体方案》，探索农业面源污染第三方治理模式。[②] 2018年，生态环境部、农业农村部等五部委制定《关于加快推进长江经济带农业面源污染治理的指导意见》（发改农经〔2018〕1542号）。

另一方面，围绕“一控两减三基本”[③]展开具体工作。

（1）推进农用地膜综合利用

2013年，农业部在新疆、甘肃、河北、吉林等10个省（区）的80个县开展以地膜回收利用为主要内容的农业清洁生产示范，推进农业清洁生产示范项目建设，优先在地膜使用面积广、残留量大的地区，以县市为单位开展地膜回收利用示范项目建设，新增地膜加工能力6.15万吨，新增回收地膜面积150.67万公顷，深入推进农田残膜污染防治和回收体系建设，指导甘肃省颁布出台《甘肃省废旧农膜回收利用条例》。[④] 2015年，农业部印发《地膜覆盖技术指导意见》。2012—2015年，国家发展改革委、财政部、农业部连续4年在新疆等

① 《中国环境年鉴》编辑委员会：《中国环境年鉴》，中国环境科学出版社2016年版，第491页。

② 《中国环境年鉴》编辑委员会：《中国环境年鉴》，中国环境科学出版社2017年版，第509页。

③ “一控两减三基本”是指“一控”，即严格控制农业用水总量，大力发展节水农业，确保农业灌溉用水量保持在3720亿立方米，农田灌溉水有效利用系数达到0.55；“两减”，即减少化肥和农药使用量，实施化肥、农药零增长行动，确保测土配方施肥技术覆盖率达90%以上，农作物病虫害绿色防控覆盖率达30%以上，肥料、农药利用率均达到40%以上，全国主要农作物化肥、农药使用量实现零增长；“三基本”，即畜禽粪便、农作物秸秆、农膜基本资源化利用，大力推进农业废弃物的回收利用，确保规模畜禽养殖场（小区）配套建设废弃物处理设施比例达75%以上，秸秆综合利用率达85%以上，农膜回收率达80%以上。参见2015年《农业部关于打好农业面源污染防治攻坚战的实施意见》。

④ 《中国环境年鉴》编辑委员会：《中国环境年鉴》，中国环境科学出版社2014年版，第481页。

11 个省(区、兵团)的 229 个县(市)实施了以地膜回收利用为主的农业清洁生产示范项目,累计投资 9 亿元,新增残膜加工能力 18.63 万吨,新增回收地膜面积 420.66 万公顷。自 2015 年以来,在北京等 10 多个省(区)组织开展可降解地膜对比筛选,为下一步推广可降解地膜做技术支撑。[①] 2016 年,农业部研究编制《废旧农膜回收利用管理办》,对农用地膜的生产、使用、回收、利用等环节进行规定。配合国家标准委推动地膜标准修订工作,增加地膜厚度和拉伸强度,解决超薄地膜难以回收问题。在西北、东北、华北等地膜使用集中区建立 229 个地膜清洁生产示范县,甘肃、新疆等地示范总结了"5 个 1"[出台 1 个地方条例、推行 1 项地方标准、落实 1 项补贴(以旧换新)、实施 1 个综合利用项目、建立 1 套监管体系]的综合治理模式。2016 年,新疆、甘肃等地膜使用重点地区,废旧地膜单季回收率近 80%。[②]

(2)开展农业面源污染治理试点示范

2013 年以来累计安排 1500 多万元在江苏太湖、云南洱海、安徽巢湖和湖北三峡库区等 4 个重点流域实施农业面源污染综合防治示范区建设,积极探索一批实用的农业清洁生产技术模式和工程措施。2015—2016 年,在太湖、汉江流域选择江苏金坛区和湖北安陆市开展试点示范建设,安排 5000 多万元资金不断加强单项治理技术的集成配套,积极探索流域农业面源污染防治有效机制。[③] 2016 年,针对太湖、巢湖等重点流域,在江苏、浙江、安徽等 9 省 18 县建设农业面源污染综合治理示范区,按照源头减量、过程拦截、末端治理的技术路线,实施农田氮磷拦截、畜禽养殖污染治理、水产养殖污染减排、农业废弃物循环利用、区域面源污水净化等 5 项重点工程,探索农业面源污染综合治理模式与机制。[④]

---

① 《中国环境年鉴》编辑委员会:《中国环境年鉴》,中国环境科学出版社 2016 年版,第 491 页。

② 《中国环境年鉴》编辑委员会:《中国环境年鉴》,中国环境科学出版社 2017 年版,第 509 页。

③ 《中国环境年鉴》编辑委员会:《中国环境年鉴》,中国环境科学出版社 2016 年版,第 491 页。

④ 《中国环境年鉴》编辑委员会:《中国环境年鉴》,中国环境科学出版社 2017 年版,第 509 页。

(3)推进农产品产地土壤污染防治

2014年,农业部会同财政部安排中央财政专项资金11.56亿元在湖南省实施“湖南重金属污染耕地修复及农作物种植结构调整试点”工作,支持湖南省启动长沙、株洲、湘潭地区19个县(市、区)11.33万公顷耕地重金属污染治理试点工作。按照“因地制宜、政府引导、农民自愿、收益不减”的基本思路,根据重金属污染程度的不同,实行分区治理,实施污染耕地修复、污染稻谷管控和农作物种植结构调整。[①] 2015年,农业部会同财政部继续在湖南省实施“湖南重金属污染耕地修复及农作物种植结构调整试点”工作,支持湖南省启动长沙、株洲、湘潭地区11.33万公顷耕地重金属污染治理试点,开展耕地污染加密调查和耕地、水稻协同监测,根据污染程度因地制宜实施分区防治,探索重金属污染区综合治理技术模式和工作机制。[②] 2016年,配合环境保护部印发《土壤污染防治行动计划》,研究制定《农业部关于贯彻落实〈土壤污染防治行动计划〉的实施意见》和相关配套文件。落实2016年全国农产品产地土壤重金属污染防治经费,完成4个禁产区和9处重金属污染治理修复试点划定。[③]

(4)深入推进测土配方施肥

2013年,农业部加大测土配方施肥技术推广力度。截至2013年年底,通过实施测土配方施肥累计减少不合理施肥量420万吨,相当于节约燃煤1110万吨,减少二氧化碳排放量约2810万吨。[④] 2014年,农业部进一步加大测土配方施肥技术推广力度。据统计,2014年,全国共减少不合理施肥量200万吨(纯量)。相当于节约燃煤500多万吨、减少二氧化碳排放量1200多万吨。[⑤] 2015年,农业部继

① 《中国环境年鉴》编辑委员会:《中国环境年鉴》,中国环境科学出版社2015年版,第458页。

② 《中国环境年鉴》编辑委员会:《中国环境年鉴》,中国环境科学出版社2016年版,第491页。

③ 《中国环境年鉴》编辑委员会:《中国环境年鉴》,中国环境科学出版社2017年版,第509页。

④ 《中国环境年鉴》编辑委员会:《中国环境年鉴》,中国环境科学出版社2014年版,第481页。

⑤ 《中国环境年鉴》编辑委员会:《中国环境年鉴》,中国环境科学出版社2015年版,第458页。

续安排测土配方施肥资金 7 亿元,在完善取土化验和肥效试验等基础工作的同时,进一步扩大经济园艺作物测土配方施肥实施范围。据初步统计,2015 年全国免费为 1.9 亿农户提供了测土配方施肥技术服务,技术推广面积 1 亿公顷以上,施用配方肥 3000 万吨以上,水稻、小麦、玉米等大宗作物使用测土配方施肥技术增产 6%以上,减少不合理过量施肥约 250 万吨,相当于节约燃煤 670 万吨。[①] 2016 年,中央财政安排测土配方施肥资金 7 亿元,支持 500 个重点县开展测土配方施肥基础性工作、200 个县开展化肥减量增效技术集中试验示范。全国发布各类作物科学施肥配方 1 万多个,测土配方施肥技术推广面积 1.067 亿公顷(次),技术覆盖率达到 80%以上。测土配方施肥示范区每公顷减少不合理施肥量 15~30 千克(折纯),全国减少不合理施肥约 130 万吨。[②]

(5)实施化肥使用量零增长行动

2015 年,农业部启动实施"到 2020 年化肥农药使用量零增长行动"。在全国选择 50 个县,在玉米、蔬菜、苹果等作物上开展化肥减量增效试点,推广科学施肥技术。2015 年,水稻、玉米、小麦三大粮食作物化肥利用率达到 35.2%,比 2013 年提高 2.2 个百分点。[③] 2016 年,农业部深入推进"到 2020 年化肥使用量零增长行动"和"到 2020 年农药使用量零增长行动"。各级财政安排 12 亿元资金,整合资金 30 亿元。发布《主要农作物春季科学施肥指导意见》《主要农作物秋季科学施肥指导意见》,优化施肥结构。全国有机肥施用面积 0.253 亿公顷(次),绿肥种植面积 320 万公顷,机械施肥面积 5400 万公顷,水肥一体化面积 600 万公顷。全国农用化肥用量自改革开放以来首次接近"零增长"。[④]

---

① 《中国环境年鉴》编辑委员会:《中国环境年鉴》,中国环境科学出版社 2016 年版,第 491 页。

② 《中国环境年鉴》编辑委员会:《中国环境年鉴》,中国环境科学出版社 2017 年版,第 509 页。

③ 《中国环境年鉴》编辑委员会:《中国环境年鉴》,中国环境科学出版社 2016 年版,第 491 页。

④ 《中国环境年鉴》编辑委员会:《中国环境年鉴》,中国环境科学出版社 2017 年版,第 509 页。

（6）开展耕地质量保护与提升行动

2015年，农业部印发《耕地质量保护与提升行动方案》，提出以新建成的高标准农田、耕地污染重点区域和占补平衡补充耕地为重点，以改良土壤、培肥地力、保水保肥、控污修复为技术路径，推进落实耕地质量保护与提升相关政策项目。通过行动的开展，实现"两提、两减"，即耕地质量有新提升、粮食综合生产能力有新提高、减少了农业生产投入、减轻农业面源污染。[①] 2016年，农业部印发《关于做好2016年耕地保护与质量提升工作的通知》，分区域开展退化耕地综合治理、污染耕地阻控修复、土壤肥力保护提升。中央财政安排资金10亿元，在北方10个省（区）开展秸秆利用综合试点。安排资金3亿元，在21个省重点推广秸秆还田、有机肥施用、绿肥种植、酸化和盐碱化耕地土壤综合治理技术。安排资金5亿元开展东北黑土地保护利用试点工作。[②]

（7）加强禽畜粪污资源化利用

2015年，农业部继续开展畜禽养殖标准化示范创建活动，新创建示范场410家，总结推广种养结合、循环利用、集中处理、达标排放等畜禽养殖粪污处理利用技术和模式。印发《农业部关于促进南方水网地区生猪养殖布局调整优化的指导意见》，指导珠三角、长三角等南方水网地区调整优化生猪区域布局，推动生产与环保协调发展。继续组织实施畜禽标准化养殖、畜禽粪污资源化利用试点等项目，支持规模养殖场改善粪便处理基础设施条件，提升畜禽粪便处理和利用能力。[③] 2016年，农业部在湖北省松滋市和湖南省岳阳县、津市市、赫山区4个生猪养殖大县启动洞庭湖禽畜水产养殖污染治理试点，整县推进禽畜养殖污染综合治理，启动实施畜牧业绿色发展示范县创建活动，"十三五"时期拟创建200个示范县。新创建禽畜养殖标准化示范场552家，在河南省平顶山市召开全国禽畜标准化规模

① 《中国环境年鉴》编辑委员会：《中国环境年鉴》，中国环境科学出版社2016年版，第491页。

② 《中国环境年鉴》编辑委员会：《中国环境年鉴》，中国环境科学出版社2017年版，第509页。

③ 《中国环境年鉴》编辑委员会：《中国环境年鉴》，中国环境科学出版社2016年版，第491页。

养殖暨粪便综合利用现场会。发布《全国生猪生产发展规划(2016—2020年)》,会同环境保护部印发《关于进一步加强畜禽养殖污染防治工作的通知》《畜禽养殖禁养区划定技术指南》,加强工作指导。[①]

3.农业自然资源保护

对农业自然资源的保护主要体现在“农业野生植物资源保护”和“外来生物管理”两个方面。在农业野生植物资源保护,2013年,农业部新建农业野生植物原生境保护小区14个,先后在27个省(区、市)组织开展野生植物资源调查工作,涉及300余个县级行政单位及大别山、太行山、三峡库区等重点区域,调查对象包括野生猕猴桃、野莲等超过400个物种(含变种)。[②] 2014年,农业部新建农业野生植物原生境保护点(区)10处,新增保护面积517.85公顷,并组织对已建成的168个原生境保护点进行日常管理与监测。组织在全国28个省(区、市)开展国家重点保护农业野生植物资源调查,定位分布点580余个,拍摄图像资料9100余份,基本查清了各调查物种的分布状况与生境数据,补充完善了农业野生植物资源空间分布数据库。[③] 截至2015年年底,累计建设190个农业野生植物原生境保护区(点)。湖北省郧西县大梁野生五味子省级自然保护区和五峰野生兰科植物省级自然保护区成为全国首批农业野生植物类省级自然保护区。组织各省对97个物种重点分布区开展资源调查,建立GPS/GIS数据库。共抢救性收集野生稻、野生大豆、小麦野生近缘植物等重要农业野生植物资源6000余份(次),新发现了一批野生稻和野生大豆分布点,在国内首次采集到多年生的野生大豆和高纬度野生柑橘等。[④]

在外来生物管理方面,2013年,农业部发布《国家重点管理外来入侵物种名录(第一批)》,编辑出版《国家重点管理外来入侵物种防

---

① 《中国环境年鉴》编辑委员会:《中国环境年鉴》,中国环境科学出版社2017年版,第509页。

② 《中国环境年鉴》编辑委员会:《中国环境年鉴》,中国环境科学出版社2014年版,第482页。

③ 《中国环境年鉴》编辑委员会:《中国环境年鉴》,中国环境科学出版社2015年版,第459页。

④ 《中国环境年鉴》编辑委员会:《中国环境年鉴》,中国环境科学出版社2015年版,第492页。

治技术手册》,起草了《农业重大有害生物和外来入侵生物入侵突发事件应急预案》。全年累计组织外来入侵生物铲除87次,发动群众91万人(次),铲除面积超28.67万公顷。[①] 2014年,组织对薇甘菊、水花生、水葫芦等10种危险性外来入侵生物在全国的发生区域、危害面积、传播扩散途径、危害影响方式、经济损失程度、生态环境影响等进行系统调查。[②] 2015年,不断强化农业外来入侵生物防治。农业部继续组织对紫茎泽兰、豚草、加拿大一枝黄花、毒麦、飞机草、假臭草、少花蒺藜草、福寿螺等30多种恶性外来入侵物种开展全面调查。利用卫星遥感技术对南方11个省份20个重点湖(库)水生外来入侵植物(水葫芦、水花生等)的扩散蔓延进行监测,定期发布监测预警报告。[③] 2016年,农业部发布《外来入侵植物监测技术规程银胶菊》(NY/T 3017—2016)等3项行业标准。开展国家重点管理及区域性重大危害外来入侵物种调查,利用卫星遥感技术对南方11个省20个重点湖(库)水生外来入侵植物(水葫芦、水水花生、大藻)的扩散蔓延情况进行检测。[④]

第二节　城镇化进程中我国农村环境法制演进的基本逻辑

伴随我国经济社会的发展,农村环境法制建设经历了初创、形成、发展、纵深推进等阶段,从无到有、从不成熟到逐步成熟,在规制理念、法制体系、具体制度建设等方面逐步演进,呈现出法制发展的基本规律。

---

① 《中国环境年鉴》编辑委员会:《中国环境年鉴》,中国环境科学出版社2014年版,第482页。

② 《中国环境年鉴》编辑委员会:《中国环境年鉴》,中国环境科学出版社2015年版,第459页。

③ 《中国环境年鉴》编辑委员会:《中国环境年鉴》,中国环境科学出版社2016年版,第492页。

④ 《中国环境年鉴》编辑委员会:《中国环境年鉴》,中国环境科学出版社2017年版,第511页。

一、在产生发展逻辑上，城镇化等多重因素促发了农村环境法制的建立

我国农村环境法制的建立和发展是在主客观因素共同作用下产生的。从客观因素看，依循环境风险引发环境治理的逻辑，化解城镇化工业化发展过程中产生的生态环境风险是法制产生的现实需求。在各阶段，生态环境风险严重程度、主要危害类型不同，政策法制规制的重点就不同；从主观因素看，政府和公众对农村生态环境风险的认识日益清晰，积极主动采取法律措施推进农村生态环境保护，促进了政策法制的发展。

（一）化解生态环境风险是农村环境政策法制产生的现实需求

梳理我国农村环境政策法制发展历史可以清晰地发现，农村环境法制之所以建立和发展归根到底是为了解决现实存在的环境问题，各个阶段的环境问题表现形式不同对应的政策措施就不一样。

在法制初创阶段，针对“大跃进”中出现的滥砍滥伐和无序开发问题，国务院于 1963 年颁布《森林保护条例》，1965 年批转地质部制定《矿产资源保护试行条例》。针对国际社会普遍关注的农药化肥污染问题，1973 年召开第一次全国环境保护会议，审议通过《关于保护和改善环境的若干规定》。在法制形成阶段，针对乡镇企业发展过程中存在的生态环境问题，1984 年作出《关于加强乡镇、街道企业环境管理的决定》，制定《关于加强乡镇、街道企业环境管理的规定》。在法制发展阶段，针对乡镇企业污染问题，1996 年全国人大常委会通过《乡镇企业法》。针对城镇化进程中农地流失问题，1997 年《刑法》（修正）规定“非法占用耕地罪”，1998 年国务院通过《基本农田保护条例》。针对农业生态保护，2002 年农业部发布了《农业野生植物保护办法》，2003 年农业部组织成立了“农业部外来入侵生物管理办公室”，组织全国外来入侵生物的防治与管理工作。在法制纵深推进阶段，针对农地污染风险管控，2017 年制定《农用地土壤环境管理办法（试行）》，2018 年出台《土壤污染防治法》。针对畜禽养殖污染防治，2013 年国务院制定出台《畜禽规模养殖污染防治条例》。

总的来说，这些诱发因素都与城镇化、工业化发展推进密切相

关。例如,土地城镇化对耕地的影响;现代技术利用,如化肥农药的使用对农业生态环境的影响;农村生活方式改变,如农村生活垃圾增长对人居环境的影响;工业污染向农村转移,如乡镇企业污染对农村经济社会发展的影响等。

(二)适应社会需要、主动采取政策措施予以应对是农村环境政策法制产生的主观因素

一直以来,党和政府都非常重视农村生态环境问题,积极推动农村环境政策法制的发展。2000 年,温家宝批示:"加强农业生态环境建设和保护,尽快制定和完善这方面的政策和法律、法规,加强对主要农畜产品污染的监测和管理,对重点污染区进行综合治理,实属重大而紧迫的工作。农业部要抓紧落实,环保、技术监督、经贸等有关部门要予以配合。"社会各界,特别是两会代表也非常关注农村环境保护问题,积极建言献策,相关提案数量不断增加。2003 年,有关农村环境保护的提案数量为 2 件;2009 年为 4 件;2010 年为 16 件;2011 年为 44 件;2012 年为 73 件;2013 年达到 79 件。这些都表明正是有了党和政府以及社会各界的持续关注、主动作为才有力推动了我国农村环境政策法制的发展。

二、在规制理念上,可持续发展逐渐成为农村环境法制建设的指导思想

1972 年,斯德哥尔摩国际环境大会首次提出"可持续发展"问题。1987 年,布伦特夫人在《我们共同的未来》中将可持续发展解读为"满足当代人的需求,又不对后人满足其自身需求的能力构成危害的发展"。之后,可持续发展理念逐渐成为环境保护的指导原则,并深深影响着我国农村环境法制建设,推动农业资源可持续利用,并依循预防为主原则实施风险防范。

(一)从资源无序开发到推进资源可持续利用政策

对待农业资源开发利用,原本存在一些无序开发、破坏性开发情况。例如,"大跃进"时期滥挖滥采对农业生物资源造成的破坏;"文化大革命"时期"以粮为纲"口号导致的以牺牲林业、牧业、渔业为代

价发展粮农生产，毁林、毁牧、围湖造田、人造平原等现象，致使农村自然生态环境遭到极大破坏。之后，随着可持续发展理念逐渐为人们所接受，合理开发利用农业资源成为政策的主导方向。1983年12月，李鹏在第二次全国环境保护会议上讲话指出："农业环境的保护，要同合理开发和利用农业资源、发展多种经营结合起来。"①1993年《农业法》规定："发展农业必须合理利用资源，保护和改善生态环境。"

为了合理开发利用农业资源，政府采取了许多措施，提出"污染者付费，利用者补偿，开发者保护，破坏者恢复"主张，并开始实施"退耕还林还草"政策。1999年，朱镕基总理在九届人大二次会议《政府工作报告》中指出："坚决制止新的毁林开荒、围湖造田，对过度开垦、围垦的土地，有步骤地退耕还林、还草、还湖。"之后，连续出台《国务院关于进一步做好退耕还林还草试点工作的若干意见》（2000年）、《国务院关于进一步完善退耕还林政策措施的若干意见》（2002年）、《退耕还林条例》（2002年制定、2016年修订）、《国务院办公厅关于完善退耕还林粮食补助办法的通知》（2004年）、《国务院办公厅关于切实搞好"五个结合"进一步巩固退耕还林成果的通知》（2005年）、《国务院关于完善退耕还林政策的通知》（2007年）等政策文件，巩固了"退耕还林还草"执行效果。

《农业法》修订以后，还增设了大量资源可持续利用政策措施。例如，天然林区禁伐或限伐制度、草原轮牧、休牧和禁牧制度、渔业捕捞限额和禁渔、休渔制度等。据统计，仅2015年禁渔期间长江流域各级渔政管理机构共组织统一检查行动17,096次，参加检查车辆13,394辆（次）、船（艇）12,329艘（次），参加检查人员79,326人（次），查获违禁捕捞船1609艘（次）。② 2016年，落实中央财政增殖放流转移支付项目资金3.985亿元，带动全国共投入增殖放流资金9.5亿元，共开展水生生物增殖放流活动2205次，放流重要水生生物

---

① 农业部科技教育司、中国农业生态环境保护协会：《中国农业环境保护大事记1970—2000》，中国农业科技出版社2000年版，第167页。

② 《中国环境年鉴》编辑委员会：《中国环境年鉴》，中国环境科学出版社2016年版，第492页。

苗种和珍稀濒危物种达 389.57 亿尾(只),同比增长 7.9%。[①] 这些措施有力保障了农业的“休养生息”,推动了农业资源可持续利用。

此外,融入循环经济、清洁生产理念推进农业清洁工作。2012 年,农业部会同国家发改委、财政部联合印发《关于开展农业清洁生产示范项目建设的通知》,正式启动了第一批农业清洁生产示范建设,组织 24 个省(区、市)在 137 个村实施农村清洁工程试点示范。[②] 2013 年,农业部在新疆、甘肃、河北、吉林等 10 个省(区)的 80 个县开展以地膜回收利用为主要内容的农业清洁生产示范,推进农业清洁生产示范项目建设,优先在地膜使用面积广、残留量大的地区,以县市为单位开展地膜回收利用示范项目建设,新增地膜加工能力 6.15 万吨,新增回收地膜面积 150.67 万公顷。[③] 2015 年,农业部印发《地膜覆盖技术指导意见》。2012—2015 年,国家发展改革委、财政部、农业部连续 4 年在新疆等 11 个省(区、兵团)的 229 个县(市)实施了以地膜回收利用为主的农业清洁生产示范项目,累计投资 9.01 亿元,新增残膜加工能力 18.63 万吨,新增回收地膜面积 420.66 万公顷。[④]

(二)从单一农业面源污染防治到污染防治与自然资源保护并重

一直以来,农业面源污染防治都是我国农业环境政策法制的规制重点。1970 年,周恩来总理接见国务院部门负责同志时指出,农林部门要把防治公害问题提上工作日程。1973 年《关于保护和改善环境的若干规定》强调要“努力发展新化学农药,尽量做到效果高,对人畜毒害低,对农作物、水源和土壤残留少。逐步减少滴滴涕、六六六等农药的使用”。1979 年国家颁布《渔业水质标准》和《农田灌溉水质标准》(试行),1984 年制定《农用污泥中污染物控制标准》,1985

---

① 《中国环境年鉴》编辑委员会:《中国环境年鉴》,中国环境科学出版社 2017 年版,第 510 页。

② 《中国环境年鉴》编辑委员会:《中国环境年鉴》,中国环境科学出版社 2013 年版,第 413 页。

③ 《中国环境年鉴》编辑委员会:《中国环境年鉴》,中国环境科学出版社 2014 年版,第 481 页。

④ 《中国环境年鉴》编辑委员会:《中国环境年鉴》,中国环境科学出版社 2016 年版,第 491 页。

年发布《农田灌溉水质标准》，1987年出台《农用粉煤灰中污染物控制标准》。这些政策措施都围绕农业面源污染防治展开。

之后，随着人们对农业自然资源保护认识的深化，污染防治与自然资源保护并重成为政策的主导方向。在政策法规层面，大量自然资源保护法规出台。例如，1993年《野生植物保护条例》《自然保护区条例》《水土保持法实施条例》，1994年《基本农田保护条例》，2002年《农业转基因生物安全管理条例》，2004年《渤海生物资源养护规定》等；在具体措施上，1999年，农业部组织专家对列入《国家重点保护野生植物（农业）名录》物种展开调查，到2003年年底，基本完成了《第一批国家重点保护野生植物名录》中农业野生植物资源调查①；2007年农业部颁布《国家重点保护经济水生动植物资源名录（第一批）》，建立了首批40个国家级水产种质资源保护区，初步构建了水产种质资源保护区网络。② 截至2015年年底，累计建设190个农业野生植物原生境保护区（点）。湖北省郧西县大梁野生五味子省级自然保护区和五峰野生兰科植物省级自然保护区成为全国首批农业野生植物类省级自然保护区。③

（三）从末端治理到遵循预防为主原则、实施风险防范措施

从末端治理到事前预防是实现农业可持续发展的重要原则。在这方面，我国农业环境政策法制针对村镇规划、测土配方以及外来生物等加强了管理。在村镇规划方面，1982—1988年，我国共完成村庄规划28万个，占村庄总数的74.9%；完成集镇规划3.3万个，占集镇总数的92.7%。④ 1993年国务院制定《村庄和集镇规划建设管理条例》，2003年国家环保总局和建设部颁布《小城镇环境规划编制导则（试行）》，为村镇建设健康发展提供了可靠政策保障。在推动测土

---

① 《中国环境年鉴》编辑委员会：《中国环境年鉴》，中国环境科学出版社2004年版，第281页。

② 《中国环境年鉴》编辑委员会：《中国环境年鉴》，中国环境科学出版社2008年版，第443页。

③ 《中国环境年鉴》编辑委员会：《中国环境年鉴》，中国环境科学出版社2015年版，第492页。

④ 《中国环境年鉴》编辑委员会：《中国环境年鉴》，中国环境科学出版社1990年版，第247页。

配方施肥方面，2005 年农业部启动全国测土配方施肥行动。截至 2013 年年底，通过实施测土配方施肥累计减少不合理施肥量 420 万吨，相当于节约燃煤 1110 万吨，减少二氧化碳排放量约 2810 万吨。[①] 在外来生物管理方面，2003 年 4 月，国务院明确农业部作为外来物种管理的牵头部门。10 月，农业部组织成立了"农业部外来入侵生物管理办公室"，组织全国外来入侵生物的防治与管理工作。[②] 之后，农业部从建立监测体系、加强信息管理、综合防治等方面进行了大量工作，并在重点区域组织实施入侵生物防治行动。

三、从制度体系发展看，中国特色农村环境保护政策法规体系基本形成

从法制体系演进看，经过几十年的发展，以《环境保护法》为基本法，涵盖农业自然资源保护和污染防治法两大领域的中国特色农村环境保护政策法规体系基本形成。[③]

（一）《环境保护法》中有关内容的修订

环境保护基本法从 1979 年《环境保护法（试行）》到 1989 年《环境保护法》再到 2014 年修订，在立法理念、法律体系结构、法律原则制度等方面渐趋完善。[④] 其中，有关农村环境保护的内容也在修订中不断完善。

1979 年《环境保护法（试行）》对农村环境保护的规定集中在第 10 条、第 11 条、第 21 条。针对土地资源，规定"因地制宜地合理使用土地，改良土壤，增加植被，防止土壤侵蚀、板结、盐碱化、沙漠化和水土流失"。针对水资源，要求严格管理和节约农业用水。针对农药污染，强调"积极发展高效、低毒、低残留农药"。1989 年《环境保护法》

---

① 《中国环境年鉴》编辑委员会：《中国环境年鉴》，中国环境科学出版社 2014 年版，第 481 页。

② 《中国环境年鉴》编辑委员会：《中国环境年鉴》，中国环境科学出版社 2006 年版，第 281 页。

③ 李爱年、周圣佑：《我国环境保护法的发展：改革开放 40 年回顾与展望》，载《环境保护》2018 年第 20 期。

④ 李爱年、周圣佑：《我国环境保护法的发展：改革开放 40 年回顾与展望》，载《环境保护》2018 年第 20 期。

对农村环境保护的规定集中在第 20 条。明确地方政府应加强农业环境保护,防治土壤污染和生态破坏,合理使用化肥、农药及植物生长激素。2014 年修订的《环境保护法》对农村环境保护的规定更加详尽。在结构上,1989 年《环境保护法》只在“第三章　保护和改善环境”中进行了规定,而 2014 年修订的《环境保护法》在“第三章　保护和改善环境”和“第四章　防治污染和其他公害”分别作了规定,增设了农业农村污染防治的内容;在规范数量上,由 1989 年《环境保护法》规定的 1 条(第 20 条),增加到 2014 年修订的《环境保护法》的 3 条(第 33 条、第 49 条、第 50 条),数量明显增加;在规范内容上,1989 年《环境保护法》只强调了农业生态环境的保护,例如防治土壤污染、土地沙化、盐渍化、贫瘠化、沼泽化、地面沉降和防治植被破坏、水土流失、水源枯竭、种源灭绝等,附带的提到合理使用化肥、农药及植物生长激素;2014 年修订的《环境保护法》则新增“促进农业环境保护新技术使用”“加强对农业污染源监测预警”“推动农村环境综合整治”“指导农业生产经营者科学种植和养殖”“科学处置农用薄膜、农作物秸秆等农业废弃物”“组织农村生活废弃物的处置”“防治畜禽养殖污染”“禁止不符合标准固体废物、废水施入农田”等内容,以环境基本法的形式进一步加强了农村环境保护法制建设。

(二)有关农业自然资源保护法律法规的发展

经过多年的演进完善,有关农业自然资源保护的法律法规获得长足发展,已经覆盖土地、水、矿产资源、森林、草原、渔业等主要领域。在土壤资源保护方面,主要有《土地管理法》《水土保持法》《基本农田保护条例》等法律法规;在水资源保护方面,主要有《水法》《农田水利条例》等法律法规;其他领域也相继出台了《矿产资源法》《森林法》《草原法》《渔业法》《野生植物保护条例》《水生动植物自然保护区管理办法》《草种管理办法》等。《农业法》第七章专章规定了“农业资源与农业环境保护”,强调合理利用资源,保护基本农田,科学使用化肥、农药,加强水土保持,实施义务植树。之后,《农业法》经历了 2002 年、2009 年、2012 年多次修正,有关内容从原本的 5 条增加到 10 条,新加入了合理开发和利用可再生能源制度,农业资源监测制度,天然林区禁伐或限伐制度,草原轮牧、休牧和禁牧制度,渔业捕捞限额和禁渔、休渔制度,农业转基因生物安全控制制度等,使之成为规范自然资源保护活动的主要法律文件。

（三）有关农业污染防治法律法规的发展

在农业污染防治方面,有关环境法制建设也取得了积极成效,在大气、水、土壤污染、固体废物污染防治等领域陆续出台法律法规。相关立法主要包括《大气污染防治法》《水污染防治法》《土壤污染防治法》《固体废物污染环境防治法》《乡镇企业法》等;专门立法主要包括《农产品质量安全法》《农药管理条例》《秸秆禁烧和综合利用管理办法》《畜禽规模养殖污染防治条例》等。值得一提的是,2013年,国务院颁布实施的《畜禽规模养殖污染防治条例》是我国在国家层面制定实施的第一部农业农村环境保护行政法规,其颁布实施是我国农业农村环保领域法制建设和生态文明制度建设的一件大事,是农业农村环保事业发展的一个里程碑。[①]

四、在规制重点上,“人居环境整治”“面源污染防治”等领域逐渐清晰

经过几十年的发展,我国农村环境保护政策法规调整的重点领域逐渐清晰,围绕“农村人居环境整治”“农业面源污染防治”“农业自然资源保护”等领域展开了持续的管理工作。

（一）农村人居环境整治工作的持续开展

农村人居环境整治工作是农村环境保护的重要内容,事关“农民群众最关心、最现实、最急需解决”的问题。从20世纪80年代开始,村镇规划工作逐渐受到重视。之后,农村人居环境整治的重点任务不断扩展,在村镇规划基础上加入农村生活污水治理、农村生活垃圾管理的内容。同时,国家非常重视典型示范工作。1989年,建设部村镇建设司、农民日报社、建设报社联合举办了全国文明集镇、文

① 《中国环境年鉴》编辑委员会:《中国环境年鉴》,中国环境科学出版社2014年版,第394页。

明村庄的评选活动。[①] 2002 年,国家环保总局组织拟订了《全国环境优美小城镇考核指标体系》。从“十二五”开始,又在多个省、市开展农村环境连片整治示范工作。此外,国家还在政策和资金上加大了对农村人居环境整治工作投入。在政策层面,2014 年,国务院办公厅下发《关于改善农村人居环境的指导意见》(国办发〔2014〕25 号);2018 年,中央农办、农业农村部等 18 部门印发《农村人居环境整治村庄清洁行动方案》(农社发〔2018〕1 号)。在财政投入方面,开展“以奖促治”推进农村环境综合整治。2013 年、2014 年、2015 年、2016 年每年中央财政安排 60 亿元专项资金推动建制村开展环境综合整治,重点开展农村饮用水水源地保护、生活污水垃圾和禽畜养殖污染治理。

(二)农业面源污染防治工作的持续开展

加强农业面源污染治理是转变农业发展方式、推进现代农业建设、实现农业可持续发展的重要任务。一直以来,农业面源污染防治都是农村环境保护工作的重点。最初的政策着力点在于加强农药污染防治。之后,逐步扩展到渔业水质、农田灌溉水质要求、测土配方施肥、畜禽养殖业污染防治、秸秆禁烧和综合利用管理等方面。相关政策法规也密集出台。例如,在农药安全管理方面,1982 年农业部等部委颁布《农药登记规定》,1997 年国务院制定《农药管理条例》;在畜禽养殖污染防治方面,2001 年原国家环境保护总局制定《畜禽养殖污染防治管理办法》,2013 年国务院颁布《畜禽养殖污染防治管理办法》;值得一提的是,2015 年农业部出台《关于打好农业面源污染防治攻坚战的实施意见》,进一步明确了农业面源污染防治“一控两减三基本”工作目标、规定了发展节水农业、实施化肥零增长行动、扩大测土配方施肥应用、实施农药零增长行动、推进养殖污染防治、着力解决农田残膜污染、深入开展秸秆资源化利用、实施耕地重金属污染治理等重点任务,是今后一段时期开展农业面源污染防治的指导性文件。

---

① 《中国环境年鉴》编辑委员会:《中国环境年鉴》,中国环境科学出版社 1990 年版,第 248 页。

(三)农业自然资源保护工作的持续开展

最初农业自然资源保护工作主要是加强对滥砍滥伐和破坏性开采行为的管理。之后,“农业生物多样性保护”和“外来生物管理”成为核心内容。国家还相继实施了土地复垦,退耕还林,天然林区禁伐或限伐,草原轮牧、休牧和禁牧,渔业捕捞限额和禁渔、休渔制度等政策,出台了一系列农业自然资源保护法律法规,如1993年《野生植物保护条例》《自然保护区条例》《水土保持法实施条例》,1994年《基本农田保护条例》,2002年《农业转基因生物安全管理条例》,2004年《渤海生物资源养护规定》等。2017年中共中央办公厅、国务院办公厅《关于创新体制机制推进农业绿色发展的意见》,2018年《农业农村部关于深入推进生态环境保护工作的意见》(农科教发〔2018〕4号)等文件则进一步规划了未来农业自然资源保护工作的重点,包括推动农业资源养护、建立耕地轮作休耕制度、建立节约高效的农业用水制度、健全农业生物资源保护与利用体系、加强耕地质量保护与提升等内容。

总之,经过这么多年的发展,在主客观因素影响下,中国特色农村环境保护政策法规体系基本形成,涵盖了农业自然资源保护和污染防治法两大领域,形成了“农村人居环境整治”“农业面源污染防治”“农业自然资源保护”等重点政策领域,有力推动了农村经济社会的可持续发展。

第四章　我国农村环境法制现状的审视与反思

除了历时性的制度演进，农村环境法律制度也呈现出横向的结构特征。从制度体系看，一个系统规范、有机联系的制度体系已然成型，围绕村镇规划、农地保护、农药安全管理、畜禽养殖业污染防治、农用地土壤环境管理等若干方面的制度建设稳步推进。当然，由于制度建设不可能一蹴而就，加之城乡二元分立管理体制的客观存在，我国农村环境法制建设也遇到一些困难和问题，亟待改进完善。基于此，本章的目的在于，归纳梳理我国农村环境法制的规范体系与内容，分析现有制度存在的问题，并以此为基础客观分析制度缺陷背后的原因，为进一步提出有针对性的完善建议打下基础。

第一节　我国农村环境法制体系现状

在经历了数十年的发展以后，我国农村环境法制体系已初步形成，不仅作为根本大法的《宪法》规定了生态文明建设和国家环境保护义务，《环境保护法》的修订，其他环境单行法的适时调整，国务院及相关部委出台的法规规章以及地方立法，共同构筑了农村环境保护的规范基础。

一、《宪法》中的有关规范

2018年修正的《宪法》,在“生态文明建设”“国家环境保护义务”“自然资源权属”“农村基本制度”等方面作出了规定。在生态文明建设方面,《宪法》序言规定了五位一体协调发展,第89条国务院职权中加入了生态文明建设。在国家环境保护义务规定上,《宪法》第26条规定:“国家保护和改善生活环境和生态环境,防治污染和其他公害。国家组织和鼓励植树造林,保护林木。”在自然资源权属规定上,《宪法》第9条规定:“矿藏、水流、森林、山岭、草原、荒地、滩涂等自然资源,都属于国家所有,即全民所有;由法律规定属于集体所有的森林和山岭、草原、荒地、滩涂除外。国家保障自然资源的合理利用,保护珍贵的动物和植物。禁止任何组织或者个人用任何手段侵占或者破坏自然资源。”在农村基本制度规定上,《宪法》第10条规定了农村土地集体所有制,第111条规定了村民委员会制度。从上述规定可以看出,现行《宪法》虽然没有对农村环境保护进行直接表述,但“生态文明建设”“国家环境保护义务”“自然资源权属制度”等法律规范中包含了农村环境保护的内容,确证了开展农村环境保护活动的合法性和必要性。

二、综合性环境保护基本法

2014年修订的《环境保护法》大幅增加了农村环境保护的内容,进一步强化了农村环境管理。

1.《环境保护法》第2条对“环境”范畴的界定延续了1989年《环境保护法》的做法,规定了“城市和乡村”。

2.第33条、第49条、第50条、第51条等具体规定了政府农业环境保护义务。

在污染防治方面,政府的工作职责主要有:

(1)指导科学种植和养殖;

(2)指导合理施用农药、化肥等农业投入品;

(3)科学处置农用薄膜、农作物秸秆等农业废弃物;

(4)安排财政资金支持农村饮用水水源地保护、生活污水和其他废弃物处理、畜禽养殖和屠宰污染防治、土壤污染防治和农村工矿污染治理等环境保护工作；

(5)负责组织农村生活废弃物的处置工作；

(6)统筹城乡建设污水处理设施及配套管网，固体废物的收集、运输和处置等环境卫生设施，危险废物集中处置设施、场所以及其他环境保护公共设施，并保障其正常运行。

在生态保护方面，政府的工作职责主要有：

(1)促进农业环境保护新技术的使用；

(2)加强对农业污染源的监测预警；

(3)防治土壤污染和土地沙化、盐渍化、贫瘠化、沙漠化、地面沉降以及防治植被破坏、水土流失、水体富营养化、水源枯竭、种源灭绝等生态失调现象；

(4)推广植物病虫害的综合防治；

(5)提高农村环境保护公共服务水平，推动农村环境综合整治。

3. 第 49 条具体规定了农业生产经营者义务：

(1)禁止将不符合农用标准和环境保护标准的固体废物、废水施入农田；

(2)施用农药、化肥等农业投入品及进行灌溉，应当采取措施，防止重金属和其他有毒有害物质污染环境；

(3)畜禽养殖场、养殖小区、定点屠宰企业等的选址、建设和管理应当符合有关法律法规规定；

(4)从事畜禽养殖和屠宰的单位和个人应当采取措施，对畜禽粪便、尸体和污水等废弃物进行科学处置，防止污染环境。

三、环境保护单行法

环境保护单行法是为了防治某一类污染物或者保护某一类自然资源而由全国人大常委会制定的法律。[①] 可以从自然资源保护和环境污染防治两个方面对农村环境法制进行分类。

---

① 韩德培：《环境保护法教程》，法律出版社 2015 年版，第 55 页。

（一）环境污染防治单行法律

主要包括《大气污染防治法》《水污染防治法》《土壤污染防治法》《固体废物污染环境防治法》《畜牧法》《清洁生产促进法》《循环经济促进法》等。

1.《大气污染防治法》

《大气污染防治法》从三个方面对农业大气污染防治作出了规定：

（1）在第一章总则中，要求“加强对燃煤、工业、机动车船、扬尘、农业等大气污染的综合防治”。

（2）在第四章大气污染防治措施中，单列“第五节农业和其他污染防治”。

要求地方政府加强对农业生产经营活动排放大气污染物的控制；鼓励和支持采用先进适用技术，对秸秆、落叶等进行肥料化、饲料化、能源化、工业原料化、食用菌基料化等综合利用，加大对秸秆还田、收集一体化农业机械的财政补贴力度；组织建立秸秆收集、贮存、运输和综合利用服务体系，采用财政补贴等措施支持农村集体经济组织，农民专业合作经济组织、企业等开展秸秆收集、贮存、运输和综合利用服务；省、自治区、直辖市人民政府应当划定区域，禁止露天焚烧秸秆、落叶等产生烟尘污染的物质。

要求农业生产经营者改进施肥方式，科学合理施用化肥并按照国家有关规定使用农药，减少氨、挥发性有机物等大气污染物的排放；禁止在人口集中地区对树木、花草喷洒剧毒、高毒农药；畜禽养殖场、养殖小区应当及时对污水、畜禽粪便和尸体等进行收集、贮存、清运和无害化处理，防止排放恶臭气体。

（3）在第七章法律责任中规定：“违反本法规定，在人口集中地区对树木、花草喷洒剧毒、高毒农药，或者露天焚烧秸秆、落叶等产生烟尘污染的物质的，由县级以上地方人民政府确定的监督管理部门责令改正，并可以处五百元以上二千元以下的罚款。”

2.《水污染防治法》

和《大气污染防治法》一样，《水污染防治法》单列了“农业和农村水污染防治”，并对农村饮用水水源保护作出了特殊规定。

(1)在第一章总则中,要求“防治农业面源污染”。

(2)在第四章水污染防治措施第二节工业水污染防治中,规定国家禁止新建不符合国家产业政策的农药生产项目,并在第七章法律责任中规定,违反本法规定,建设不符合国家产业政策的农药、石棉生产项目的,由所在地的市、县人民政府责令关闭。

(3)在第四章水污染防治措施中单列“第四节　农业和农村水污染防治”。要求政府建设农村污水、垃圾处理设施;制定化肥、农药等产品的质量标准和使用标准;指导农业生产者科学、合理地施用化肥和农药,推广测土配方施肥技术和高效低毒低残留农药;支持建设畜禽粪便、废水的综合利用或者无害化处理设施,组织对畜禽粪便污水进行分户收集,集中处理利用。

要求农业生产经营者在符合国家有关规定和标准前提下使用农药,运输、存贮农药和处置过期失效农药;畜禽养殖场、养殖小区应当保证其畜禽粪便、废水的综合利用或者无害化处理设施正常运转,保证污水达标排放,防止污染水环境;从事水产养殖应当保护水域生态环境,科学确定养殖密度,合理投饵和使用药物,防止污染水环境;农田灌溉用水应当符合相应的水质标准,防止污染土壤、地下水和农产品;禁止向农田灌溉渠道排放工业废水或者医疗污水。向农田灌溉渠道排放城镇污水以及未综合利用的畜禽养殖废水、农产品加工废水的,应当保证其下游最近的灌溉取水点的水质符合农田灌溉水质标准。

(4)在第五章饮用水水源和其他特殊水体保护中规定,县级以上地方人民政府应当合理安排、布局农村饮用水水源,有条件的地区可以采取城镇供水管网延伸或者建设跨村、跨乡镇联片集中供水工程等方式,发展规模集中供水。

3.《土壤污染防治法》

《土壤污染防治法》在第四章风险管控和修复中单列“第二节　农用地”,并在环境监测、预防、风险管控和修复、保障和监督、法律责任等章节都规定了农用地污染防治有关内容。

(1)在第二章规划、标准、普查和监测中,要求对部分农用地地块进行重点监测。

（2）在第三章预防和保护中规定了农业投入品管理，包括农用地农药、兽药、肥料、农用薄膜、饲料等的使用和管理；规定政府部门应开展农用地土壤污染防治宣传和技术培训活动；鼓励农业生产者采取有利于防止土壤污染的种养结合、轮作休耕等农业耕作措施；要求禁止向农用地排放重金属或者其他有毒有害物质含量超标的污水、污泥，以及可能造成土壤污染的清淤底泥、尾矿、矿渣等；加强对畜禽粪便、沼渣、沼液等收集、贮存、利用、处置的监督管理，防止土壤污染；要求农田灌溉用水应当符合相应的水质标准。

（3）在第四章风险管控和修复中单列"第二节　农用地"，规定土壤污染责任人不明确或者存在争议的，农用地由地方人民政府农业农村、林业草原主管部门会同生态环境、自然资源主管部门认定；规定农用地分类管理制度，不同类别不同施策；规定土壤污染状况调查、风险评估制度。

（4）在第五章保障和监督中规定设立中央土壤污染防治专项资金和省级土壤污染防治基金，主要用于农用地土壤污染防治和土壤污染责任人或者土地使用权人无法认定的土壤污染风险管控和修复以及政府规定的其他事项。

（5）在第六章法律责任中规定，违反本法规定，向农用地排放重金属或者其他有毒有害物质含量超标的污水、污泥，以及可能造成土壤污染的清淤底泥、尾矿、矿渣等的，由地方生态环境主管部门进行处罚；违反本法规定，农业投入品生产者、销售者、使用者未按照规定及时回收肥料等农业投入品的包装废弃物或者农用薄膜，或者未按照规定及时回收农药包装废弃物交由专门的机构或者组织进行无害化处理的，由地方农业农村主管部门进行处罚。

4.《固体废物污染环境防治法》

（1）在第三章固体废物污染环境的防治"第一节　一般规定"中规定，使用农用薄膜的单位和个人，应当采取回收利用等措施，防止或者减少农用薄膜对环境的污染；从事畜禽规模养殖应当按照国家有关规定收集、贮存、利用或者处置养殖过程中产生的畜禽粪便，防止污染环境；禁止在人口集中地区、机场周围、交通干线附近以及当地人民政府划定的区域露天焚烧秸秆；划定的饮用水水源保护区、基本农田保护区和其他需要特别保护的区域内，禁止建设工业固体废物集中贮存、处置的设施、场所和生活垃圾填埋场。

（2）在第三章固体废物污染环境的防治“第三节　生活垃圾污染环境的防治”中规定，农村生活垃圾污染环境防治的具体办法，由地方性法规规定。

（3）在第五章法律责任中规定，在饮用水水源保护区、基本农田保护区和其他需要特别保护的区域内，建设工业固体废物集中贮存、处置的设施、场所和生活垃圾填埋场的，由县级以上人民政府环境保护行政主管部门责令停止违法行为，限期改正，处以罚款。

5.《畜牧法》①

《畜牧法》的调整对象是畜禽的遗传资源保护利用、繁育、饲养、经营、运输等活动，其侧重点是资源保护，但也含有一些污染防治的法律规范。在第四章畜禽养殖中规定，畜禽养殖场、养殖小区应当保证畜禽粪便、废水及其他固体废弃物综合利用或者无害化处理设施的正常运转，保证污染物达标排放，防止污染环境。畜禽养殖场、养殖小区违法排放畜禽粪便、废水及其他固体废弃物，造成环境污染危害的，应当排除危害，依法赔偿损失。国家支持畜禽养殖场、养殖小区建设畜禽粪便、废水及其他固体废弃物的综合利用设施。

6.《清洁生产促进法》

《清洁生产促进法》在第三章清洁生产的实施中规定，农业生产者应当科学地使用化肥、农药、农用薄膜和饲料添加剂，改进种植和养殖技术，实现农产品的优质、无害和农业生产废物的资源化，防止农业环境污染。禁止将有毒、有害废物用作肥料或者用于造田。

7.《循环经济促进法》②

《循环经济促进法》在第四章再利用和资源化中规定，国家鼓励和支持农业生产者和相关企业采用先进或者适用技术，对农作物秸

---

① 《畜牧法》兼具污染防治和自然资源保护内容，此处分析污染防治的法律规范，在自然资源保护单行法中将分析畜禽遗传资源保护利用的法律规范。

② 《循环经济促进法》兼具污染防治法和自然资源保护法的特征，此处只归纳了其污染防治法律规范的内容。参见韩德培：《环境保护法教程》，法律出版社 2015 年版，第 55 页。

秆、畜禽粪便、农产品加工业副产品、废农用薄膜等进行综合利用，开发利用沼气等生物质能源。

（二）自然资源保护单行法律

主要包括《农业法》《水法》《土地管理法》《渔业法》《矿产资源法》《森林法》《野生动物保护法》《水土保持法》《防沙治沙法》《畜牧法》《节约能源法》《可再生能源法》《种子法》《循环经济促进法》等。

1.《农业法》

《农业法》既注重农业资源开发又注重农业生态环境保护，专章规定了农业资源与农业环境保护，并在总则、农业生产、农业投入与支持保护等章节中对农业生态保护作出了规定。

（1）在第一章总则中，强调国家采取措施，保障农业更好地发挥在提供食物、工业原料和其他农产品，维护和改善生态环境，促进农村经济社会发展等多方面的作用。

（2）在第三章农业生产中规定，各级政府应当采取措施，加强农业综合开发和农田水利、农业生态环境保护等，改善农业生产条件，保护和提高农业综合生产能力。

（3）在第六章农业投入与支持保护中规定，国家逐步提高农业投入的总体水平，各级政府在财政预算内安排的各项用于农业的资金应当主要用于加强农业生态环境保护建设等方面；国家为加快西部开发，增加对西部地区农业发展和生态环境保护的投入。

（4）单列第八章农业资源与农业环境保护，主要围绕合理利用和保护自然资源、开发利用可再生能源和清洁能源、建立农业资源监测制度、合理使用化肥、农药、农用薄膜、加强小流域综合治理、实行全民义务植树和禁伐或者限伐制度、加强草原保护、退耕还林还草、执行捕捞限额和禁渔、休渔制度、建立生物物种资源保护制度、加强农业转基因生物管理等方面作出了规定。

2.《水法》

（1）在第一章总则中规定，发展节水型工业、农业和服务业，建立节水型社会。

（2）第五章水资源配置和节约使用中规定，各级政府应当推行节水灌溉方式和节水技术，对农业蓄水、输水工程采取必要的防渗漏措施,提高农业用水效率。

3.《土地管理法》

《土地管理法》强调土地利用规划的协调,并设专章规定了耕地保护。

(1)在第一章总则中强调保护、开发土地资源,合理利用土地,切实保护耕地;将土地分为农用地、建设用地和未利用地实行土地用途管制制度。

(2)在第三章土地利用总体规划中要求,编制土地利用总体规划应严格保护基本农田,控制非农业建设占用农用地;城市总体规划、村庄和集镇规划,应当与土地利用总体规划相衔接。

(3)在第四章耕地保护专章规定了占用耕地补偿制度、基本农田保护制度、开发未利用的土地制度、土地整理和复垦制度。

(4)在第七章法律责任中,对违反土地利用总体规划擅自将农用地改为建设用地的行为追究法律责任。

4.《渔业法》

《渔业法》设专章"渔业资源的增殖和保护",对征收渔业资源增殖保护费,建立水产种质资源保护区,禁止围湖造田,使用炸鱼、毒鱼、电鱼等破坏渔业资源的方法进行捕捞,建造过鱼设施,以及重点保护珍贵、濒危水生野生动物等内容作出了具体规定。

5.《畜牧法》

(1)在第一章总则中明确规定,从事畜禽的遗传资源保护利用、繁育、饲养、经营、运输等活动适用《畜牧法》,其立法目的在于保护和合理利用畜禽遗传资源。

(2)设专章规定畜禽遗传资源保护,要求建立畜禽遗传资源保护制度,设立国家畜禽遗传资源委员会,对原产我国的珍贵、稀有、濒危的畜禽遗传资源实行重点保护,制定和公布省级畜禽遗传资源保护名录。

(3)在第三章种畜禽品种选育与生产经营中规定,扶持畜禽品种的选育和优良品种的推广使用,建立畜禽良种繁育体系,实施许可证管理。

6.《种子法》

(1)在第一章总则中规定,转基因植物品种的选育、试验、审定和推广应当进行安全性评价,并采取严格的安全控制措施。国务院农业、林业主管部门应当加强跟踪监管并及时公告有关转基因植物品种审定和推广的信息。

(2)设两章专门规定“种质资源保护”和“新品种保护”。

7.《节约能源法》

《节约能源法》在第四章节能技术进步中规定,增加对农业和农村节能技术、节能产品推广应用的资金投入;推广在农业生产、农产品加工储运等方面应用节能技术和节能产品;鼓励、支持在农村大力发展沼气,推广生物质能、太阳能和风能等可再生能源利用技术。

8.《可再生能源法》

(1)在第四章推广与应用中强调,鼓励和支持农村地区的可再生能源开发利用,制定农村地区可再生能源发展规划,因地制宜地推广应用沼气等生物质资源转化、户用太阳能、小型风能、小型水能等技术。

(2)在第六章经济激励与监督措施中规定,国家财政设立可再生能源发展专项资金,可以用于支持农村、牧区生活用能的可再生能源利用项目活动。

9.《循环经济促进法》

《循环经济促进法》在第三章减量化中规定,应推进土地集约利用,鼓励和支持农业生产者采用节水、节肥、节药的先进种植、养殖和灌溉技术,推动农业机械节能,优先发展生态农业;在缺水地区,应当调整种植结构,优先发展节水型农业,推进雨水集蓄利用,建设和管护节水灌溉设施,提高用水效率,减少水的蒸发和漏失。

除了上述要素型的污染防治和自然资源保护单行法以外,在《城乡规划法》《乡镇企业法》《农产品质量安全法》等法律中,也包含一些农村环境保护规范。《城乡规划法》的规制重点是村庄规划的制定、实施、修改、监督检查;《乡镇企业法》的规制重点是乡镇企业污染防治,包括环境影响评价制度、“三同时”制度、限期治理制度等;《农产品质量安全法》的规制重点是农产品质量安全,强调制定安全标准、强化农产品产地保护等。

四、行政法规

国务院颁布施行的行政法规也是我国农村环境保护法制体系的重要组成部分。除了前述环境保护单行法的实施条例，如《土地管理法实施条例》《森林法实施条例》《陆生野生动物保护实施条例》《水生野生动物保护实施条例》《水土保持法实施条例》《矿产资源法实施细则》《渔业法实施细则》等，在农药安全管理、畜禽养殖业污染防治、基本农田保护等方面，国务院还制定了专门的行政法规对这些领域予以法律规制。

（一）《农药管理条例》

《农药管理条例》于1997年制定，经过2001年和2017年两次修订，其目的在于“加强农药管理，保证农药质量，保障农产品质量安全和人畜安全，保护农业、林业生产和生态环境”。该条例主要围绕农药登记、生产、经营、使用、监督管理、法律责任等内容展开，要求实行农药生产、经营许可；加强农药使用指导、服务；推广生物防治、物理防治、先进施药器械等措施逐步减少农药使用量；规定农药使用者严格按照标签标注的使用范围、使用方法和剂量、使用技术要求等注意事项使用农药，不得使用禁用的农药；在农产品收获前应当按照安全间隔期的要求停止使用；剧毒、高毒农药不得用于蔬菜、瓜果、茶叶、菌类、中草药材的生产。

（二）《畜禽规模养殖污染防治条例》

2013年10月8日，国务院第26次常务会议通过《畜禽规模养殖污染防治条例》，该行政法规的目的在于防治畜禽养殖污染、加强综合利用和无害化处理，保护和改善环境，是“我国在国家层面制定实施的第一部农业农村环境保护行政法规”①。该条例主要围绕畜禽规模养殖污染预防、综合利用与治理、激励措施和法律责任等内容展开。在预防层面，要求制定畜牧业发展规划和污染防治规划，通过划

① 《中国环境年鉴》编辑委员会：《中国环境年鉴》，中国环境科学出版社2014年版，第394页。

定禁养区、对污染严重的养殖密集区域进行综合整治等措施，对不合理的畜禽养殖生产布局进行调整；在综合利用与治理层面，鼓励和支持采取粪肥还田、制取沼气、制造有机肥等方法，对畜禽养殖废弃物进行综合利用；在激励措施层面，对畜禽养殖场、养殖小区支出的建设项目环境影响咨询费用给予补助，对示范项目予以奖励，对综合利用畜禽养殖废弃物的，给予相关税收、资金、运力、价格等方面的支持政策等。

（三）《基本农田保护条例》

《基本农田保护条例》于 1994 年制定，经过 1998 年和 2011 年两次修订，其目的在于“对基本农田实行特殊保护，促进农业生产和社会经济的可持续发展”。该条例主要围绕基本农田保护区划定、基本农田保护、监督管理、法律责任等内容展开。针对基本农田保护区划定，要求各级政府在编制土地利用总体规划时确定基本农田保护区，其面积应当占本行政区域内耕地总面积的 80%以上；针对基本农田保护，强调数量不减少，基本农田保护区经依法划定后，任何单位和个人不得改变或者占用，确实需要占用基本农田的须经国务院批准；在监督管理方面，要求上下级政府间、政府与农村集体经济组织或者村民委员会之间签订基本农田保护责任书。

（四）《退耕还林条例》

《退耕还林条例》于 2002 年制定，经 2016 年修订，其目的在于规范退耕还林活动，改善生态环境。该条例主要围绕退耕还林规划和计划、造林、管护与检查验收、资金和粮食补助、法律责任等内容展开。在退耕还林规划和计划方面，要求政府制定退耕还林规划、计划、实施方案，强调退耕还林规划应当与国民经济和社会发展规划、农村经济发展总体规划、土地利用总体规划相衔接，与环境保护、水土保持、防沙治沙等规划相协调；在造林、管护与检查验收方面，规定政府应与土地承包经营权人签订退耕还林合同，建立退耕还林植被管护、检查、验收制度；在资金和粮食补助方面，规定种苗造林补助费和生活补助费由国务院有关部门下达、核拨，强化资金管理，建立退耕还林公示制度。

（五）《土地复垦条例》

《土地复垦条例》于2011年制定，其前身是1988年国务院《土地复垦规定》，该条例的立法目的在于规范土地复垦活动，加强复垦管理，提高土地利用的社会效益、经济效益和生态效益。该条例主要围绕生产建设活动损毁土地的复垦、历史遗留损毁土地和自然灾害损毁土地的复垦、土地复垦验收、土地复垦激励措施、法律责任等内容展开。在责任主体方面，规定生产建设活动损毁的土地，按照“谁损毁，谁复垦”的原则，由生产建设单位或者个人负责复垦；历史遗留损毁土地以及自然灾害损毁土地，由县级以上人民政府负责组织复垦；在敦促土地复垦义务人自觉履行土地复垦义务方面，要求加强对土地复垦实施环节的监督管理、建立土地复垦方案的编制与审查制度、建立土地复垦资金保障机制、完善土地复垦验收的程序；在激励措施方面，规定了补贴和税收激励政策。

（六）《农业转基因生物安全管理条例》

《农业转基因生物安全管理条例》于2001年制定，经2011年、2017年两次修订，其目的在于加强农业转基因生物安全管理，保障人体健康和动植物、微生物安全，保护生态环境。该条例主要围绕研究与试验、生产与加工、经营、进口与出口、监督检查等内容展开。在农业转基因生物研究与试验方面，由国务院设立农业转基因生物安全委员会负责农业转基因生物的安全评价工作，规定农业转基因生物试验报告、申领农业转基因生物安全证书制度；在生产与加工、经营、进口与出口等方面，强化了许可证制度。

（七）《森林采伐更新管理办法》

《森林采伐更新管理办法》于1987年制定，经2011年修订，其目的在于合理采伐森林，及时更新采伐迹地，恢复和扩大森林资源。该办法主要围绕森林采伐、森林更新、罚则等内容展开，将森林采伐分为主伐、抚育采伐、更新采伐和低产林改造等主要类型。对用材林的成熟林和过熟林实行主伐，主伐方式为择伐、皆伐和渐伐；对特定森林只准进行抚育和更新采伐，并规定采伐林木应申请林木采伐许可证。

五、部门规章

部门规章是国务院所属部委根据法律和国务院行政法规、决定、命令,在本部门的权限内发布的各种行政性的规范性法律文件①,也是我国农村环境保护法制体系的重要组成部分。原农业部颁布施行且现行有效的农村环境保护部门规章主要包括,《农业转基因生物加工审批办法》(2006年)、《农业转基因生物标识管理办法》(2017年修订)、《农业转基因生物进口安全管理办法》(2017年修订)、《农业转基因生物安全评价管理办法》(2017年修订)、《绿色食品标志使用费收费试行办法》(1994年)、《绿色食品标志管理办法》(2012年)、《农产品产地安全管理办法》(2006年)、《农产品质量安全监测管理办法》(2012年)、《农药标签和说明书管理办法》(2017年)、《畜禽遗传资源保种场保护区和基因库管理办法》(2006年)、《畜禽新品种配套系审定和畜禽遗传资源鉴定办法》(2006年)、《渔业水域污染事故调查处理程序规定》(1997年)、《水产养殖质量安全管理规定》(2003年)、《长江渔业资源管理规定》(2004年修订)、《水生生物增殖放流管理规定》(2009年)、《植物新品种保护条例实施细则(农业部分)》(2014年修订)、《草种管理办法》(2015年)、《农业野生植物保护办法》(2013年修订)、《乡镇工业企业全面质量管理达标暂行办法》(1991年)、《"绿色食品"产品管理暂行办法》(1991年)等。此外,还包括原环境保护部制定的《农用地土壤环境管理办法(试行)》(2017年)、国土资源部制定的《土地复垦条例实施办法》等。

六、地方性法规规章

从地方综合性农村环保条例看,1991年《山西省农业环境保护条例》是最早的地方综合性农村环境保护法规。通过北大法宝以关键词"农业环境保护"搜索地方法规规章有36项结果,地方性法规31部,地方政府规章5部。现行有效9部,其中,地方性法规8部,分别是《广西壮族自治区农业环境保护条例》(2016年修正)、《山东省

① 张文显:《法理学》,法律出版社2007年版,第99页。

农业环境保护条例》(2013年修正)、《内蒙古自治区农业环境保护条例》(2010年修正)、《辽宁省农业环境保护条例》(2004年修正)、《广西壮族自治区农业环境保护条例》(2004年修正)、《山东省农业环境保护条例》(1997年修正)、《吉林省农业环境保护管理条例》(1997年修正)、《云南省农业环境保护条例》(1997年修正);地方政府规章1部,《青海省农业环境保护办法》(1996年)。

此外,在农药安全管理、畜禽养殖、基本农田保护等方面也制定了一些法规规章。通过北大法宝以关键词"基本农田"搜索地方法规规章,现行有效的有45项。其中,地方性法规35部,地方政府规章10部。通过北大法宝以关键词"农药"搜索地方法规规章,现行有效的有15项。其中,地方性法规8部,分别是《海南经济特区农药管理若干规定》(2017年修正)、《潍坊市禁用限用剧毒高毒农药条例》(2016年)、《鄂伦春自治旗农药管理条例》(2012年)、《南京市蔬菜使用农药管理规定》(2010年修正)、《莫力达瓦达斡尔族自治旗农药管理条例》(2010年)、《杭州市蔬菜农药残留监督管理条例》(2009年)、《四川省农药管理条例》(2005年修正)、《云南省农药管理条例》(2004年修正);地方政府规章7部,分别是《上海市农药经营使用管理规定》(2009年)、《山东省农药管理办法》(2004年)、《甘肃省农药管理办法》(2003年)、《武汉市蔬菜农药残留监督管理行政处罚实施办法》(2003年)、《汕头市农药经营管理若干规定》(2003年)、《青岛市关于化肥、农药、农膜实行专营的暂行规定》(1998年修正)、《黑龙江省农药管理暂行规定》(1989年)。

七、环境标准

《标准化实施条例》将环境质量标准和污染物排放标准界定为"强制性标准",因此,这两类环境标准也具有强制性、规范性,属于环境保护法体系的组成部分。① 通过生态环境部"环境保护标准"网站对农业相关的环境标准进行搜索,可以获得13条结果(见表4-1)。

---

① 韩德培、陈汉光:《环境保护法教程》,2015年版,第57页。

表 4-1　环境保护标准

序号	标准号	标准名称	发布时间
1	HJ 332—2006	食用农产品产地环境质量评价标准	2006/11/17
2	GB 8173—87	农用粉煤灰中污染物控制标准	1987/10/5
3	GB 8172—87	城镇垃圾农用控制标准	1987/10/5
4	GB 4284—84	农用污泥中污染物控制标准	1984/5/18
5	GB 4285—89	农药安全使用标准	1989/9/6
6	GB 18322—2002	农用运输车自由加速烟度排放限值及测量方法	2002/1/4
7	GB 21523—2008	杂环类农药工业水污染物排放标准	2008/4/2
8	GB 5084—2005	农田灌溉水质标准	2006/1/1
9	HJ 332—2006	食用农产品产地环境质量评价标准	2006/11/17
10	GB 15618—2018	土壤环境质量 农用地土壤污染风险管控标准(试行)	2018/6/22
11	GB 11607—89	渔业水质标准	1989/8/12
12	GB 18596—2001	畜禽养殖业污染物排放标准	2001/12/28
13	HJ 333—2006	温室蔬菜产地环境质量评价标准	2006/11/17

此外，还有一些技术规范标准，例如，《农村生活污染控制技术规范》(HJ 574—2010)、《农村生活污染防治技术政策》(环发〔2010〕20号)、《农药使用环境安全技术导则》(HJ 556—2010)、《农业固体废物污染控制技术导则》(HJ 588—2010)、《淡水水生生物水质基准制定技术指南》(HJ 831—2017)、《畜禽养殖业污染防治技术规范》(HJ/T 81—2001)、《国家级生态村创建标准(试行)》(环发〔2006〕192号)、《农村环境连片整治技术指南》(HJ 2031—2013)、《农村饮用水水源地环境保护技术指南》(HJ 2032—2013)、《村镇生活污染防治最佳可行技术指南(试行)》(HJ-BAT-9)、《规模畜禽养殖场污染防治最佳可行技术指南(试行)》(HJ-BAT-10)、《畜禽养殖禁养区划定技术指南》等。

八、我国参加和批准的国际条约

我国参加和批准的国际条约当中也有农村环境保护的法律规范。例如,1956 年《东南亚及太平洋植物保护协定》、1971 年《关于特别是水禽生境的国际重要湿地公约》、1972 年《世界文化和自然遗产保护公约》、1973 年《濒危野生动植物种国际贸易公约》、1988 年《亚洲和太平洋水产养殖中心网络》、1992 年《生物多样性公约》、1994 年《联合国防治荒漠化公约》、2001 年《关于持久性有机污染物(POPs)的斯德哥尔摩公约》等,它们主要针对农药安全管理、生物多样性保护、濒危物种保护等内容展开规制。

第二节　我国农村环境法制建设存在的主要问题

经过若干年的实践探索,我国农村环境法制建设取得了巨大成就,初步形成了涵盖农业自然资源保护法和污染防治法两大领域的农村环境保护制度法规体系。不过,由于制度建设不可能一蹴而就,加之城乡二元分立管理体制的客观存在,我国农村环境法律制度仍不完善,在法制建构思路、体系结构、具体制度建构和制度运行等方面还存在诸多问题,亟待改进完善。

一、我国农村环境法制建设存在的系统设计问题

在中共中央关于“十二五”规划建议中,“顶层设计和总体规划”首次出现,它意味着面对艰巨的改革任务,需要在宏观层面坚持整体推进方案,协调各方关系,为发展创造制度条件。同样,在我国环境法制建设,特别是农村环境法制建设中也需要重视和加强顶层设计和总体规划,统筹考虑各层次和各要素问题,统揽全局提出系统性的解决方案,集中回答农村环境法制系统定位、体系构造、功能协调等关键问题。

(一)在系统定位上,农村环境法制建设重要性未被充分认识

系统定位需要回答农村环境法制在环境法乃至整个法律体系中

所处的位置。从应然层面看,城市和乡村是环境法调整的两个重要领域。在立法时序上,城市和农村的环境法制应齐头并进;在体系构成上,两者应相对均衡;在监督管理上,城市和乡村监管水平应大体相当;在管制强度上,应避免制度"剪刀差",进而诱发环境污染转嫁与风险外溢。[①] 进言之,在生态文明建设和乡村振兴战略下,农村环境法制理应成为环境法制建设的重点,在环境法制体系中占据重要位置。而实际情况却并非如此,长期以来,农村环境法制建设的重要性未被充分认识,环境法律规范的设计呈现出"为城市立法、为工业立法"的倾向[②]。

以"城市"和"农村"为对比项,通过对"中国法律法规信息库"进行"标题"检索,并剔除非环境法律文件可以发现[③],从 1949 年 10 月 1 日至 2018 年 5 月底,包括仍然有效和已经失效的,各级立法主体共颁布包含"城市"作为标题的法律文件数量为 747 部,包含"农村"作为标题法律文件数量为 36 部。在包含"城市"作为标题的法律文件中,共有法律 1 部(已失效),行政法规 5 部(其中 1 部失效),部委规章 19 部(其中 6 部失效),地方性法规规章 727 部(其中 365 部失效)。在包含"农村"作为标题的法律文件中,共有法律 0 部,行政法规 0 部,部委规章 1 部(已失效),地方性法规规章 35 部(其中 27 部失效)。从上述数据可以看出:在总体数量上,包含"城市"作为标题的环境法律文件数量远远超过包含"农村"作为标题的环境法律文件数量,其比值接近 21 : 1;在立法层级上,国家层面的法律、行政法规集中在城市领域,部委规章两者比值为 19 : 1,地方性法规规章两者比值接近 21 : 1。[④] 基于这些数据,可以清晰地发现,在整个环境法制体系中,农村环境法制基本上处于边缘化状态,农村环境法制建设的重要性需要被重新认识。

---

① 李奇伟:《城市中心主义环境立法倾向及其矫正》,载《求索》2018 年第 6 期。

② 李奇伟:《城市中心主义环境立法倾向及其矫正》,载《求索》2018 年第 6 期。

③ 文中统计的法律文件不包括司法解释和决定。此外,包含"城市"作为标题的法律文件主要围绕城市"绿化""市容和环境卫生管理""供水""节约用水管理""规划"等主题词展开;包含"农村"作为标题的法律文件主要围绕农村"规划""生活垃圾管理""供水用水管理""可再生能源林木资源保护"等主题词展开。由笔者逐一筛选得出。

④ 李奇伟:《城市中心主义环境立法倾向及其矫正》,载《求索》2018 年第 6 期。

(二)在体系设计上,缺乏层次清晰、稳步推进的统筹规划

农村环境法制建设需要通过立法者的主动作为、合理规划、周密安排以体系化形成呈现出来。首先,它是立法者有意识的行为,是清晰认识到农村环境法制建设重要性,并从全局高度围绕核心目标实现而展开的各项规划;其次,它依循"理念→制度→执行"的顶层设计逻辑,强调制度设计、运行紧紧围绕核心理念和顶层目标展开,并通过实践反馈不断调整修正制度规范内容;再者,在制度结构上,强调综合法、单行法以及其他法律法规的一体化设计与安排,综合法应进一步明确农业环境法制的基本范畴、调整对象、主要原则制度和调整方法,单行法、其他法律法规应与综合法保持一致,并在各自领域进行细化;最后,在时间节点上,应清晰规划农村环境法制建设的步骤、路径,从地方试点先行到中央政策法制安排,从效力层级较低的部门规章到国务院行政法规、再到全国人大常委会的法律,稳步推进有序展开。

实际情况却并非如此。一方面,与城市环境法制建设相较,农村环境法制建设缺乏清晰明确的系统规划。1991 年,曲格平在全国第二次城市环境保护工作会议上曾经提道:"要切实加强城市环境管理法制建设,不断完善城市环境保护和城市管理法规体系。"并指出应抓紧制定《城市燃气管理条例》《城市绿化条例》《城市排水管理条例》《城市公园条例》《城市道路管理条例》等与城市环境管理密切相关的行政管理规定,尽快制定《城市环境综合整治管理办法》。[①] 现在看来,上述法制建设目标已经基本实现,我国形成了以《环境保护法》为中心、其他环境单行法与城市环境管理专门立法相结合的城市环境管理法律体系。[②] 相对而言,农村环境法制建设并未被如此重视,农村环境管理法规体系并没有单列出来专门规划。

另一方面,农村环境法制建设缺乏层次清晰、稳步推进的立法规划。

---

① 国家环境保护局:《第二次全国城市环境保护工作会议文件资料汇编》,中国环境科学出版社 1993 年版,第 16 页。

② 李奇伟:《城市中心主义环境立法倾向及其矫正》,载《求索》2018 年第 6 期。

从体系结构上看,迄今为止,我国没有一部综合性的农村环境保护法;现有法律法规展开的逻辑也不是围绕农村环境保护事项铺开,而是嵌入在各环境要素型立法,如《大气污染防治法》《水污染防治法》《土壤污染防治法》《固体废物污染环境防治法》,作为一节或者通过几条具体法律规范予以规定。它们覆盖范围有限,具体法律规范间很难以协调一致。

从立法时序上看,农村环境法制建设的步骤、路径、建设目标等并不明确。在环境立法计划中,例如,在《"十一五"全国环境保护法规建设规划》中,186项环境立法规划设想主要以城市和工业环境保护为主,与农村、农业相关的只有3条,即修订《农业法》,拟定《农村环境保护条例》和《农村环境监察规范》。[①] 在《"十二五"全国环境保护法规和环境经济政策建设规划》中,有关农业环境保护立法计划也只提到《畜禽养殖污染防治条例》。[②]

(三)在功能整合上,缺乏系统、协调的整体设计

对农村环境法制的系统设计应强调整体关联性和功能协调性。它要求在农村环境法制体系要素间围绕核心理念和顶层目标形成相互关联、匹配和有机衔接的整体,基于一体化治理理念设计中央与地方法律法规、环境政策与法制、环境法规范与环境标准,合理安排"农村人居环境整治""农业面源污染防治""农业自然资源保护"等重点领域法制建设步伐,使其步调一致、内在统一;也要求协调好农村环境法制与其他环境法制的关系,基于城乡统筹展开协同立法,对"城市"和"农村"共有的环境保护事项统筹安排[③],实现环境法制内部的整合一致;同时,还要求将法治运行要素,立法、执法、司法、守法等要素一并进行考虑,使规范具有可操作性,便于加强环境监管和环境司法产生实际的法治效果。

而实际情况却是,由于缺乏系统的法制建设规划,现有农村环境

---

① 环境保护部政策法规司:《中国环境法规全书　2005—2009》,中国环境科学出版社2009年版,第1402~1413页。

② 环境保护部政策法规司:《环境经济政策汇编》(上),中国环境出版社2016年版,第102~112页。

③ 李奇伟:《城市中心主义环境立法倾向及其矫正》,载《求索》2018年第6期。

法律法规主要以分散立法的形式出现,只在单行法适用范围内对农村环境保护事项进行管理,如此一来,系统整合与功能协调目标就很难实现。例如,《水法》《水污染防治法》管水,《土地管理法》《土壤污染防治法》管土,《大气污染防治法》管大气,这些都是环境要素管理,而不是生态系统管理;又如,《大气污染防治法》《水污染防治法》《土壤污染防治法》《固体废物污染环境防治法》等法律只关注农业污染防治,而《水法》《土地管理法》《渔业法》《森林法》《种子法》等法律只关注农业自然资源保护,它们之间由于部门立法的窠臼很难形成合力并顺应农村生态环境整体性治理原则。

二、我国农村环境法制建设存在的结构性问题

除了整体设计问题,我国农村环境法制建设还存在规制结构不均衡问题。这种情况主要发生在农村环境法制体系内部,表现为政策与法制、中央与地方等方面政策法制资源的倾斜性配置,从而影响农村环境法制整体运行效果。

(一)在制度工具选择上,政策措施运用充分,法制建设相对滞后

一直以来,农村环境保护都非常倚重政策工具的运用。1973年,“新中国成立以来第一个环境保护法规性的规定”《关于保护和改善环境的若干规定》[①]就强调要“加强对土壤和植物的保护”,“努力发展新化学农药,尽量做到效果高,对人畜毒害低,对农作物、水源和土壤残留少。逐步减少滴滴涕、六六六等农药的使用。加强使用农药的宣传教育,使农民掌握使用农药的科学知识,避免对人畜和农作物的危害。”[②]之后,1984年,国务院作出《关于环境保护工作的决定》提出:“要认真保护农业生态环境。各级环境保护部门要会同有关部门积极推广生态农业,防止农业环境的污染和破坏。”1990年,国务院发布《关于进一步加强环境保护工作的决定》规定:“农业部门必须加强对农业环境的保护和管理,控制农药、化肥、农膜对环

---

① 《中国环境年鉴》编辑委员会:《中国环境年鉴》,中国环境科学出版社1990年版,第4页。

② 中国环境科学研究院、武汉大学环境法研究所:《中华人民共和国环境保护研究文献选编》,法律出版社1983年版,第10页。

境的污染，推广植物病虫害的综合防治；根据当地资源和环境保护要求，合理调整农业结构，积极发展农业生产。”[①]1998年，《中共中央关于农业和农村工作若干重大问题的决定》指出：“实现农业可持续发展，必须加强以水利为重点的基础设施建设和林业建设，严格保护耕地、森林植被和水资源，防治水土流失、土地荒漠化和环境污染，改善生产条件，保护生态环境。”[②]2005年《中共中央　国务院关于推进社会主义新农村建设的若干意见》、2006年《国务院关于落实科学发展观加强环境保护的决定》以及随后大量关于生态文明建设和乡村振兴的政策文件中都含有农村环境保护的内容。

此外，专门的农村环境保护政策文件也陆续出台，包括1999年，国家环境保护总局发布《关于加强农村生态环境保护工作的若干意见》的通知，2007年，国务院办公厅转发的国家环保总局等8个部委《关于加强农村环境保护工作的意见》，国家环保总局印发《全国农村环境污染防治规划纲要》《国家农村小康环保行动计划》等。在新时期，相关文件出台得更为密集。2014年，国务院办公厅下发《关于改善农村人居环境的指导意见》（国办发〔2014〕25号）；2015年，农业部印发《农业部关于打好农业面源污染防治攻坚战的实施意见》（农科教发〔2015〕1号）；2017年，中共中央办公厅、国务院办公厅印发《关于创新体制机制推进农业绿色发展的意见》；2018年，生态环境部、农业农村部等五部委制定《关于加快推进长江经济带农业面源污染治理的指导意见》（发改农经〔2018〕1542号），中央农办、农业农村部等18部门印发《农村人居环境整治村庄清洁行动方案》（农社发〔2018〕1号），农业农村部出台《关于深入推进生态环境保护工作的意见》（农科教发〔2018〕4号），生态环境部、农业农村部联合印发《农业农村污染治理攻坚战行动计划》。这些文件突出强调了农业环境保护的重要性，明确了农村环境保护的总体要求、关键措施，是保护好农村农业环境的政策基础。

---

① 农业部科技教育司、中国农业生态环境保护协会编：《中国农业环境保护大事记1970—2000》，中国农业科技出版社2000年版，第34页。

② 农业部科技教育司、中国农业生态环境保护协会：《中国农业环境保护大事记1970—2000》，中国农业科技出版社2000年版，第40页。

相对而言,我国农村环境法制建设虽然取得了一定成绩,但总体上仍然发展滞后。农村环境法制建设的重要性未被充分认识,缺乏层次清晰、稳步推进的统筹规划,在农村环境保护综合立法方面没有取得重大突破。2014 年《环境保护法》修订并没有单列农村环境保护,具有重要影响的《农业法》更侧重于农业资源的利用。直到 2013 年,国务院通过《畜禽规模养殖污染防治条例》才化解了我国没有农业污染防治方面行政法规的尴尬。

(二)在法制体系构成上,倚重环境保护单行法调整,综合立法缺失

我国目前农村环境法制的情况是,对农村环境保护活动进行法律规范的主要依据是单行法,包括污染防治法,如《大气污染防治法》《水污染防治法》《土壤污染防治法》《固体废物污染环境防治法》《清洁生产促进法》《循环经济促进法》等;自然资源保护法,如《农业法》《水法》《土地管理法》《渔业法》《矿产资源法》《森林法》《野生动物保护法》《水土保持法》《防沙治沙法》《畜牧法》《节约能源法》《可再生能源法》《种子法》等。单行法调整的局限在于,主要按污染防治与自然资源保护分类展开,按环境要素进行管理,对农村环境保护的内容只是单列一节[①]或者仅仅规定几条法律规范进行调整,规制对象较窄、内容不全面系统。

而农村环境法制的一个显著特征恰恰是综合性。农村环境法制基于地域特征展开法律规制,其调整对象更多元、牵涉面更广泛。与之相关的领域至少包括基本农田保护、农药安全管理、农业转基因生物安全管理、秸秆禁烧和综合利用、畜禽养殖污染防治、有机食品认证管理、土地复垦、农业野生植物保护、农用地土壤环境管理、退耕还林条例等诸多方面;配套制度则包括组织领导、监督管理、环境税费、财政转移支付、考核奖惩等。显然,现有农村环境保护法制建设情况与综合性调整要求并不匹配,需要及时出台农村环境保护综合法予以全面调整。

从 20 世纪 80 年代开始,有关部门就着手拟定农村环境保护综合法律法规。中国环境统计年鉴显示,1989 年农业部主持的《农业

---

① 单列一节的立法主要是《大气污染防治法》《水污染防治法》《土壤污染防治法》等。

环境管理条例》就处于起草阶段，在农业系统内征求了修改意见，并与环境保护部门进行了协调。[①] 之后，随着农村环境保护工作日益受到关注，制定《农村环境保护条例》的呼声越来越高。在诸多环境保护政策文件中都提到了这一要求。例如，2006 年，国家环境保护总局《全国生态保护"十一五"规划》（环发〔2006〕158 号），要求加强立法工作，把生态环境保护纳入法制化轨道，制定《农村环境保护条例》等有关法规；2006 年，国家环境保护总局《国家农村小康环保行动计划》（环发〔2006〕151 号）指出，"应加快推动制定相应的农村环境保护法规和政策"，包括制定《农村环境保护条例》等；2007 年，国家环境保护总局《关于进一步加强生态保护工作的意见》（环发〔2007〕37 号）指出，要依据职责抓紧研究拟订农村环境保护条例等法律、法规草案建议稿。

此外，相关提案建议也越来越多。例如，2007 年，致公党中央向中共中央、国务院报送了《社会主义新农村建设环境保护现状与对策调研报告》，2008 年致公党中央向两会提交了《关于社会主义新农村建设中环境保护问题的建议》的提案，提案都提到完善农村环保法律体系，尽快出台《农村环境保护条例》《土壤污染防治法》《畜禽养殖污染防治条例》等，依法加强对农村环境的监督管理，尽快做到农村环境保护有法可依、违法必究。[②] 2007 年林庆源等代表提出《关于切实加强农村环境保护工作的建议》（全国人大五次会议第 1487 号，交由建设部、农业部、卫生部、环保总局分别研究办理），该提案也提出制定《农村环境保护条例》建议。[③]

虽然取得了上述进展，但我国农村环境保护综合立法的发展进程仍然比较滞后。2005 年，国家环境保护总局《"十一五"全国环境保护法规建设规划》（环发〔2005〕131 号）强调，"为填补生态保护的法律空白，需要制定相关的法律、法规和规章，主要包括《农村环境保

---

① 《中国环境年鉴》编辑委员会：《中国环境年鉴》，中国环境科学出版社 1990 年版，第 237 页。

② 全国政协提案委员会：《情系国计民生政协提案的故事丛书》，新世界出版社 2009 年版，第 220 页。

③ 全国人大常委会办公厅联络局：《全国人大代表建议、批评和意见选编》，中国民主法制出版社 2008 年版，第 136 页。

护条例》等行政法规”。但时隔14年,该条例并未取得实质性进展。所以,现在的问题是,有关农村环境保护中央层面的综合法律法规尚处空白。正如有学者指出的,“直到现在我国还没有制定一部全面规范农村环境保护的基干法律或专门性法律和法规。由于现行农村环境保护法律体系中没有综合性的、专门的农村环境保护法律或条例,没有对农村环境保护的监督管理体制、适用范围、规制的主要领域等作出统一规定,因而无法协调农村环境保护与自然保护、城市环境保护、工业污染防治的关系,难以对农村环境保护活动进行科学、系统、全面、准确的调整和规制”。①

(三)在立法层级上,地方层面农村环境保护综合立法较多,中央层面立法较少

20世纪80年代末,原农业部开始主持起草《农业环境管理条例》。在中央立法准备工作影响下,地方层面先行先试,从1991年到2000年,陆续有13个省、市人大常委会、4个省政府陆续推出了本省市农业环境保护地方性法规规章②,形成了地方立法高潮。

除了综合性农业环境保护法规规章,地方在农药安全管理、畜禽养殖、基本农田保护等方面也制定了大量法规规章。通过北大法宝以法规标题“农药”搜索地方法规规章,搜索到70条结果,其中,地方性法规37部,地方政府规章33部;通过北大法宝以法规标题“基本农田”搜索地方法规规章,搜索到123条结果,其中,地方性法规94部,地方政府规章29部;通过北大法宝以法规标题“畜禽”搜索地方法规规章,搜索到112条结果,其中,地方性法规47部,地方政府规章65部;通过北大法宝以法规标题“复垦”搜索地方法规规章,搜索到24条结果,其中,地方性法规3部,地方政府规章21部。由此可见,地方在农村环境保护法制建设方面取得了较好的成绩。

反观中央层面,综合性农业环境保护立法进展滞后,农村环境保护专门立法数量不多,层级也不高,从而出现了中央与地方在农村环

---

① 蔡守秋、吴贤静:《农村环境保护法治建设的成就、问题和改进》,载《当代法学》2009年第1期。

② 此外,2002年湖南省人大常委会在1998年省政府《湖南省农业环境保护办法》基础上制定了《湖南省农业环境保护条例》。

境保护立法方面的"倒挂"。更进一步,由于地方先行先试法治实践经验并未被中央有效吸纳,地方立法的积极性在后一阶段也大幅受挫。一是2000年以后,新立法数量锐减。除了2002年湖南省人大常委会在1998年省政府《湖南省农业环境保护办法》基础上制定了《湖南省农业环境保护条例》,2012年银川市人大常委会制定《银川市农村环境保护条例》以外,在综合性农村环境保护立法方面再没有新的省市制定相关立法。二是已经制定的地方综合性农业环境保护法面临失效风险。例如,2015年,河北省第十二届人民代表大会常务委员会公告(第59号)《河北省人民代表大会常务委员会关于废止〈河北省农业投资条例〉等7部法规的决定》废止了《河北省农业环境保护条例》;2018年,广东省第十三届人民代表大会常务委员会公告(第15号)《广东省人民代表大会常务委员会关于废止〈广东省建设项目环境保护管理条例〉等五项地方性法规的决定》废止了《广东省农业环境保护条例》;2018年,吉林省第十三届人民代表大会常务委员会公告(第13号)《吉林省人民代表大会常务委员会关于废止和修改〈吉林省农业环境保护管理条例〉等12部地方性法规的决定》废止了《吉林省农业环境保护管理条例》等。

(四)在规制重点上,自然资源保护立法居多,污染防治立法较少

一直以来,农村环境保护都被视为自然资源保护工作的一部分。在《中国环境年鉴》中,农业生态建设、生态农业试点、化学农药的环境安全管理、乡镇企业污染防治等内容都被归入"自然生态保护"栏目①;在监管层面,具体组织指导农村生态环境保护和农村生态环境综合整治工作,监督指导农业面源污染治理工作的是生态环境部土壤生态环境司。

在立法方面,自然资源保护立法也居多,除了要素型环境保护单行法以外,农村环境保护行政法规主要包括《基本农田保护条例》《退耕还林条例》《土地复垦条例》《农业转基因生物安全管理条例》《森林采伐更新管理办法》等,而污染防治领域只有两部——《农药

① 参见《中国环境年鉴》编辑委员会:《中国环境年鉴》,中国环境科学出版社1990年版,第1页。

管理条例》《畜禽规模养殖污染防治条例》；在部门规章层面，农业资源保护的部门规章主要包括，《农业转基因生物加工审批办法》（2006年）、《农业转基因生物标识管理办法》（2017年修订）、《农业转基因生物进口安全管理办法》（2017年修订）、《农业转基因生物安全评价管理办法》（2017年修订）、《绿色食品标志使用费收费试行办法》（1994年）、《绿色食品标志管理办法》（2012年）、《农产品产地安全管理办法》（2006年）、《农产品质量安全监测管理办法》（2012年）、《农药标签和说明书管理办法》（2017年）、《水产养殖质量安全管理规定》（2003年）、《长江渔业资源管理规定》（2004年修订）、《水生生物增殖放流管理规定》（2009年）、《植物新品种保护条例实施细则（农业部分）》（2014年修订）、《草种管理办法》（2015年）、《农业野生植物保护办法》（2013年修订）、《"绿色食品"产品管理暂行办法》（1991年）等，数量上远远超过污染防治类部门规章。

在未来立法计划方面，自然资源保护法也占据了绝大部分，例如2005年，国家环境保护总局《"十一五"全国环境保护法规建设规划》，强调制定相关的法律、法规和规章，主要包括《生物物种资源保护条例》《生态功能保护区建设与管理条例》等；2006年，国家环境保护总局《全国生态保护"十一五"规划》，要求尽快制定《自然保护区法》《转基因生物安全法》《生态保护法》等法律，制定《生物遗传资源管理条例》《物种资源保护条例》《农村环境保护条例》等有关法规；2007年，国家环境保护总局《关于进一步加强生态保护工作的意见》要求加强生态保护立法工作，研究拟订转基因生物安全法、生态保护法、农村环境保护条例、生物遗传资源管理条例等法律、法规草案建议稿；加快制订矿山生态恢复治理、生态脆弱区评估、自然保护区和生态功能区生态功能评估等方面的标准。

如此一来，在农村环境法制体系内部形成了不均衡结构，自然资源保护立法居多，污染防治立法较少。一些污染防治领域，如农村生活污染防治、农业面源污染防治、工业污染转嫁等方面得不到有效的法律管控，不仅会造成农村环境污染的加剧，也必然影响农村自然资源保护。事实上，自然资源保护和污染防治是环境法调整两个重要领域。两者都是实现生态系统永续发展的重要方面，对它们的治理应该综合考虑、系统考量，形成污染防治和自然资源保护兼顾的防控体系，才能更好地发挥环境法制效用。

三、我国农村环境法制建设存在的具体制度问题

除了结构性问题，在具体制度方面，我国农村环境法制建设也存在诸多问题。它们主要反映在监管制度、法律责任制度、环境标准制度、公众参与制度和法律激励机制等方面。

（一）农村环境监督管理制度

从管理体制看，《环境保护法》所规定的统一监管与分级分部门监管相结合体制实质上仍然是一种偏重城市管理型的体制。在这一体制下，城市环境监管得到强化，而农村环境监管却未获得应有重视，一轻一重之间造成了不同区域间管制标准的落差。

一方面，从纵向机构设置看，《环境保护法》只规定了国家、省、市、县四级监管机构，却未就乡镇一级如何设置环境监督管理机构作出具体规定。这意味着农村环境保护的重任主要落在县一级环境监督管理机构之上，而县一级环境监督管理机构一般位于县城，其管辖重点在乡镇企业及县城周边，对于那些数量巨大、地理位置偏远、交通不便的偏远农村，其管理能力十分有限。同时，由于这一管理体制未延伸到乡镇和村庄，容易造成基层环境监管的结构空洞。例如，在四川省4408个乡镇中，设有环境管理机构的乡镇数量只有435个，不到总数的10%，而且这些机构职能并不完全独立，基本上都是合署办公，因此，真正从事环境监督管理的专门人员很少。①

另一方面，从横向分工看，监管机构间职能定位在很长一段时间里并不清晰。1998年，《国家环境保护总局关于农业生态环境保护立法问题的复函》指出，经国务院调整后，农村生态环境保护的监督管理职能已从原农业部划归国家环境保护总局负责。国家环保总局负有"组织拟定和监督实施生态保护法规和规章""负责农村环境保

---

① 张卫东、朱沁园、鞠昌华：《垂直管理背景下乡镇环保机构建设探索》，载《环境保护》2017年第7期。

护和生态农业建设”等职责。[1] 但是2008年国务院办公厅下发的《关于印发环境保护部主要职责内设机构和人员编制规定的通知》又指出，环保部只具有“协调指导农村生态环境保护”的职责。[2] 2018年，根据《国务院机构改革方案》制定的《生态环境部职能配置、内设机构和人员编制规定》强调，由生态环境部“组织指导城乡生态环境综合整治工作，监督指导农业面源污染治理工作”，“指导协调和监督农村生态环境保护，监督生物技术环境安全，牵头生物物种（含遗传资源）工作，组织协调生物多样性保护工作，参与生态保护补偿工作”。由土壤生态环境司具体负责“组织指导农村生态环境保护，监督指导农业面源污染治理工作”。换言之，在经历了由农业部负责农村、农业环保监管到国家环保总局负责，再到只是“协调指导”，最后到生态环境部“监督指导”，十余年间农村环境主管部门已经数次改变。不仅如此，依据《环境保护法》及其他单行法的规定，除了环保和农业部门以外，还有林业、水利、城建等部门具有农村环境监督管理权，由于立法并没有清晰界定各个监管部门的权力边界，在监管主体多元、权责不明情况下容易导致权力分散、协调困难局面的出现。[3]

（二）主体责任制度

从主体层面看，农村环境法律责任主要围绕“地方政府”与“农业生产经营者”等主体展开[4]，其中，地方政府包括除中央政府以外各级人民政府及其部门，农业生产经营者包括农民、农民专业合作社及其他农业生产经营主体。

从地方政府责任看，《环境保护法》规定“地方各级人民政府应当根据环境保护目标和治理任务，采取有效措施，改善环境质量”。“各级人民政府应当加强对农业环境的保护”。但实施情况如何呢？

---

① 国家环境保护总局政策法规司：《中国环境执法解释全书》（下），中国环境科学出版社2005年版，第914页。

② 国土资源部政策法规司、国土资源部人事司：《国土资源管理体制改革》，地质出版社2009年版，第203~209页。

③ 李奇伟：《城市中心主义环境立法倾向及其矫正》，载《求索》2018年第6期。

④ 此处主要分析“地方政府”与“农业生产经营者”两种主要类型，实际上还应涵盖种子、农药等生产经营者。

以水污染防治领域为例,《水污染防治法》“农业和农村水污染防治”规定,地方政府应当统筹规划建设农村污水、垃圾处理设施,并保障其正常运行。[①] 而《国家农村小康环保行动计划》显示,“相关调查表明,全国农村每年产生生活污水 80 多亿吨,生活垃圾约 1.2 亿吨,大部分得不到有效处理,严重污染了农村地区居住环境,直接威胁着广大农民群众的生存环境与身体健康”。在这种情况下,如何进一步明确地方政府责任,细化有关农村环境保护和综合整治目标任务,纳入环境保护目标责任书,并作为相关市县干部政绩考核的重要指标[②]就显得尤为重要。

从农业生产经营者责任看,有关“农村”的环境法律规范存在违法情形与法律责任规定脱节的情况。[③] 例如,《固体废物污染环境防治法》第 19 条、第 20 条规定,农业生产经营者有回收利用农用薄膜、防止或者减少污染的义务;有收集、贮存、利用或者处置养殖过程中产生的畜禽粪便的义务;禁止露天焚烧秸秆的义务,但该法第五章法律责任对此未作出相应处罚规定。《水污染防治法》也类似。在“农业和农村水污染防治”中多处规定了农业生产经营者义务,如农药安全管理义务、畜禽养殖污染防治义务、水产养殖生态环境保护义务等,但该法第七章法律责任未就上述规定制定罚则。

(三)农村环境标准制度

环境标准具有规范性、强制性、技术性等特征,是具有法律约束力的技术规范,属于环境法制体系的一个重要组成部分。[④] 从目前发展情况看,与城市、工业环境标准比较起来,我国农村环境标准还存

---

① 这只是《水污染防治法》规定的地方政府责任的一部分,其他还包括采取措施,指导农业生产者科学、合理地施用化肥和农药,推广测土配方施肥技术和高效低毒低残留农药,控制化肥和农药的过量使用,防止造成水污染;应当组织对畜禽粪便污水进行分户收集、集中处理利用等。此处只分析统筹规划建设农村污水、垃圾处理设施这一点。

② 2017 年,中共中央办公厅、国务院办公厅《关于创新体制机制推进农业绿色发展的意见》指出,依据绿色发展指标体系,完善农业绿色发展评价指标,适时开展部门联合督查。结合生态文明建设目标评价考核工作,对农业绿色发展情况进行评价和考核。建立奖惩机制,对农业绿色发展中取得显著成绩的单位和个人,按照有关规定给予表彰,对落实不力的进行问责。这些措施正稳步推进。

③ 李奇伟:《城市中心主义环境立法倾向及其矫正》,载《求索》2018 年第 6 期。

④ 韩德培:《环境保护法教程》,法律出版社 2015 年版,第 115 页。

在诸多问题。

首先,在体系结构上,城市与工业环境保护标准占据主要部分。《国家环境保护标准“十三五”发展规划》指出,到“十二五”末期,我国已经制定了1941项国标,废止244项,现行有效1697项。在现行有效标准中,16项为环境质量标准,161项为污染物排放标准,1001项为环境监测标准,481项为管理规范标准,38项为环境基础标准。以“农”为主题词,通过对生态环境部“环境保护标准库”进行“标题”检索可以发现,在现行环境质量标准和污染物排放标准中,包含“农”作为标题的环境标准文件数量只有10部,即《食用农产品产地环境质量评价标准》(HJ 332—2006)、《农用粉煤灰中污染物控制标准》(GB 8173—87)、《城镇垃圾农用控制标准》(GB 8172—87)、《农用污泥中污染物控制标准》(GB 4284—84)、《农药安全使用标准》(GB 4285—89)、《农用运输车自由加速烟度排放限值及测量方法》(GB 18322—2002)、《杂环类农药工业水污染物排放标准》(GB 21523—2008)、《农田灌溉水质标准》(GB 5084—2005)、《食用农产品产地环境质量评价标准》(HJ 332—2006)、《土壤环境质量农用地土壤污染风险管控标准(试行)》(GB 15618—2018),还加上《渔业水质标准》(GB 11607—89)、《畜禽养殖业污染物排放标准》(GB 18596—2001)、《温室蔬菜产地环境质量评价标准》(HJ 333—2006)3部,主要是13部。显然,在我国现行环境保护标准中,城市与工业环境保护标准的数量远远超过农村与农业环境保护标准,我国环境标准体系建设的重心仍在于城市与工业环境保护。

其次,从环境标准完备程度看,城市与工业环境保护标准体系结构相对完整。这一体系包括水环境保护、大气环境保护、环境噪声与振动、固体废物与化学品环境污染控制、核辐射与电磁辐射环境保护、环境影响评价标准、清洁生产标准、环境标志产品标准、环保产品技术要求、环境保护工程技术规范、环境保护信息标准等。而农村与农业环境保护标准体系在一些方面还存在空白,例如,农业源的水污染物排放标准、农用地土壤中多环芳烃标准样品、农田污染土壤治理工程技术规范等。

最后,在环境标准制修订计划中,城市与工业环境保护标准仍然是优先发展的方向。在《“十三五”国家环境保护标准制修订项目清单》中列举的950项环境保护标准中，与农村、农业相关的只有9条；在《“十三五”国家环境保护标准制修订绿色通道项目清单》中列举的39项环境保护标准中，没有1项与农村、农业环境保护直接相关。①

（四）公众参与制度

由于关涉复杂多元的利益主体，如政府机构、污染企业、专家体系、媒体与公众等，农村环境治理需要各方在环境决策过程中充分表达、沟通、论辩、协商，并在利益碰撞中妥协平衡，进而形成治理共识，以实现对环境风险的合作规制。② 在这方面，近年来我国已经作出了积极努力。2014年《环境保护法》修订将“信息公开和公众参与”单列一章，2018年《环境影响评价公众参与办法》获得通过，反映出国家日益重视保障公众环境保护知情权、参与权、表达权和监督权，也为农村环境保护领域公众参与奠定了法制基础。不过，农村环境保护中的公众参与机制建设也有其特殊性，仍然需要进一步完善。

一方面，现有法律法规对农村环境保护领域公众参与制度并未作出详细规定。《农药管理条例》《畜禽规模养殖污染防治条例》《基本农田保护条例》《退耕还林条例》《土地复垦条例》《农业转基因生物安全管理条例》等法律法规中很少有关于信息公开和公众参与的规定。实践中，还存在诸如农业资源环境信息系统和数据发布平台不完善、生态文明教育培训展开不充分、公众表达及诉求渠道不畅通，农民环境权益受损③等问题。

---

① 李奇伟：《城市中心主义环境立法倾向及其矫正》，载《求索》2018年第6期。

② 李奇伟、李爱年：《论利益衡平视域下生态补偿规则的法律形塑》，载《大连理工大学学报（社会科学版）》2014年第3期。

③ 例如，1990年4月，山东省龙口市诸由观镇周家村、郭家村、姚家村、王会村村民682人联名致信有关部门及领导。反映县办造纸厂抽用地下水造成海水倒灌，排放污水，造成污染，使他们的生产和生活受到威胁。国务院环境保护委员会主任宋健批示：“即请国家环境保护局与山东省环境保护局商查，并敦促处理，一个县办厂影响这么多人民群众的生产和生活是不应该的，请将处理结果告我。”国家环境保护局接到宋健同志批示后，指示局有关部门加紧办理此案，促使这一事件得到了较快的解决。参见《中国环境年鉴》编辑委员会：《中国环境年鉴》，中国环境科学出版社1991年版，第216页。

另一方面,公众参与农村环境治理机制不健全。与工业污染防治主要针对企业不同,农业污染防治既强调对涉农企业的法律规制,也强调对农业生产经营者包括农民、农民专业合作社及其他农业生产经营主体的法律规制。在这种情形下,农业生产经营者角色是多元的,既是污染行为者又是污染受害者,既是经营主体又是生态环境保护主体,既需要加强政府规制又需要私主体自我规制,因此,公众参与农村环境治理意义更为重大。事实上,中央一些文件,如2014年国务院办公厅《关于改善农村人居环境的指导意见》(国办发〔2014〕25号),2015年《农业部关于打好农业面源污染防治攻坚战的实施意见》(农科教发〔2015〕1号),2017年中共中央办公厅、国务院办公厅《关于创新体制机制推进农业绿色发展的意见》等已经关注到村民自治、公众参与问题,也有学者分析指出农村环境保护治理结构应当包括确立村民自治组织的中心地位、明确村民的主体地位、发挥民间社团的作用等三个关键因素。[①] 现在的问题是,如何将这些政策主张法制化,进一步健全完善农村环境保护公众参与机制。

(五)法律激励机制

随着传统命令控制型管制手段弊端的凸显,从世界范围的环境政策演变趋势看,基于市场的政策工具、法治化的激励机制凭借着成本、信息优势以及正向激励效应逐渐的获得认可,成为扭转外部不经济性、保护和改善生态环境的另一重要途径。[②] 在农村环境法制领域,引入法律激励机制具有现实必要性。一方面,农村环境治理的一个重要方面是私主体的自我规制。需要通过各类激励措施促使他们施用有机肥、加大秸秆资源化利用、推进新能源使用、展开地膜回收、合理节约用水。这些循环经济措施不能完全靠行政命令驱使,而需要农业生产经营者自发自愿展开,经济激励在这一过程中能起到非常重要的作用。同时,增殖放流、退耕还林还草、流域生态补偿等政策本质上也是经济激励政策,它们的健全完善对于农业环境保护也

① 柯坚、赵雪丽:《制定法与习惯法:农村环境保护的双重规范机制》,载《清华法治论衡》2013年第3期。

② 李奇伟:《中国碳排放权交易试点履约期的市场特征与政策启示》,载《中国科技论坛》2015年第5期。

具有重要意义。另一方面,农村环境治理面临较大的资金缺口,需要引入社会资本。通过绿色金融激励机制、绿色金融服务、政府和社会资本合作(PPP)、绿色信贷及专业化担保支持、绿色生态农业保险产品等方式有助于引导社会资本投向农业资源节约、废弃物资源化利用、动物疫病净化和生态保护修复等领域,促使相关产业蓬勃发展。

我国在法律激励机制建设方面已经有了诸多动向,如绿色金融服务①、政府和社会资本合作(PPP)、环境污染强制责任保险②等。在农村环境保护法律法规中,2011年《土地复垦条例》专章规定"土地复垦激励措施",涉及退还耕地占用税,从事种植业、林业、畜牧业或者渔业生产资格许可,复垦后土地使用和收益分配,政府补贴等方面;2013年《畜禽规模养殖污染防治条例》也专章规定"激励措施",涉及示范奖励、政府补助、资金支持、税收优惠、使用补贴、用电价格优惠等政策。

但我国农村环境保护法制领域的激励机制设计仍然不完善,存在规定过于原则,针对性和操作性不强等问题,一些补偿还存在不公平现象。以退耕还林生态工程为例,1999年实行粮食直补,在北方地区每亩补偿200斤粮食,南方地区每亩补偿300斤粮食,再加上种苗费50元,管护费20元。2007年之后改为现金补助,北方地区每亩补偿70元,南方地区每亩补偿105元。③ 显然,这些补助只部分考虑了农民的机会成本,却未考虑发展成本,也未将通胀因素纳入考量范围,从而事实上不能起到有效的激励作用。④ 因此,未来我国农村环境法制建设应不断健全完善法律激励机制。

---

① 2016年9月,财政部办公厅征求《碳排放权交易试点有关会计处理暂行规定(征求意见稿)》意见。

② 2017年6月,环境保护部办公厅、保监会办公厅对《环境污染强制责任保险管理办法(征求意见稿)》公开征求意见。

③ 董小君:《主体功能区建设的"公平"缺失与生态补偿机制》,载《国家行政学院学报》2009年第1期。

④ 李奇伟、李爱年:《论利益衡平视域下生态补偿规则的法律形塑》,载《大连理工大学学报(社会科学版)》2014年第3期。

第三节　对我国农村环境法制现状的深层反思

我国农村环境法制存在的整体设计与制度结构缺陷,其产生原因是多样的。一方面,从客观因素看,农村环境保护乃至整个环境保护实践在我国才刚刚起步,对农村环境法制建设规律的认识需要一个较长过程。同时,区别于要素型环境治理,农村环境保护具有典型的综合性,其调整对象更多元、牵涉面更广泛,同时兼具污染防治与自然资源保护,生产生活污染防治,还要面临城市向农村污染转移的动态问题,其法律规制的复杂性和难度都非常大。另一方面,从主观因素看,人为形成的城乡二元分立体制以及基于"重点论"法治思维产生的城市中心主义环境法制倾向,也深深的影响我国农村环境法制建设方向。这些因素共同触发了上述问题。

一、农村生态环境法制本身具有综合性、复杂性

农村环境法制具有鲜明的综合特征。在调整范围上,农村环境法制针对的是"农村"这一地域概念,而不是环境单行法指向的环境要素概念。它涵盖了这一地域范围内所有的环境要素,包括气候、土壤、水、地形、生物要素及人为因子,要对山、水、林、田、湖、草作出综合安排,按照一体化治理要求促进农村生态环境整体的可持续发展;在调整对象上,农村环境法律规制的对象是农村环境保护活动。它兼具污染防治与自然资源保护双重任务,既需要防范乡镇企业污染、农用化学物质污染、畜禽粪便污染,又需要治理水土流失、沙漠化、土壤次生盐渍化、生物多样性锐减问题;既需要应对生产建设活动中产生的污染,又需要规制农民生活废水、固体废弃物问题;既需要应对现代农业技术利用引发的农药安全管理、化肥过量使用问题,又需要重点关注临城市向农村污染转移问题。在调整手段上,除传统的命令控制手段以外,还包括财政、税收、金融、价格、外贸、政府采购等经济手段,包括信息公开、资源共享等信息管理手段。这些都反映出农村环境法制涉及面很广、综合性强的特征。

由于农村环境法制的综合性、复杂性,其健全完善过程实质上是

一个系统工程。不仅需要如《全国人民代表大会环境与资源保护委员会关于第十二届全国人民代表大会第四次会议主席团交付审议的代表提出的议案审议结果的报告》所言,"认真吸收代表议案中提出的意见和建议,开展专项调研,为农业生态环境保护提供法律依据",展开综合立法准备工作;还需要逐步修订完善《环境保护法》和十余部相关法,增加农村环境保护法律规范,创设农村环境保护特色制度,健全和完善农村环境标准体系;不仅需要中央层面加强法制建设,也需要地方先行先试根据地方特色制定地方性法规规章,形成层次清晰、系统协调的法律体系。显然,这样一个系统工程不可能一蹴而就,需要一个较长的规划发展周期,更多深入研究和实践经验总结,在时机成熟时稳步推进。

二、城乡二元结构的存在影响农村环境法制发展

在我国,经济社会结构呈现出城乡二元分立的特征。新中国成立之初,在优先发展重工业战略影响下,通过计划经济体制调节,一方面限定农产品价格,实行"剪刀差",依托农业积累发展工业;另一方面缩减城市规模、限制人口流动,利用行政手段和计划机制确保有限的资源集中到城市,用于工业化建设。在这一过程中,为了保证重工业战略的实施,加速城市工业化,国家运用城乡户籍制度对城乡人口进行分类,并在此基础上围绕城市、农村经济社会发展和人口管理,制定了一系列的政策、法规、措施,形成了城乡分割的各种管理制度和服务体系。这些体系包括户籍管理、粮油供应、劳动就业、土地、住房、社会保障等,还包括水电气路基础设施、文化教育卫生医疗等公共服务设施等。这些体系和设施按照城乡分治的思路,形成了二元土地制度、二元就业制度、二元社会保障制度、二元住房制度、二元教育制度、二元医疗制度,以及城市基础设施由国家财政资金负责建设,农村基础设施由农村集体负责或由农民出工出力建设的城乡二元财政制度等,这一系列制度体系,构成了计划经济时期我国完整的城乡二元发展制度体系。[①]

---

① 易小光:《统筹城乡发展的就业、户籍与土地利用制度联动研究》,中国经济出版社2013年版,第14页。

城乡二元体制也影响我国环境法制建设。从调整对象看,“城市”与“乡村”,“工业点源污染”与“农业面源污染”,“城市园林景观”与“农业自然资源”等被类型化划分,不同对象不同处理;从管理层面看,城市与农村环境保护在运行管理机构、人员队伍、技术力量、资金支持等方面大为不同。2015 年《中国环境年鉴》显示,截至 2014 年年底,全国共有县一级环境保护管理机构 2815 个,乡镇一级环境保护机构 2968 个。平均下来 1 个县只有 1 个乡镇设有环境保护管理机构,只占到我国乡镇总数 40, 381 的 7. 35%。[①]

从立法层面看,形成了城市与乡村两套制度体系。针对城市的环境立法主要有《城市供水条例》《城市绿化条例》《城市市容和环境卫生管理条例》《城市道路管理条例》《城市节约用水管理规定》等;针对农村的环境立法主要有《农业法》《畜禽规模养殖污染防治条例》《基本农田保护条例》《退耕还林条例》等。更为严重的是,在城乡二元体制下,环境法制资源并没有被均衡分配而是倾斜性配置,在立法时序、规制重点、规制强度上城市中心主义立法倾向非常明显。

(一)在立法时序上,城市环境法制发展被优先考虑

从时间层面看,在城乡二元体制下,环境法制建设会优先考虑城市和工业环境保护的立法需要,然后再考虑农村和农业环境保护的立法需求,从而在环境法制体系内部造成发展的不同步。这一点主要体现在两个方面:

一方面,相较于农村,城市环境专门立法时间早、数量多。早在 1982 年原城乡建设环境保护部就发布了《城市市容环境卫生管理条例》和《城市园林绿化管理暂行条例》,1984 年国务院颁布《城市规划条例》,1989 年全国人大常委会正式出台《城市规划法》,开启了城市环境保护法制道路。而农村环境立法一直到 1993 年《农业法》制定实施才真正起步,两者在时间上相差很大。

另一方面,在相关环境法制建设中,一般先有关于城市和工业环境保护的法律规范,之后,在修订过程中才不断增加农村环境法制的

---

① 张卫东、朱沁园、鞠昌华:《垂直管理背景下乡镇环保机构建设探索》,载《环境保护》2017 年第 7 期。

内容。例如,1979年《环境保护法(试行)》主要围绕“防治污染和其他公害”展开,没有提到农村或者农业环境保护范畴,只是要求“改良土壤”“节约农业用水”。1989年《环境保护法》才增加各级政府应“加强对农业环境的保护”的内容。又如,1995年《固体废物污染环境防治法》主要针对“工业固体废物污染”展开法律调整,对农村生活垃圾、农业固体废物污染没有作出规定,只是在第18条提到“回收利用农用薄膜”。2004年修订时才加入了“基本农田保护”“农村生活垃圾污染环境防治”等内容。再如,1984年国务院颁布实施《城市规划条例》、1989年全国人大常委会制定《城市规划法》,直到2007年才将农村规划纳入进来出台了《城乡规划法》。[①]

(二)在规制重点上,“为城市立法、为工业立法”的印记明显

在我国环境法律体系中,城市中心主义立法倾向非常明显,城市与农村、工业与农业环境保护立法不对称,法律规范着力不均衡,从而使环境法制结构出现失衡情况。

一方面,在以要素为特征的环境单行法中,有关城市和工业环境保护的法律规范居于主导地位。例如,在《环境噪声污染防治法》中,“城市”一词共出现了32次,“工业”一词出现了19次,而“农业”和“农村”一次也未提到;在《固体废物污染环境防治法》中,“城市”一词共出现了12次,“工业”一词出现了36次,而“农业”和“农村”总计只出现了1次。具体来看,在这些单行法中存在以下现象:(1)涉及农村环境保护的一些重要概念、制度规范在立法中没有明确规定。例如,对“农村”“农民”“农村环境保护”等范畴缺乏清晰界定[②];对农业面源污染、农村废气、噪声污染防治等领域缺乏法律控制;对农村环境监测、环境信息公开、农民环境权益维护等内容没有专门规定等。(2)同一事项对城市和农村区别对待。例如,在《水污染防治法》中,对城镇污水规定应“集中处理”,安排资金在城镇建设集中型的污染处理设施并加强监督管理。而对农村污水处理设施建

① 李奇伟:《城市中心主义环境立法倾向及其矫正》,载《求索》2018年第6期。

② 蔡守秋、吴贤静:《农村环境保护法治建设的成就、问题和改进》,载《当代法学》2009年第1期。

设只是倡导性地提出“支持”和“推进”建设,并没有作出资金、技术、管理等方面的安排。

另一方面,从配套立法制定实施情况看,有关农村环境保护的相关法律文件出台滞后。例如,《草原法》规定“退耕还草和禁牧、休牧”事项由国务院或者省级政府制定,但并未得到落实;《固体废物污染防治法》强调农村生活垃圾治理的具体办法由地方拟定,但除了广东省云浮市制定了《云浮市农村生活垃圾管理条例》以外,很少有地方出台相应文件。①

(三)在规制强度上,有关城市的环境法律规范刚性约束力更强

一方面,从规范类型看,有关“城市”的环境法律规范主要是义务性规范和禁止性规范。例如,在《大气污染防治法》中,有 142 处用了“应当”,有 30 处用了“禁止”,而且这些规定基本上都是针对城市或者工业大气污染防治;在《水气污染防治法》中,有 116 处用了“应当”,有 25 处用了“禁止”,其中,“农业和农村水污染防治”只用了 10 次“应当”,没有 1 处用“禁止”。

另一方面,从规范性质看,有关“城市”的环境法律规范一般突出其强制性,而有关“农村”的环境法律规范促进法的意味较浓。例如,《环境保护法》第 49 条规定,各级政府及部门应“指导”合理施肥、科学种植;《农业法》第 66 条规定,县级以上政府应“督促”有关单位开展治理,防治农业环境污染;《水污染防治法》第 56 条规定,国家“支持”畜禽养殖场等建设无害化处理设施。“指导”“督促”“支持”等软性词汇的使用表明,有关“农村”环境法律规范在规制强度上仍然偏弱。②

上述表明,城乡二元体制带来的不仅仅是二元化的环境管理体制,更表现为以城市为中心对立法资源进行的倾斜性配置。然而,“这种立法‘城市化’趋向,在很大程度上忽视了中国农村和农业环境保护”,在同一法域之中形成了“地域性”区隔进而造成法律适用

① 李奇伟:《城市中心主义环境立法倾向及其矫正》,载《求索》2018 年第 6 期。

② 李奇伟:《城市中心主义环境立法倾向及其矫正》,载《求索》2018 年第 6 期。

的差异。①

三、"重点论"法治思维对农村环境法制建设的影响

20世纪70年代以来,城市环境治理和工业污染防治一直是我国环境政策法律规制的重点领域,并由此逐渐形成了以城市为中心展开法律制度构造的立法倾向。城市中心主义环境立法倾向是指在进行环境立法时,其立法目标、基本原则和制度、具体法律规范的设计呈现出"为城市立法、为工业立法"的偏向,通过对立法时序、规制强度、规制重点、管制标准等的差异性安排人为制造出"城市"与"农村"两套法制体系,并通过非均衡的权利义务安排使社会资源配置整体上向城市和工业环境保护倾斜,致使农村和农业环境法制被边缘化。② 这一倾向的形成并不是偶然发生的,它与我国早期围绕中心城市展开工业化布局密切联系,也与集中政策资源展开重点调控的环境法制理念息息相关。

"城市是经济、政治和人民的精神生活的中心,是前进的主要动力。"③在这种城市中心论思想主导下,我国相继提出"重工业优先发展战略""变消费城市为生产城市"等政策主张,使中心城市内工业企业数量迅速增长,从1965年的15.8万家增加至1976年的29.4万家,增幅达到86%。由于那一时期城市规划工作废弛,这些新建工业企业很多建在城市中心区,一些还靠近水源地,再加上当时基础设施建设滞后,城市环境问题逐渐凸显出来。据测定,在一些主要城市当时每月降尘量为100~400吨/平方千米,个别地区达到了上千吨/平方千米。在对44个城市地下水污染情况进行调查后也发现,有41个城市不同程度地受到污染,其中,污染较为严重的就有9个。④

在这种情况下,在我国环境保护工作开启之初,城市区域污染治

---

① 蒋莉:《农村需要什么样的环境法——基于对城市中心主义环境立法的反思》,载《内蒙古社会科学(汉文版)》2011年第4期。

② 谢玲、黄锡生:《城乡一体化背景下农村饮用水安全法律制度的重构》,载《华中农业大学学报(社会科学版)》2015年第3期。

③ 中共中央马克思、恩格斯、列宁、斯大林著作编译局:《列宁全集》(第19卷),人民出版社1989年版,第26页。

④ 曲格平:《中国的环境管理》,中国环境科学出版社2007年版,第294~295页。

理就受到格外关注,成为最早的一批环境保护政策规定的主要内容。1973 年,第一次全国环境保护会议召开。会议通过的《关于保护和改善环境的若干规定》强调“要逐步改善老城市的环境”,通过保护水源、消除烟尘和有害气体、限期消除矽尘、减少噪声等措施保护城市环境,还规定重点抓好北京、上海、天津等十八个城市的环境保护。之后,国务院在批转该规定时进一步指出,“对所有的城市”污染应迅速制定治理规划,逐步予以解决。

之后,中央政府更加重视城市环境管理工作,并按照唯物辩证法中的重点论思维方法,将城市环境治理和工业污染防治视为全国环境保护工作的抓手。1985 年,李鹏在全国第一次城市环境保护工作会议上指出:“城市是人口集中的地区、工业集中的地区,因而也是污染集中的、严重的地区。所以应该把城市作为防治和保护的重点,这是一个客观的规律。不仅在中国,在全世界也是如此。”①1991 年,宋健在第二次全国城市环境保护工作会议上强调:“城市是人口集中的地方,是区域经济发展的中心,因此,一直是环境保护工作的重点。”②1996 年,李鹏在第四次全国环境保护会议上进一步指出:“环境保护工作涉及方方面面,在环境管理上要突出重点。可以说,污染问题是古已有之,中外有之。但当今大规模的污染问题,是工业迅速发展而又现代化程度不高的产物。因此,把工业污染防治作为环保工作的重点,是符合我国的实际情况的。”③

在重点论思维影响下,环境保护法制逐渐树立了集中政策资源展开重点调控的环境法制理念,城市环境治理和工业污染防治立法开始不断涌现。1978 年,国务院环保领导小组通过《环境保护工作汇报要点》,指出“我们草拟了《中华人民共和国环境保护法》”,对城

---

① 国务院环境保护委员会办公室:《李鹏同志关于环境保护的论述》,中国环境科学出版社 1988 年版,第 80 页。

② 国家环境保护局:《第二次全国城市环境保护工作会议文件资料汇编》,中国环境科学出版社 1993 年版,第 6 页。

③ 中共中央文献研究室:《十四大以来重要文献选编》(上),人民出版社 1999 年版,第 73 页。

市区域环境保护事项也“拟会同有关部门制定法令，陆续颁发”。[①]随后，1979年《环境保护法（试行）》第三章专章规定了“防治污染和其他公害”，要求“积极防治工矿企业和城市生活”产生的各项污染。1989年，《城市规划法》在全国人大常委会获得通过；国务院则以行政法规形式陆续制定了《城市放射性废物管理办法》《环境噪声污染防治条例》《大气污染防治法实施细则》等法律文件；地方在这一阶段也出台了一些城市环境管理规定，例如《上海市水域环境卫生管理规定》《北京市防治机动车排气污染管理办法》等，初步形成了有关城市环境保护的政策法规体系。

客观地说，在一定阶段将环境保护工作的重心放在城市环境管理之上并据此展开法制构建，符合我国的实际。正如曲格平所言：“没有重点就没有政策。突出重点，讲究实效，以重点带全面，这是多年来环境保护工作行之有效的一个方法。环境保护工作的重点是什么？从地域上讲，城市污染负荷最重，环境质量回旋余地较小；就行业而言，工业污染占总污染负荷的70%～80%。因此，工作重点必须放在城市和工业污染防治上。各地在城市和工业污染防治方面做了大量工作，积累了一定经验。把重点放在城市和工业上，一方面是客观需要，另一方面也具备了相应的条件。”[②]但在重点论思维下，集中政策资源对城市区域环境保护实施调控也可能存在重城市轻农村、重工业轻农业、重污染治理轻生态环境保护等问题。更为关键的是，城市中心主义环境立法倾向事实上是建立在城乡二元分立基础之上的，随着时间的推移，以城市为中心展开环境立法不但不利于消除城乡差异，反而可能加剧城乡矛盾。因此，现在应是对“重点论”法治思维下城市中心主义环境立法倾向进行反思和再认识的时候。[③]

---

① 国家环境保护总局、中共中央文献研究室：《新时期环境保护重要文献选编》，中国环境科学出版社2001年版，第14页。

② 《中国环境年鉴》编辑委员会：《中国环境年鉴》，中国环境科学出版社1991年版，第38页。

③ 李奇伟：《城市中心主义环境立法倾向及其矫正》，载《求索》2018年第6期。

第五章　域外农村环境保护立法与启示

农村人居环境破坏、农业面源污染、自然资源破坏、工业向农业污染转嫁等问题已经成为影响各国农村经济社会发展的严重社会问题，亟须通过有力的环境治理措施化解上述问题，才能避免生态环境风险外溢，保障公众生命健康安全。为此，从20世纪60年代开始，一些西方国家纷纷根据本国实际采取措施对农村环境进行治理。在诸多措施中，依靠法制力量对农村生态环境治理行为予以规范和约束，推行可持续发展战略成为这些国家的共同选择。例如，美国《农业法》、日本《食品、农业、农村基本法》等。由此，形成了各具特色的农村环境保护法制体系，并在法治实践运行过程中不断调整完善，这些对于我国农村环境保护法制建设具有重要的镜鉴价值与启示意义。

第一节　域外农村环境保护立法现状

对域外农村环境法制进行归纳梳理可以发现，不同国家和地区在应对农村生态环境问题时采取的法治措施并不一致，各国法治状况与其所处的社会状况、污染数量分布、制度背景紧密结合，形成了各具特色的制度规范体系。在此，以美国、欧盟为例，梳理域外农村环境保护法律制度的基本特征。

一、美国农村环境保护立法

现代意义上美国农业环境保护活动始于20世纪20年代，伴随着美国农业发展政策和环境保护政策的纵深推进不断前行，逐渐形成了以农业法为基础涵盖农业污染防治和自然资源保护的完整法律体系，在世界范围内确立了“美式”农业环境治理样本，并深刻影响全球农业环境法制建设进程，因此，梳理美国农村环境治理的立法背景、制度体系、主要内容与法律实践具有重要意义。

（一）美国农村环境保护立法沿革

根据美国农村环境保护法律制度发生、发展过程，可以将其界分为农村环境法制萌芽、形成、发展三个阶段，每一个阶段对应着一些重要法律事件，例如1936年《土壤保护和国内配额法》、1985年《食物保障法》、2014年《农业法》等，呈现出法制发展的渐进过程。

1. 美国农村环境法制萌芽阶段：1933年以前

一直以来美国都非常重视农村农业发展方面的立法。在这一领域，早期立法主要围绕鼓励拓荒及出售公有土地等内容展开，包括：1785年《土地法令》、1796年《土地法》、1800年《哈里森土地法》、1804年《印第安纳授权法》、1820年《土地法》、1841年《先买权法》、1854年《分等减价售土法》、1862年《宅地法》、1873年《植树法》、1877年《沙漠土地法》、1878年《林地和沙石地法》、1909年《扩大的宅地法》、1912年《宅地法》、1916年《畜牧业宅地法》等；之后，农业产业扶持成为立法的重要内容，包括鼓励为农业提供金融支持的立法，如1913年《联邦储备法》、1916年《农业信贷法》、1923年《农业信贷法》；加征国外农产品进口关税的立法，如1921年《紧急关税法》、1922年《福德尼—麦坎伯关税法》；农业技术推广立法，如1914年《史密斯·利弗法》、1922年《谷物期货法》、1929年《农产品销售法》、1930年《易腐农产品法》等。

这一时期，真正意义上的农村环境法制并未产生，虽然已经有相关立法但规制重点并不是生态环境保护活动。例如，1873年，美国

《植树法》的主要目的在于鼓励开垦荒地，规定拓荒者在干旱地植树40英亩并保持10年将免费获得160英亩土地；1877年，《沙漠土地法》规定，连续灌溉沙漠土地3年就可以以1.25美元价格获得640英亩土地；1910年，《杀虫剂法》主要为了保护消费者，对假冒伪劣产品进行打击；1912年，《种子进口法》主要对种子进出口予以规范管理；1921年，《牲畜围场法》主要为了规范批发商、牲畜围栏、市场代理商、家畜商、活禽商和管理者行为。

但这一时期，农业环境问题已经开始显现，政府逐渐意识到农地环境保护的重要性并采取措施。1902年，西奥多·罗斯福总统签署《纽兰兹法》，规定从1902年7月1日起，联邦政府将西部16个州出售公有土地所获资金用于修建水库、水坝等灌溉工程；1908年，全美自然资源保护会议召开，集中讨论了保护可通航河流、控制森林火灾、制定采伐森林立法等议题，并成立了全国自然资源保护委员会，下设水利、森林、土地和矿产资源四个局；1929年，拨款16万美元进行土壤侵蚀调查、在部分地区建立土壤侵蚀试验站；1931年，该项拨款增加到33万美元。[①] 上述活动为美国农业环境保护政策的形成打下了基础。

2. 美国农村环境法制形成阶段：1933—1984年

1933年，富兰克林·罗斯福总统上任以后，土壤环境保护问题逐渐获得重视。1933年3月，《民间资源保护队法》（Civilian Conservation Corps Act）获得通过，根据该法成立了由18~25岁青年组成的民间资源保护队，参加公有森林、公路、防洪等工程修建，种植防护林，参与检查土壤流失情况；1933年4月，田纳西河流域管理局（Tennessee Valley Authority，TVA）成立，该机构被授权管理马瑟肖尔斯电站和硝酸盐厂，兴建水坝和发电站，以控制洪水和水土流失；1933年6月，《国家工业复兴法》（National Industrial Recovery Act of 1933）在第202条和第203条规定了控制土壤侵蚀计划，并于8月在内政部内成立临时土壤侵蚀局；最为重要的则是1933年《农业调整

---

① 徐更生：《美国农业政策》，经济管理出版社2007年版，第138页。

法》(Agricultural Adjustment Act of 1933)①,该法是美国第一部系统的农业法,它首次将"控制农业生产与水土资源保护结合起来"②,通过政府补贴与价格保护形式与农场主签订自愿减少耕种面积合同以缩减耕地面积,减少农产品产量进而保护农民利益。虽然上述措施的出发点并不完全为了环境保护③,但客观上产生了环境治理效果。

之后爆发的"尘暴"(Dust Bowl)引发了社会对土壤资源保护的强烈关注。1934 年 5 月 11 日,一场尘土遮天的风暴席卷美国,从西部土地破坏严重的干旱地区刮起,卷着黄色尘土向东部横扫过去,形成东西长 2400 千米,南北宽 1500 千米,高 3.2 千米的巨大移动尘土带。当时,空气中含沙量达 40 吨/立方千米,风暴持续了 3 天,掠过了美国 2/3 的大地。④ 1934 年美国《农业年鉴》显示,在这次风暴中,"约有 350 万英亩已开垦的农田基本上被摧毁,无法再生产粮食……1 亿英亩已长有庄稼的农田全部或部分的表面覆盖土壤已经发生流失,而 1.25 亿英亩已长有庄稼的农田表面覆盖土壤则正在流失中"。⑤

为了应对这种恶劣局面,美国上下开始积极寻求对策以保护土壤资源。1934 年 6 月,美国国会出台第一部联邦土地放牧控制法案——《泰勒放牧法》(The Taylor Grazing Act),该法通过实施放牧许可对那些在联邦土地上实施的放牧行为予以规范,结束了自 19 世纪早期以来对公共草地掠夺式利用和无限制利用状况。⑥ 1935 年 4 月,国会通过《土壤侵蚀法》(Soil Erosion Act),该法宣布土壤侵蚀是美国面临的全国性危害,授权在美国农业部成立土壤保护局执行土

① 1936 年 1 月 6 日,美国最高法院以政府补贴来源失当和限制农作物播种面积为由判定 1933 年《农业调整法》违法予以撤销。

② 徐轶博:《美国农业支持政策:发展历程与未来趋势》,载《世界农业》2017 年第 8 期。

③ 例如,《民间资源保护队法》立法目的在于促进就业,《农业调整法》立法目的则在于对美国农业实施政府保护。

④ 王默默:《"黑风暴"小变酿大祸》,载《大科技(科学之谜)》2004 年第 5 期。

⑤ [美]阿拉贝:《饥渴的大地 气候变化会带来更多干旱吗》,上海科学技术文献出版 2014 年版,第 212~213 页。

⑥ 徐祥民、时军、田其云:《气候变化背景下的环境法学研究》,知识产权出版社 2012 年版,第 275 页。

壤保护计划。[①] 1936年2月,《土壤侵蚀法》修正法案——《土壤保护和国内配额法》(Soil Conservation and Domestic Allotment Act)获得通过,该法案将农作物区分为“消耗地力的”和“增强地力的”两种主要类型,设置“保护土壤补贴”鼓励多种增强地力的豆科作物和牧草,少种消耗地力的农作物,如玉米、棉花、花生、大米、烟草、小麦等,从而把土壤保护和价格支持政策结合起来。[②] 1938年2月,《农业调整法》(Agricultural Adjustment Act of 1938)延续了《土壤保护和国内配额法》的做法,以补贴形式实施自愿和强制性两种耕地面积削减计划,并将保护范围扩大到干旱和半干旱牧区。[③]

此后,土壤保护一直作为农业法的重要内容,伴随农业基本法的修正不断调整完善。1956年,《农业法》(Agricultural Act of 1956)制定了一项大规模治理土壤侵蚀的“土壤银行计划”,该计划由耕地面积储备计划和土壤保护储备计划两部分构成。耕地面积储备计划是为期3年的短期计划,农场主和政府签订合同休耕一部分种植主要农产品的土地;土壤保护储备计划则是一个为期15年的长期计划,这部分土地将退出耕种用于植树保护土壤;1962年,《食物和农业法》(Food and Agriculture Act of 1962)将价格支持与休耕计划直接挂勾,规定只有将玉米、高粱播种面积减少20%以上才能获得补贴资格,如果在此基础上再休耕20%,就可以获得更高补贴。在必要时,还可以实施强制性生产控制,但必须征得农产品生产者2/3以上同意;1964年《棉花—小麦法》规定,取消强制性小麦种植面积配额计划,改为实行自愿“小麦销售证书计划”。凡自愿执行种植面积配额或者同意参加小麦种植面积消减计划的农场主可以得到政府的补贴,包括价格支持和转耕补贴。凡自愿把10%以上的土地配额转耕其他作物或用于其他水土保持活动的农场主,可以得到大约每蒲式耳1.30美元的价格支持贷款和每蒲式耳0.70美元的国内消费证书,每蒲式耳0.25美元出口证书。1965年《食物和农业法》(Food and Agriculture Act of 1965)推动实施了新的耕地调整计划。该法鼓

① 李琮:《世界经济百科辞典》,经济科学出版社1994年版,第425页。
② 李琮:《世界经济百科辞典》,经济科学出版社1994年版,第425页。
③ 刘志扬:《美国农业新经济》,青岛出版社2003年版,第320页。

励一部分耕地退出农业生产，用于保护水源、土壤、野生动物和森林资源，建立、保护、保持空地、自然景观、野生动物和休闲地资源，防止空气和水污染等用途。凡参加该计划签订合同的农场主，可以获得不超过休耕土地生产价值 40%的补贴，每年度补贴总额不超过 22.5 亿美元。1970 年《农业法》(Agricultural Act of 1970)决定继续实施 1956 年《农业法》提出的耕地面积储备计划和土壤保护储备计划，并将计划规模维持在每年度 1000 万美元以上；新增一项新的土壤保护项目——绿地计划，要求联邦政府协助州政府和地方政府取得永久性退耕耕地，用于包括野生动物保护、休闲设施在内的各种非种植业用途。[①] 1973 年《农业和消费者保护法》(Agriculture and Consumer Protection Act of 1973)开始注重保护农场主和消费者双方利益，并推动实施土地休耕计划。农场主在参加土地休耕计划并将种植面积配额的一定比例用于水土保持时可以获得贷款、补贴或要求政府收购其农产品，政府还将分担一部分水土保持费用。[②]

除了农业方面的立法，环境保护专门立法在这一时期也开始兴起并发展成型，逐渐成为防治农业污染、保护农业生态环境的重要制度保障。1962 年，生物学家卡逊出版《寂静的春天》描绘了滥用杀虫剂对生态环境造成的危害，之后，圣·巴巴拉海峡石油污染事故、罗浮水道污染事件等的爆发促使美国全国性环保运动兴起，也督促联邦立法机构积极响应以法律手段对环境污染与生态破坏行为予以规制。1969 年，美国《国家环境政策法》出台，该法“首次指令所有的联邦机关，让环境保护成为他们使命的一部分”，并要求“所有联邦机关在作出任何可能产生重大环境影响的决策之前，先评估他们行动对环境的影响”[③]。之后，在诸多环境保护单行法中出现了农业污染防治和自然资源保护法律规范。1970 年，美国《濒危物种法》(The Endangered Species Act, ESA)规定，禁止危害濒危物种的行为，包括

---

① “绿化计划”是由联邦机构和地方政府提供资金用于购买耕地用做永久性的土壤保护或娱乐场所。由于绿化计划的地点设在野外，因此有利于农村地区的居民和农场主。参见徐更生：《美国农业政策》，经济管理出版社 2007 年版，第 142 页。

② 权昌会：《美国农业立法》，经济科学出版社 1997 年版，第 36~60 页。

③ [美]珀西瓦尔：《美国环境法：联邦最高法院法官教程》，法律出版社 2014 年版，第 13 页。

破坏濒危物种的关键栖息地；1972 年，《联邦水污染控制法》(The Federal WaterPollution Control Act)首次对面源污染防治问题作出规定，之后又制定《控制地面污水排放准则》对畜禽养殖基地污水排放作出规定。该法于 1977 年进行修订，将大规模集约化畜禽养殖场定义为点源污染，其他养殖场被视为面源污染。提出“农村洁水计划”对农业面源污染防治采取激励措施①；1972 年，《联邦杀虫剂、杀菌剂和灭鼠剂法》(The Federal Insecticide, Fungicide, and Rodenticide Act, FIFRA)②，要求新杀虫剂上市前经过测试和批准，以及授权环保局对它们的使用设置条件；1974 年，《安全饮用水法》(The Safe Drinking Water Act, SDWA)，要求美国环保局在公共供水系统中，对污染物制定国家限制标准；1976 年，《资源保护和恢复法》(The Resource Conservation and Recovery Act，RCRA)，要求环保局对危险废物实施“从摇篮到坟墓”的管制；1976 年，《有毒物质控制法》(The Toxic Substances Control Act，TSCA)加强了联邦政府对有毒化学物质的控制，在发现具有不合理潜在风险的化学物质时，赋予环保局广泛的禁止或控制它们的权力；③1980 年，《综合环境响应全面环境反应、赔偿和责任法》(Comprehensive Environmental Response, Compensation and Liability Act，CERCLA)对土壤污染规定了严格、连带、溯及既往责任，使土壤污染风险得到有效控制。总之，在这一阶段农业法、环境法都获得了长足发展，体系化的农村环境法制逐渐在美国形成，有力地推动了美国农业污染防治和农药安全管理工作。

3. 美国农村环境法制发展阶段：1985 年至今

“在进入 20 世纪 80 年代以后，随着农业危机的加深以及水土流失现象的加剧，终于在 1985 年《食物保障法》(Food Security Act of 1985)第七章中再一次提出土壤保护计划。该计划是美国历史上土

---

① 王哲：《基于农业支持视角的中国农业环境政策研究》，中国农业科学技术出版社 2013 年版，第 93 页。

② 1947 年，美国通过了《联邦杀虫剂、杀真菌剂和杀鼠剂法》(Federal Insecticide, Fungicide, and Rodenticide Act of 1947)，但当时这部法律并不是从环境保护角度提出。

③ [美]珀西瓦尔：《美国环境法：联邦最高法院法官教程》，法律出版社 2014 年版，第 14 页。

壤保护规模最大的计划之一。”[①]该计划分为两个部分。一是草地、沼泽地保护计划。对于水土流失严重的草地、林地、沼泽地，如果农场主对其进行耕种且未采取相应土壤保护措施，将不能参加1990年以后的任何农产品计划，并且取消相应政府补贴。二是土壤保护储备计划。该计划针对部分水土流失严重土壤展开，由政府与农场主签订10~15年合同实行休耕保护，用于种树、种草、养护生态。政府负担休耕土地地租和一半的水土保护措施的费用。这一计划目标宏大，其目的是让遭到严重侵蚀的土地全部退出耕种。预期1986年实施土壤保护储备的数量为500万英亩，1987年度为1500万英亩，1988年度为2500万英亩，1989年度为3500万英亩，1990年度为4000万~4500万英亩。[②]

之后的农业法调整也对农地保护作出了规定。1990年农业法直接将名字定名为《食物、农业、资源保护和贸易法》(Food, Agriculture, Conservation, and Trade Act of 1990)，一方面，该法第一次专门就农村发展问题作出规定，要求制定乡村投资合伙计划和乡村经济发展咨询计划，设置乡村发展管理局负责处理农村的给水、排水、基础设施建设等事务，增加农村给水排水资金为农村小社区提供安全的饮水设备和废水处理设施[③]；另一方面，该法延续了1985年草地、沼泽地保护计划，规定1995年土壤保护储备面积为4000万~4500万英亩，设置100万英亩为期30年或更长的土地保护性使用权出售计划，对1000万英亩土地上的地面和地下水实施污染防治，帮助农场主减少农业化学品的使用量，培训推广人员和提供新技术指导等。[④]

2002年《农业安全与农村投资法》(Farm Security and Rural Investment)规定的保护计划由保护安全计划、土壤保护储备计划、耕作土地计划、农地保护计划、小流域复原计划和其他保护计划构成。该法规定，2002—2007年6年内增加保护计划预算171亿美元，主要用于扩大土地休耕计划，加强对湿地保护，扩大农地保护资助力

① 徐更生：《美国农业政策》，经济管理出版社2007年版，第142页。
② 权昌会：《美国农业立法》，经济科学出版社1997年版，第63页。
③ 权昌会：《美国农业立法》，经济科学出版社1997年版，第67~68页。
④ 徐更生：《美国农业政策》，经济管理出版社2007年版，第305页。

度,并制定新的草地保护计划,帮助土地所有者恢复和保护草地。[1]

2008 年《粮食、保育和能源法》(Food, Conservation, and Energy Act of 2008)对 2002 年《农业安全与农村投资法》进行了调整。

2014 年《食物、农场及就业法案》(Food, Farm and Job Act of 2014)在几个方面进行了调整。首先,重新调整产生了一批新的农业保护项目,如保护储备项目、农业保护设施项目、区域保护合作项目、环境质量激励项目、保护管理项目、保护遵从条款、"Sodsaver"条款等。同时,也废止了一部分原有政策项,如农业用水质量强化项目、野生动植物栖息地激励项目、联合保护协作项目、切萨皮克湾集水区项目等。其次,资金重点投向在耕项目,所占比重超出强制性保护项目的 50%,高于 2008—2013 年度的 40%。最后,再次启动环境保护遵从条款,将农业保险补贴与遵从条款相结合,要求申请获得补贴的农场主加入环境保护体系框架。[2]

同时,这一时期农业法自身也在发生变化,增加了诸如有机农业、可再生能源使用、转基因安全管理等新领域。1990 年,美国国会通过《有机食品生产法》(Organic Foods Production Act),授权农业部创建针对有机生产者、加工者和认证管理者的有机食品标准[3];2002 年,通过的《农业安全与农村投资法》对农业领域的可再生能源使用作出专门规定[4],要求建立"可再生能源系统和能效改进计划",提升农场利用可再生能源效率[5];1986 年,美国颁布《生物技术管理协调框架》,该框架以《联邦杀虫剂、杀菌剂与杀鼠剂法案》为依据将生物型农药划归到了化学农药一类,并以《有毒物质控制法案》为依据将

---

① 李伟:《世界农业法鉴》(上部),中国民主法制出版社 2004 年版,第 79 页。

② 王世群:《2014 年美国新农业法农业环境保护政策分析》,载《世界农业》2015 年第 8 期。

③ [美]肯·盖泽:《无害化学品 可持续发展的策略》,上海科学技术出版社 2017 年版,第 141 页。

④ 美国可再生能源利用法制还包括 1978 年《公用事业管制政策法》、1978 年《能源税法》、1990 年《大气清洁法案》、1992 年《能源政策法》、2002 年《农场安全和农业投资法案》、2005 年《能源政策法》、2007 年《联邦能源独立与安全法》、2008 年《美国农业能源计划》、2009 年《美国复苏和再投资法》和《美国清洁能源与安全法》等。

⑤ 张广胜:《发展中的世界农业　美国农业》,中国农业出版社 2015 年版,第 375 页。

其他生物产品划分到新的化学产品一类，对转基因生物进行管理。①

此外，在环境法领域，这一时期还通过了《应急预案和社区知情权法》（Emergency Plan and Community Right-to-Know Act），要求企业公布有毒化学品排放信息，保障公众知情权。几部主要的环境单行法也进行了多次修订，例如，1987 年《清洁水法》修正案增加了非点源污染防治内容，确立了点源和非点源并重原则。该法第 101 条将“点源污染”和“非点源污染”同步控制，视为是实现水污染防治法立法目的和国家目标的首要手段。② 1990 年《清洁空气法》修改，突出了市场功能和激励措施的引用，加强了对小型污染源的控制，设定了更长的执行期限和责任追究条款。

（二）美国农村环境保护主要法律制度

在经过多次调整完善以后，美国农村环境保护立法逐渐形成了以《农业法》为核心的法律体系，涉及农地保护、农业面源污染防治、农药管理、转基因安全管理、农村环境保护等多个领域。在此，仅对 2014 年《农业法》的内容进行归纳梳理。2014 年《农业法》专设第Ⅱ篇“保育”规定了保育保护区计划、保育管理工作计划、环境质量激励计划、农业保育地役权计划、地区保育伙伴关系计划、其他保育计划等内容。

1. 保育保护区计划（Conservation Reserve Project，CRP）

保育保护区计划的实质是土地休耕计划，其目的在于“协助易受侵蚀耕地的所有者和经营者保护并改善其农村或牧场土壤和水资源的状况”③，所有者和经营者应对易受侵蚀土地进行休耕或者转换为种植有助于改善环境质量的品种。④

（1）易受侵蚀耕地的界定

2014 年《农业法》将草地、湿地储备项目整合到各个项目中，因此，保育保护区计划的合格土地类型包括易受侵蚀耕地、草地和可垦种湿地三种。

---

① ［美］丹尼尔·A. 法伯：《环境法精要》（第 8 版），南开大学出版社 2016 年版，第 163 页。

② 张辉：《美国环境法研究》，中国民主法制出版社 2015 年版，第 28～29 页。

③ 1985 年《食物保障法》第 1231 条。

④ 例如种植牧草、豆科植物、阔叶草、灌木和树木。

对于易受侵蚀耕地，2014 年《农业法》沿用了 1985 年《食物保障法》的规定。“易受侵蚀耕地”是指由农业部长决定的、作为耕地使用的易受侵蚀的土地。[①]

对于草地，2014 年《农业法》规定，草地包含主要用于放牧的牧草地或者灌木林地(包括改良后的牧场和草地)；位于长期以草场为主的区域之内；以及能够为具有重大生态价值的动植物提供栖息地，前提条件是保持土地目前用途或者恢复至自然情况。[②]

可垦种湿地是指经过排水、清淤、填充、夷平或其他手段处理(包括所有可以减少水流的行为)过的湿地，转换的目的是可以在湿地上开展农产品的生产，但前提是必须进行此类转换活动才能实现种植和生产，以及在进行此类活动前此类土地是湿地，且此类土地既不是易受侵蚀土地也不是易受侵蚀耕地。

(2)注册限额

易受侵蚀耕地注册限额为：2014 财政年度，不超过 2750 万英亩；2015 财政年度，不超过 2600 万英亩；2016 财政年度，不超过 2500 万英亩；2017 财政年度，不超过 2400 万英亩；2018 财政年度，不超过 2400 万英亩。[③] 草地注册限额为：2014—2018 财政年度中任一时间，纳入计划土地面积不超过 200 万英亩。可垦种湿地注册限额为从 100 万英亩减少为 75 万英亩。[④]

(3)所有者和经营者义务

关于所有者和经营者义务，2014 年《农业法》基本沿用了 1985 年《食物保障法》的规定，只在局部作了修改。1985 年《食物保障法》“第 1232 条所有者和经营者的义务”规定，农场或牧场的所有者或经营者必须同意执行当地保护区批准的方案，减少使用原本种植农作物的易受侵蚀耕地，可将相关耕地转换为种植以下植物：例如种植牧草、多年生草场、豆科植物、阔叶草、灌木和树木等；除非得到农业部

---

① 具体参见 1985 年《食物保障法》第 1201 条。

② 2014 年《农业法》第 2001 条保育保护区计划延期和注册的要求。

③ 为了减少财政负担，2014 年《农业法》的注册限额对于以往法律规定仍然有较大缩减。例如，1985 年《食物保障法》规定每财政年度 4500 万英亩。

④ 2014 年《农业法》第 2001 条保育保护区计划延期和注册的要求和第 2002 条可耕种湿地计划。

长的许可，不能将此类土地用于农业目的；只被允许在此类土地上种植获批准的植被；在任何时候违反该合约的条款足以导致合约终止时，此类土地的所有者或经营者将丧失收取合约规定的租金和成本分摊补偿金的所有权利，并需将已收取的租金和成本分摊补偿金连同因之获得的收益一并返还农业部长；不足以导致合约终止时，则所有者或经营者需要向农业部长返还租金和成本分摊补偿金，或按照农业部长认为适当的方式接受对租金和成本分摊补偿金的调整；不能对缔约土地上的草料开展任何收割或放牧行为，也不能将草料用于其他商业目的，也不能采取与合约规定相类似的，但会对合约目的造成损害的行为；不得在缔约土地上种植任何树木，除非合约禁止此类树木的砍伐和商业使用，例如圣诞树，不得将缔约土地上的树木用于商业目的，除非合约特别指出允许此种行为，不得从事与合约规定相类似的，但会损害合约目的的行为，但是合约不应限制在转作林业用途的土地上开展的常规林业行为，例如修剪、疏林或林分改造等。①2014 年《农业法》则放宽了对商业用途的限制，规定如果有的话，在土地的合同期限内允许。②

2. 保育管理工作计划（Conservation Stewardship Program，CSP）

保育管理工作计划是美国最大的自然保护项目③，该计划的宗旨在于“鼓励生产者以综合方式解决优先资源关切，改进和保育自然资源的质量与状况”④，其保护重点是政府确定的优先资源关切。在 2014 年《农业法》中，该计划由第 1238D 条定义、第 1238E 条保育管理工作计划、第 1238F 条管理工作合同、第 1238G 条部长的职责等条款构成。

3. 环境质量激励计划（Environmental Quality Incentives Program，EQIP）⑤

与保育保护区计划、保育管理工作计划不同，环境质量激励计划

---

① 1985 年《食物保障法》第 1232 条所有者和经营者的义务。

② 2014 年《农业法》第 2003 条拥有者和经营者的职责。

③ 有 7000 多万英亩的生产性农业和森林土地被纳入保育管理工作计划。

④ 2014 年美国《农业法》第 1238E 条保育管理工作计划。

⑤ 1996 年《农业法》首次规定了环境质量激励计划，之后不断修订。与 2002 年和 2008 年农业法案相比，2014 年《农业法》对环境质量激励计划的改动相对较少。最值得注意的是，2014 年《农业法》将原本独立的野生动物栖息地激励计划整合到计划中。

并不要求土地休耕，也不要求解决优先资源关切，它的目的在于可持续耕作，“促进提高农业生产和改善环境质量双重目标”[①]。在2014年《农业法》中，该计划由第2201条宗旨、第2202条定义、第2203条制定和管理、第2204条申请的评估、第2205条生产者的职责、第2206条补贴限额、第1240G条补贴限额、第2207条保育创新津贴和补贴、第2208条对现有合同的影响等条款构成。

4. 农业保育地役权计划（Agricultural Conservation Easement Program，ACEP）

农业保育地役权计划确定了农地和湿地两种地役权，主要是用于防止高产农田或草原转为非农用途。[②] 在2014年《农业法》中，该计划由第1265条制定和宗旨、第1265A条定义、第1265B条农业土地地役权、第1265C条湿地保护区地役权、第1265D条管理办法等条款构成。

5. 地区保育伙伴关系计划（Regional Conservation Partnership Program，RCPP）

地区保育伙伴关系计划是2014年《农业法》新设立的项目，它整合了以往农业法当中的四个项目：农业保育地役权计划、环境质量激励计划、保护管理工作计划、依据《2003年健康森林恢复法》第501条（《美国法典》第16篇6571）制定的健康森林保护区计划。在2014年《农业法》中，该计划由第2401条地区保育伙伴关系计划、第1271A条制定和宗旨、第1271A条定义、第1271B条地区保育伙伴关系、第1271C条给予生产者的援助、第1271D条资金、第1271E条管理办法、第1271F条关键性保育区域等条款构成。

---

① 2002年《农业安全与农村投资法》第1240条目的。

② 随着城市化进程的加快，美国农地流失现象严重。从1967—1975年的8年间，约2300万英亩的农地被改造为城市、交通、资源开发和其他非农业用途。其中，超过1/3的土地是农田或牧场。从各州情况看，1950—1972年，17个州损失了20%以上的应税耕地，其中9个州损失超过30%，4个州超过40%，2个州超过50%。在马里兰州，1945年农地面积为4,233,971英亩，占该州总面积的67%。到1969年，农地面积减少至2,780,518英亩，只占该州总面积的44%。25年间农地面积下降了34%，平均每年损失58,138英亩。在新泽西州，1956—1979年，农地面积由1,600,000英亩减少到999,000英亩，下降幅度达到38%，平均每年损失25,042英亩。李奇伟、王超：《美国城市化进程中基本农田保护制度的构建与启示》，载《环境保护》2018年第12期。

6. 其他保育计划(Other Conservation Programs)

除了前述的五个计划,2014年《农业法》还规定了“私属放牧土地的保育”“草根资源水保护项目”“自发性公众进入和栖息地激励计划”“农业保育经验服务计划”“小型流域复原计划”“流域保护紧急计划”“终端湖泊”“土壤和水资源保育”等计划,这些计划都由其他单行法进行了规定,在《农业法》中做了一些调整。

(三)美国农村环境保护采用的政策工具

伴随着美国农村环境保护法制体系的发展,其政策措施开始逐步多元化,由农业功能区划、税收减免、开发权转移与购买、土地信托等构成的综合政策体系直接或间接地创造了对农村环境保护行为的激励,有效地促进了相关政策法规的实施。

1. 农业功能区划(Agricultural Zoning)

农业功能区划是农地保护使用较早也是最常见的土地使用管制方式,其目的在于通过规划、分区、许可、调整等活动形成鼓励和保护农业发展的特定区域,并在此区域内实施差异化的土地利用政策。1958年,肯塔基州列克星敦市(Lexington)成为美国第一个建立“城市增长边界”(urban growth boundary)的地区,它要求在“城市服务区域”(urban services area)发展必需的基础设施建设,包括下水道、道路以及提供城市服务,如街道清洁和垃圾收集等服务;在“农村服务领域”(rural services area)则不支持高密度发展模式,有限度的改善基础设施和服务。[①] 之后,加利福尼亚州、新泽西州、北卡罗来纳州等相继实施农业区保护项目。到目前为止,美国已经在16个州实施了19个农业保护区项目,其中,明尼苏达州、弗吉尼亚州、俄亥俄州的项目适用范围覆盖全州。

在具体实施过程中,由于分区管制权力在性质上属于警察权(police power),主要以政府为主导、通过行政管制强制实施,因此,在推进过程中遭遇了诸多争议。有评论就认为,农业区划制度“不太可能承受城市增长巨大而长期的经济压力”,因为“它不是自

---

① Zawacki T. M., *Local Food Systems and Farmland Preservation in Kentucky*, 38 Journal of Animal and Environmental Law 8(2017).

愿参与的,也不能给农地所有者提供激励”①,并且它存在两个内在缺陷:“一方面,对耕地实行分区限制可能违宪,特别是当它给受影响的土地所有者造成重大损失时;另一方面,越来越多的农地所有者认为,保护成本只让土地所有者承担而不是公众整体承担,并不公平。”虽然在影响深远的“Village of Euclid v. Ambler Realty Co. ”案中,美国最高法院肯定了分区管制权作为警察权行使的合法性,但同时也认为,如果分区管制能够被证明是“明显武断和不合理的,且与公共卫生、安全、道德或公众福利没有实质关联”②则是违宪。在“Semja v. County of Boone”“Pettee v. County of DeKalb”“KMIEC v. Town of spider Lake”等案中,法院则依据土地是否适宜耕种、分区程序是否合法等原因调整或者否定了农业分区的决定。这也意味着司法系统在考虑农业区划合法性问题时更多是从个案角度进行思考,“每个分区个案的个别事实都很重要,案件必须由他们的特殊事实来决定”。③

在这种情况下,传统农业分区手段不得不适应形势进行必要调整。1998 年,加利福尼亚州通过立法授权建立“农地安全区”。与传统行政分区不同,“农地安全区”建设主要依赖于农地所有者的自愿。政府只是规定纳入“农地安全区”的农地标准:该土地必须是优质农田、州际重要土地、具有独特价值的农地或者具有重要性的地方农地。符合条件的农地所有者可以自愿申请加入“农地安全区”,评审通过后签订合同,以契约形式稳定 20 年土地使用用途,并享受减免 35%的财产税评估优惠④;与此类似,2005 年北卡罗来纳州的立法者修改了原有农地保护计划,让农地所有者可以选择参加建立在自愿

---

① Popp T. E. , *Survey of Governmental Response to the Farmland Crisis: States' Application of Agricultural Zoning*, 515 University of Arkansas at Little Rock Law Journal 3 (1988).

② 英文原文为:“clearly arbitrary and unreasonable, having no substantial relation to the public health, safety, morals or general welfare”。

③ Chestek K. D. , *Farmland Preservation Techniques: Some Food for Thought*, 258 University of Pittsburgh Law Review 40(1978).

④ O'Brien K. P. , *California's Farmland Security Zone: A New Incentive for the Preservation of Existing Farmland*, 135 San Joaquin Agricultural Law Review 11(2001).

基础上的农业保护区(The Enhanced Voluntary Agricultural Districts, EVADs)。显然,“通过这些项目形成的农业区划与传统农业分区以地理区域为标准不同,登记是自愿的,参与者会获得不同州给予的不同优惠政策”,从而在一定程度上克服了传统农业区划的弊端。

2. 差异化评估及税收优惠(Differential Assessment and Circuit Breaker Tax)

差异化评估及税收优惠政策是指采取有别于市场价值评估方法对农地进行税务认定或者采取其他优惠措施减免农地税额的政策。之所以需要制定差异化评估及税收优惠政策,主要在于随着城市化进程的加快,开发商开始投资城市周边农地,从而增加周边开放空间评估价值进而导致农户财产税的增加。在此情形下,为了避免高额财产税引发农地出售、保证农业经济可行性,需要使用差异化价值评估或者其他税收减免措施激励农户继续从事农业生产。1939 年,艾奥瓦州成立农业土地信贷基金(Agricultural Land Credit Fund)向农户提供财产税减免。1956 年,马里兰州通过了美国第一个差异化评估税法。到 1989 年,所有 50 个州都推动实施了差异化评估及税收优惠政策。

从类型看,差异化评估税收政策主要分为三类:纯粹优惠评估(Pure Preferential Assessment)、递延税收(Deferred Taxation)和自愿限制协议(Voluntary Restrictive Agreements)。根据纯粹优惠评估法案,符合条件的土地按农地使用价值进行评估,不符合条件的土地按市场价值进行评估。如果符合条件的土地转换为非农地,就会从那时起按市值计算;递延税收项目要求在农地转换为非农用途时,土地所有者偿还部分或全部通过优惠评估获得的财产税收减免;自愿限制政策则是基于土地所有者与政府签订的具有约束力的协议进行。根据这些协议,如果土地所有者过早地将农地转换成非农用途,那么土地所有者就构成违约需要接受罚金。除了差异化评估税收政策以外,一些地方,如密歇根州还推动实施了税收优惠政策。其基本做法是针对农户的所得税实施减免。它与差异化评估税收政策的不同主要体现在两个方面:一是在税收优惠政策下,州政府支付该项目费用,并将成本分摊给所有该州的纳税人;二是与差异化评估税收政策仅限于财产税减免不同,税收优惠减免的上限是个人的全部所得。

与农业区划制度一样,差异化评估政策在实施过程中也面临一些挑战。1960年,新泽西州成为全美第二个通过《农田评估法》的州。然而,新泽西州最高法院不久推翻了该法案,认为"应按同一标准对所有财产进行征税,否则就是违宪"。这种情况直到1963年才得以改变。当年,州议会对新泽西州宪法进行修订,之后,对农地实施税收优惠政策的法律障碍才得以消除。① 此外,还有一些诉讼,如"East Orange v. Township of Livingston""Green Pond Corp. v. Rockaway Township""Township of Andover v. Kyner"等聚焦在获得差异化评估的农地资格上。为此,部分州在立法时开始考虑界定适用差异化评估政策的农地资格。例如,《佛罗里达规约》列出了以下需要考虑的因素:(1)土地使用时间的长短;(2)使用是否连续;(3)购买价格;(4)规模;(5)是否已按照约定从事农业活动,包括但不限于施肥、耕作、植树造林等;(6)是否出租,以及租赁的有效期限、条件;(7)其他因素。

3. 农地开发权购买(Purchasing Development Rights)

农地开发权购买政策是指符合条件的实体(包括政府机构和其他组织)向土地所有者支付一定金额获取农地开发权,以保持土地农业用途的政策措施。农地开发权购买的制度基础是土地权利束的可分离性,土地所有权、开发权可以由不同主体占有、行使和支配。换言之,农地开发权购买政策既保留了土地所有者的所有权,又使相关机构获得了农地开发权,从而保障未来土地使用用途。农地开发权购买政策在联邦和地方政府层面都获得了实质推进。1974年,纽约州启动了美国第一个农地开发权购买项目。之后,1977年马里兰州和马萨诸塞州、1978年康涅狄格州、1979年新罕布什尔州也出于对粮食安全和开放空间压缩的担忧推进农地开发权购买计划。为了向地方政府提供资金购买农地开发权,1996年联邦政府授权实施"联邦农地保护计划",2002年"联邦农地、牧场保护计划",2014年"联

① Conley-Pitchell M. A., *Preserving New Jersey's Forestland Through the Farmland Assessment Act*, 155 Rutgers Law Journal 17(1985).

邦农业保护开发权计划”等延续了这一思路。截至 2017 年 1 月,28 个州已经批准了农地开发权购买项目,亚利桑那州、乔治亚州和密苏里州也正在着手实施,保护农地总量达到 2,799,539 英亩(见图 5-1)。

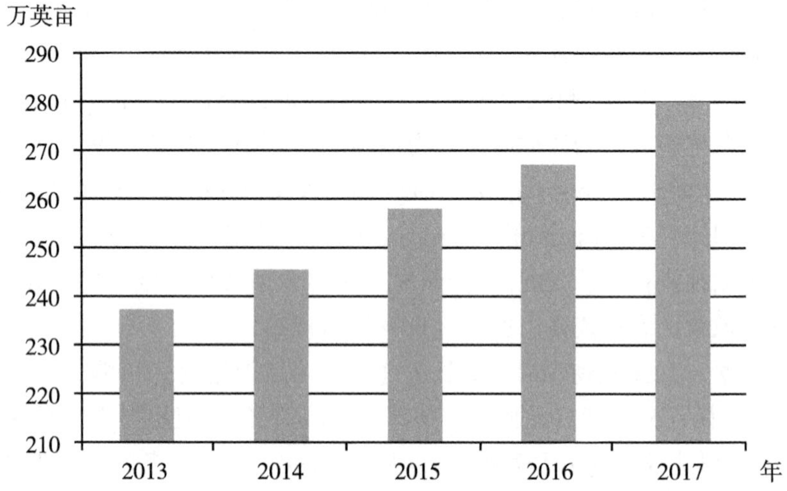

图 5-1 地方农地开发权购买项目保护的农地面积

资料来源:U. S. Census Bureau。

农地开发权购买项目涉及资金来源、实施主体、补偿标准等一系列问题。从资金来源看,不仅联邦政府和地方各级政府通过财政拨款、政府债券等方式筹集资金,还广泛的接受社会捐助形成多样化的资金渠道;从实施主体看,符合条件的实体,包括政府机构和其他社会组织都可以成为农地开发权的购买方。各地情况也有不同,例如,在特拉华州和马萨诸塞州,州政府直接作为农地开发权购买者;在其他一些州则出现了州与市县政府共同持有开发权的情况;还有一些州,例如纽约州和弗吉尼亚州只向符合条件的实体,土地信托基金提供资金以购买开发权;从补偿标准看,一般而言,开发权的补偿价格是土地最佳使用情况下,如建设为住宅或者商业区的财产价值与受到限制后作为农地的财产价值之间的差额。在实际操作过程中,各地会对以低于评估价格出售开发权的土地所有者实施税收优惠。例如,至少有 14 个州配套实施了所得税减免,佛罗里达州则免除了永久性农地全部的房产税。

在具体实施过程中,农地开发权购买政策的功能优势逐渐显现。“由于保护成本由社会消化,而不再由农户承担,因此,农地开发权购买项目更具吸引力,也更加公平。此外,该项目不像农业区划政策那样容易受政治气候影响,在面临发展压力时更为稳定”,而且“出售农地开发权可以获取一定现金补助,为土地所有者提供流动资金,提高农业经营活力。农地估值的下降可以减少税收支出,降低农业成本”。[①] 然而,农地开发权购买项目需要投入大量资金,在大多数地方政府财政紧缩情况下基于成本因素的考虑将使其广泛推广变得不具现实性。例如,纽约州萨福克郡,到 1990 年已经为实施农地开发权购买项目支出 2000 万美元,获得 4965.5 英亩农地开发权;到 1996 年,支出金额达到 4600 万美元,在 154 个农场获得了 6941 英亩农地开发权;到 1998 年,这一金额又递增到 6200 万美元。[②] 因此,高昂的实施成本是制约农地开发权购买政策进一步推广施行的制约因素。

4. 农地开发权转移(Transfer of Development Rights)

农地开发权转移政策是指“发送地区”(sending areas)通过市场机制将开发权转让给“接受地区”(receiving areas),“接受地区”在获得开发权后可以增加该地区开发密度,“发送地区”农地则得以保存的政策措施。与开发权购买一样,农地开发权转移允许土地所有权与其他权利分离,通过将开发权转让给“接受地区”获取对农地保护的补偿;与开发权购买不同之处在于,农地开发权转移资金来自社会而不是政府,开发商或者其他主体主要基于利益考虑通过市场交易获取在“发送地区”进行开发的权利。据美国农地信息中心统计,2007 年美国存在 99 个农地开发权转移项目。其中,有 12 个项目保护了超过 1000 英亩的农地。自 1980 年以来,马里兰州蒙哥马利郡(Montgomery County)通过农地开发权转移项目保护了 51,489 英亩农地。

农地开发权转移政策的实施需要解决一系列法律和技术问题。

---

① Cordes M. W., *Takings, Fairness, and Farmland Preservation*, 1033 Ohio State Law Journal 60(1999).

② Rielly M. R., *Evaluating Farmland Preservation Through Suffolk County, New York's Purchase of Development Rights Program*, 197 Pace Environmental Law Review 18(2000).

首先,农地开发权转移的前提是农业区划。通过农业区划形成“发送地区”和“接受地区”,并清晰规定各自权利和义务。其次,需要形成激励机制以推动“发送地区”和“接受地区”交易动力的产生。“实施农地开发权转移政策困难的一面在于发展合适的激励组合,使农民有动力出售开发权而不是自我建设,开发商可以从购买开发权中获益。”最后,应形成公共交易平台,并降低交易成本。有研究就指出:“在开发农地开发权转移项目时需要解决以下问题:哪些农业地区应该受到保护?应该允许哪种类型的权利转移?如何分配开发权利?如何应用权利以及如何规定开发密度?是否应改变‘发送地区’规划,以鼓励土地所有者出售开发权?是否应改变接收区规划,以鼓励开发商购买开发权?等等。”

在具体实施过程中,农地开发权转移政策的优缺点都很明显。一方面,农地开发权转移为农地保护提供了一种市场解决方案。它不仅是自愿参与、能够获得补偿并实现永久性保护的项目,而且其关键的制度优势在于“保护农地的成本从政府转移到私人开发商。”① 农地所有者继续保留着土地权益,同时又获得流动资金、提高农场的生存能力,也促进了耕地和环境敏感区保护、发展紧凑型城市等公共目标的实现。另一方面,农地开发权转移在实施过程中也面临着诸多挑战,包括:对农业区划和土地用途管制违宪性的挑战;当房地产市场萧条时,农地开发权可能受冷落的情况;农地开发权转移程序设计上的复杂性,需要投入大量的人力和时间来实现;公众对农地开发权转移政策的理解和支持等。②

二、欧盟农村环境保护立法

作为拥有20多个成员国的共同体联盟,欧盟在农村环境保护制度建设方面作出了积极努力。《欧共体条约》规定:“环境保护的法定要求必须融入共同体政策和行动的界定和执行之中……特别是为

---

① Arcaro A. R., *Avoiding Constitutional Challenges to Farmland Preservation Legislation*, 475 Gonzaga Law Review 24(1988).

② 李奇伟、王超:《美国城市化进程中基本农田保护制度的构建与启示》,载《环境保护》2018年第12期。

了促进可持续发展。"[①]在农村环境保护领域,为了执行这一规定,欧盟制定了共同农业政策、欧洲环境行动计划以及大量有关环境污染防治和生态保护的指令,构筑了较为完整的农村环境保护法律体系,推动了欧盟及其成员国农村环境法制的发展。

(一)欧盟农村环境保护立法沿革

从历时性视角看,欧盟农村环境治理制度的发展经历了一段较长时间,呈现出从无到有、从零散规定到体系化的过程。根据欧盟农村环境治理制度发生发展过程,可以将其界分为初步形成、稳步发展、逐渐成熟、纵深推进四个阶段。在经历这些变革以后,欧盟农业环境保护政策逐渐与农业生产、农村发展政策相融合,推动了欧盟农业的可持续发展。

1. 欧盟农村环境法制初步形成阶段:1957—1991 年

在欧共体成立之初,确立共同体框架的一系列协议并没有关于环境保护的规定。1952 年 8 月,比利时、意大利、卢森堡、荷兰、法国、西德 6 个国家成立"欧洲煤钢共同体",希望通过建立煤炭冶金工业产品共同市场促进各国经济的联系和发展。1957 年 3 月,上述六国在罗马签订了《欧洲经济共同体条约》。该条约第二编为"农业",要求共同市场"扩大到农业和农产品的贸易","在成员国间建立共同的农业政策",同时规定共同农业政策应基于以下目标:(1)发展技术进步、保证农业生产的合理发展,并最适当地利用生产的各种因素,特别是劳动力,以提高农业生产率;(2)保证农业人口有一个良好的生活水平,特别是通过增加从事农业的人员的个人收入;(3)稳定市场;(4)保证经常的供应;(5)保证对消费者合理的供应价格。[②] 可见,这些政策措施主要基于经济目的,环境因素对当时的"政策制定者并无重要影响"[③]。

---

① [英]布莱恩·杰克:《农业与欧盟环境法》,中国政法大学出版社 2012 年版,第 1 页。

② 黄嘉敏:《欧共体的历程区域经济一体化之路》,对外贸易教育出版社 1993 年版,第 362 页。

③ [英]布莱恩·杰克:《农业与欧盟环境法》,中国政法大学出版社 2012 年版,第 4 页。

之后,欧盟共同农业政策(The Common Agricultural Policy)正式出台,在该政策制定出台初期也没有对农业环境保护作出特别规定。1960年6月,欧洲委员会(European Commission)提出制定共同农业政策建议。1962年1月,欧共体通过建立农产品统一市场协议。其主要内容是:以单一市场、共同体优先和共同财政为原则建立农产品统一市场,设立农业共同体市场组织和共同农业基金,在成员国内实行价格管理和价格保证,通过目标价格、干预价格及门槛价格进行市场干预,促进农产品出口,保障农业生产者利益。至1968年7月,欧共体内部主要农产品全部纳入农业共同市场实现了价格统一。1969年,取消内部关税,对外征收差价税,实现了主要农产品在欧共体市场内的自由流通。[①]

这种情况在20世纪六七十年代伴随着全球环境保护运动的兴起得以改变。1962年卡逊《寂静的春天》出版,1969年美国《国家环境政策法》出台,1972年联合国环境大会[②]举行,这些事件唤醒了欧洲的环境意识,欧共体开始采取措施应对环境问题。

首先,在欧共体层面,通过政治宣誓和修改共同体框架协议等方式明确其环境保护立场。1972年,在巴黎召开的首脑峰会提出:"经济发展本身不是目的,发展应导致改善人类生命质量和生活水平的结果;经济应优先帮助减少在生活条件方面的悬殊差别,必须注意改善质量和生活标准;欧洲的天职应是特别注意无形价值、无形财富和环境保护,进步的真谛应是为人类服务。"[③]1987年生效的《单一欧洲法》明确规定环境保护的有关法定要求应成为共同体其他政策的组成部分,欧共体环境行动的宗旨是:(1)维护、保护和改进环境质量;(2)为保护人类健康作贡献;(3)保证自然资源的合理使用。[④]

其次,制定出台欧洲环境行动计划。在这一阶段,欧洲连续出台

---

① 徐盛华、章征文:《国际贸易学》,清华大学出版社2014年版,第136页。

② 1972年6月,在瑞典首都斯德哥尔摩召开当代环境问题的第一次国际会议。会议通过了《联合国人类环境会议宣言》,其中总结的7个共同观点、26项共同原则明确指出各国负有保护环境资源的责任,确保其不得损害所在地区的环境。

③ 蔡守秋:《欧盟环境政策法律研究》,武汉大学出版社2002年版,第73页。

④ 曾令良:《欧洲共同体与现代国际法 欧洲共同体对外关系法的理论与实践》,武汉大学出版社1992年版,第135页。

了四个环境行动计划。分别是第一个环境行动计划(1973—1976年),第二个环境行动计划(1977—1981年),第三个环境行动计划(1982—1986年),第四个环境行动计划(1987—1992年)。这些计划要求"提高生活质量,改善共同体成员国人民的环境和生活条件",[①]同时,这些计划也注意到农业环境保护。在提出改革的建议中,欧共体委员会指出,农业具有双重功能——生产粮食和保护环境。[②]

再者,欧盟共同农业政策的调整。1985年,欧共体第797/85号条例替代了1972年的农业结构指令和1975年的发展迟缓地区指令。该条例首次将农场改善的定义扩展到包括旨在保护和改善环境在内的项目[③],要求为环境敏感地区提供国家援助:为了促进引入或继续使用符合保护自然栖息地要求并确保农民获得足够收入的农业生产方法,成员国有权在环境敏感地区引入特殊的国家计划。可以向承诺养殖环境重要区域的农民提供援助,以保护或改善其环境。农民的承诺必须至少规定不再进一步加强农业生产,农业生产的库存密度和强度水平将与有关地区的具体环境需求相适应。成员国应向委员会提交所有此类未来计划,以及符合这些计划援助资格的领域清单。此外,在20世纪80年代中期,共同农业政策开始推行农业环境协议。从那时起,农业环境协议便成了将环境保护纳入农业政策的欧共体战略的关键组成部分。[④]

最后,欧共体一系列环境政策法律陆续出台。在这一阶段,欧盟

---

① 其具体目标包括:防止、减少并尽可能消除污染和环境公害;维持令人满意的生态平衡,确保生物圈得到保护;确保对自然资源和大自然的健康管理和利用,避免对生态平衡造成严重破坏;按照质量要求引导发展,特别要注意改善工作条件和生活环境;在城镇规划和土地使用中更多地注意环境因素;与共同体以外的国家,特别是在国际组织内,寻求环境问题的共同解决办法。参见肖主安、冯建中:《走向绿色的欧洲　欧盟环境保护制度》,江西高校出版社2006年版,第70页。

② [英]布莱恩·杰克:《农业与欧盟环境法》,中国政法大学出版社2012年版,第57~59页。

③ [英]布莱恩·杰克:《农业与欧盟环境法》,中国政法大学出版社2012年版,第15页。

④ [英]布莱恩·杰克:《农业与欧盟环境法》,中国政法大学出版社2012年版,第134页。

制定实施的有关环境保护的指令包括《关于野鸟保育的79/409/EEC号理事会指令》(1979年)、《关于保护地下水免受由特定危险物质引起污染的80/68/EEC号理事会指令》(1980年)、《关于环境保护、特别是在农业中使用污泥时的土壤保护的86/278/EEC号理事会指令》(1986年)、《关于保护水体免受农业面源中的硝酸盐所引起的污染的91/676/EEC号理事会指令》(1991年),关于动物福利保护的指令包括,《第91/629号理事会指令规定了保护牛的最低标准》(1991年)、《第91/630号理事会指令规定了保护猪的最低标准》(1991年)等。①

从上述政策法制文件可知,在这一阶段欧共体已经逐步意识到农业环境保护的重要性,并着手采取措施应对这一问题。但也应该看到,这一阶段所采取的措施仍然是零碎的,并不系统,与农业生产、农村发展相结合的专门政策尚未出台,仍然需要进一步完善。

2. 欧盟农村环境法制稳步发展阶段:1992—2002年

随着环境保护意识的加强,在欧共体框架协议修订中增加了更多环境保护的内容。1992年2月,欧共体12国签署《欧洲联盟条约》(Treaty of Maastricht)。该条约丰富了1957年《欧洲经济共同体条约》的相关内容。例如,在立法序言中指出,"决定在完善内部市场、加强团结和环境保护范围内,为了他们人民的目的,促进经济和社会进步,并实行确保其他领域进步同经济一体化相适应的政策";专设第16章"环境",规定"共同体的环境政策应有助于执行下述目标:维护、保护和改善环境的质量;保护人类健康;慎重而合理地利用自然资源;提出处理区域性或世界性环境问题的国际性措施。""共同体的环境政策应在考虑共同体不同地区状况差异的前提下,致力于高水平的保护。环境政策所依据的原则是:预防原则,采取预防行动原则、环境的破坏应首先从根本上得到纠正原则和污染者承担责任原则。环境保护的要求必须纳入共同体其他政策的制定和实施中。""根据第130条s款采取的保护措施不应阻碍任何成员国保持或实

---

① [英]布莱恩·杰克:《农业与欧盟环境法》,中国政法大学出版社2012年版,第90~91页。

施更严格的保护措施。”①

为了实现欧共体框架协议目标,欧盟在这一阶段又相继制定了第五个和第六个行动计划。第五个环境行动计划(1993—2000年)将可持续发展理念融入其中,要求其他决策部门在制定政策时考虑环境因素,实行责任分担,推动自上而下与自下而上结合的环境治理,并加强以市场为基础的环境管理手段的运用。更为重要的是,计划选定工业、能源、交通、农业和旅游5个目标部门作为共同体优先采取行动的领域。计划指出,共同体农业开发过度,破坏了其依赖的自然资源、土壤、水和大气。因此,需要改革共同农业政策和森林开发,在农业、农村发展和环境之间建立更加可持续的平衡。② 第六个环境行动计划(2001—2010年)突出强调了农业在保护生物多样性和景观方面的作用,计划反映了农业生产粮食和保护环境双重功能,要求采取进一步措施实现环境保护措施与农业生产政策一体化,同时也尽量确保更多的财政资源支持有利于保护和加强环境的农耕习惯方式。③

这一时期最重要的改变是欧盟共同农业政策改革。1992年,“麦克萨里改革”(Macsharry reforms)和2000年议程(Agenda 2000)都试图加强欧盟共同农业政策的市场导向,“以前共同体通过农产品价格来保护农场收入,现在则通过对生产者自身提供直接支持来实现这一目的。④”从价格支持向产品支持政策的转变产生了两方面的环境影响。一方面,“当直接支付与农业产量挂钩时,直接支付的发放会受到限制,从而阻止集约化生产”。另一方面,更为重要的是,这样的改革“提供了一个将环境条件与向农民发放直接支付进行连接

---

① 缪建民:《欧元的使命与挑战》,中国经济出版社2011年版,第206~208页。

② 肖主安、冯建中:《走向绿色的欧洲 欧盟环境保护制度》,江西高校出版社2006年版,第88页。

③ 姜双林、秦方:《欧盟农业环境补贴措施的改革及其启示》,载《山东农业大学学报(社会科学版)》2012年第3期。

④ [英]布莱恩·杰克:《农业与欧盟环境法》,中国政法大学出版社2012年版,第68页。

的机会"[①],也就是实施交叉遵守规则。1999年,共同体委员会指出:"构成共同农业政策改革环境方面的理念是农民应该遵守基本的环境标准而无需补偿。但是不管怎样,只要社会要求农民提供超出基线水平以上的环境服务,那么就应该通过农业环境措施对该服务进行明确地购买。"2000年议程改革规定,应将"适当的"环境条件附加于所有向农民发放的直接支付之中。成员国应该根据农业用地使用情况,或有关生产的以及反映潜在环境影响的情况来,考虑采取适当的环境措施。该议程还规定,成员国应该对未遵守规定措施而造成严重生态后果的行为,规定适合的且成比例的处罚。[②]

此外,这一阶段欧盟环境政策法律的发展也助推了农业环境保护工作,主要包括《共同体控制某些动物疾病的一般措施和采取与猪传染性水疱病特殊措施》(1992年)、《关于禁止在农作物中使用荷尔蒙、抗甲状腺药物治疗行为和受体激动剂等物质的96/22/EEC号理事会指令》(1996年)、《关于为耕作目的保护饲养动物的规定》(1998年)、《水框架指令》(2000年)、《关于建立牛类动物鉴定与登记以及牛肉及牛肉制品标签制度的第1760/2000号规则》(2000年)、《关于控制与消除蓝舌病的特殊规定》(2000年)、《关于预防、控制和消除某些遗传性海绵状脑病的999/2001号规则》(2001年)、《关于食品法及建立欧洲食品安全机构的一般原则和要求的规定,以及检验食品安全程序的一般原则和要求的规定》(2002年)等。[③]

总之,这一阶段欧盟农村环境法律制度进一步细化,以欧盟共同农业政策为核心的政策法制体系逐步形成,交叉遵守制度成为实现农业环境保护的基础规则。

3. 欧盟农村环境法制逐渐成熟阶段:2003—2012年

在这一阶段,将环境保护要求融入农业生产、农村发展中,实行一体化治理成为欧盟政策关注的重点。2014年,欧盟第七环境行动

---

① [英]布莱恩·杰克:《农业与欧盟环境法》,中国政法大学出版社2012年版,第76页。

② [英]布莱恩·杰克:《农业与欧盟环境法》,中国政法大学出版社2012年版,第86~87页。

③ [英]布莱恩·杰克:《农业与欧盟环境法》,中国政法大学出版社2012年版,第90~91页。

计划(2014—2020年)开始实施,该计划指出,欧盟经济转型需要将环境问题的解决方案纳入能源、运输、农业、渔业、贸易、工业、就业、发展、外交、安全、教育和培训以及旅游等政策中,形成连贯整合的体系。由于农地和林地占欧盟土地面积的78%,它们在维护自然资源,特别是优质水土、生物多样性和多样化的文化景观方面发挥着重要作用。因此,需要加强农业、渔业政策以保护欧盟自然资源。政策的绿化将促进对环境有益的农林耕作方法,保护生物多样化、促进农林业可持续发展,建立和维护具有生态价值的农田和森林。

为了实现这一要求,欧盟共同农业政策在这一阶段作出了进一步的变革。

首先,引入脱钩(decoupled)的"单个农场补贴"(Single Farm Payment,SFP)替代各种单项直接支付。在"单个农场补贴"政策下,补贴金额的确定不再依据生产数量或者产品价格,而是以过去的生产力水平为基础进行计算。具体的操作方法有三种:一是基于历史支付额度的算法①;二是地区均价法②;三是两种的混合。欧盟希望通过这一改变促使农民根据市场需求信号进行生产,并将重点放在"保育农业,精心耕作,有机生产……那些公认的能增值的农业上"。③

其次,强化交叉遵守规则。2003年欧盟共同农业政策中期审查和2008年正常检查将交叉遵守规则由自愿遵守转变为强制性要求。一方面,进一步强化了法定管理的要求。农民必须遵守欧盟第1782/2003条例附录3列出的18个欧盟指令,这些指令涉及公众和动植物健康以及动物福利。如果违背,补贴将会被扣减直至取消;另一方面,土地必须保持"良好农业环境条件",欧盟2003年第1782号理事会条例附件四规定了最低限度的"良好农业环境条件"标准,并承诺对履行该义务的农民进行补偿。④

---

① 每个农民获得补贴数额根据其在2000—2002年获得的补贴额来推算。

② 以本地区在2000—2002年获得的补贴额除以可以享受补贴的土地数量,得出的平均数为一个单位的权益进行发放。

③ 姜双林:《欧盟农业环境补贴法律制度的嬗变及其对中国的启示》,载《法治研究》2008年第6期。

④ 刘武兵:《欧盟共同农业政策研究》,中国农业科学技术出版社2016年版,第36页。

最后,农村发展政策的绿化。2005年,欧盟第1698/2005号条例明确农村发展政策的四个重点领域,分别是:(1)增加农业和林业部门的竞争力(基轴1);(2)提升环境及乡村(基轴2);(3)改善农村地区整体的生活质量(基轴3);(4)协助以本地化为基础的项目以提升生活品质和促进经济繁荣(基轴4)。其中,基轴1和基轴2对农村环境保护具有重要意义。根据基轴1,将环境保护融入农业生产中的措施可以分为两类:一类是有关农民环保问题的知识;另一类是为资本项目提供财政援助,以促使农场达到环境标准。欧盟第1698/2005号条例授权成员国提供财政支持,以帮助那些农民降低在使用农场咨询服务时所可能发生的成本。根据基轴2,提升环境及乡村的关键性行动主要包括:(1)促进环境服务和动物友好型的耕作方法;(2)保育农耕景观和森林;(3)应对气候变化;(4)强化有机农业的作用;(5)鼓励环境/经济"双赢"的倡议(促进农村旅游和本地化美景的供给);(6)促进地区间的平衡(发展农村经济以实现城乡地区之间的可持续平衡)。①

4. 欧盟农村环境法制纵深推进阶段:2013年至今

在对共同农业政策进行审查后,欧盟认为虽然该政策促进了农村的可持续发展,但仍然存在资源利用效率不高,土地和水资源质量下降,生物多样性锐减等问题,亟须出台进一步改革措施予以完善。为此,2013年欧盟农业部长委员会正式通过欧盟共同农业政策改革文件,将农业环境保护作为改革关键领域,积极推进应对气候变化管理措施,加强自然资源可持续管理以提高农业发展可持续性。具体措施包括两个方面。

一方面,增设"绿色"直接支付。2013年欧盟共同农业政策改革文件区分了强制直接支付和自愿直接支付。在强制直接支付中新增了"绿色"直接支付,主要包括保持永久性草地、作物多样化和生态重点保护区支付等,该项资金应占到一国直接支付资金的30%,农场主需要采取有机农业方式进行耕作或者实施农业环境绿化计划,如果

① [英]布莱恩·杰克:《农业与欧盟环境法》,中国政法大学出版社2012年版,第111~116页。

违背将受到处罚并逐年扣减补贴额度。

另一方面,改革农村发展政策,不再分四个基轴进行支出,而是规定几个优先方向,由成员国自己决定资金分配方案和计划措施。优先方向主要包括:(1)有利于把知识转化为实用科技,鼓励农业、林业和农村地区的创新;(2)增强农场活力和竞争能力,促进农场科技创新,促进森林可持续发展;(3)促进农业产业链的发育,包括农产品加工和营销、增进动物福利和强化农业风险管理;(4)恢复、保护和强化与农业和林业相关的生态系统;(5)提升资源效率,支持农业、食品和林业的低碳发展;(6)促进社会包容,减少农村贫困和促进农村经济发展。[①] 这些优先发展方向确保了更多农村发展资金投向环境领域。

2018 年 6 月,欧盟委员会提出关于 2020 年后共同农业政策的立法建议。这些建议旨在使欧盟共同农业政策在保持农业竞争力基础上,更好地应对当前和未来挑战,如气候变化、代际公平等问题。该建议提出了九个方面核心目标,分别是确保农民公平收入、提高竞争力、重新平衡食物链中关系、应对气候变化行动、环境保护、保护景观和生物多样性、支持世代更新、保护食物和健康质量、充满活力的农村等。其中,重新平衡食物链中关系、应对气候变化行动、环境保护、保护景观和生物多样性、支持世代更新、保护食物和健康质量等都与农村可持续发展有关。该建议新增了环境强制性要求,包括通过保护湿地和泥炭地实现对富含碳的土壤的保护,实施强制管理以改善水质,减少氨和一氧化二氮水平,实施轮耕制等。同时,欧盟将制订自愿生态计划以支持和激励农民在强制性要求之外为生态环境作出的努力。[②]

(二)欧盟农村环境保护主要法律制度

在经过 60 多年发展以后,欧盟农村环境保护法律体系逐步形

---

① 刘武兵:《欧盟共同农业政策研究》,中国农业科学技术出版社 2016 年版,第 107~114 页。

② The Post-2020 Common Agricultural Policy: Environmental Benefits and Simplification, https://ec.europa.eu/info/food-farming-fisheries/key-policies/common-agricultural-policy/future-cap.

成。依托欧盟共同农业政策，并辅之以大量有关环境污染防治和生态保护的指令，欧盟建立起涵盖良好农业生产、农村绿色发展、农业污染防治和自然资源保护等领域的农村环境保护制度。在此，以现行有效的欧盟政策法律文件为基础对其主要制度进行梳理分析。

1. 交叉遵守制度

交叉遵守制度（cross-compliance standards and requirements）意味着在欧盟范围内，共同体支持计划的支付将与是否遵守有关生态环境保护、维护公众健康及动物福利的要求联系起来，从而确保支持计划的受益者保护或在可能时提升环境质量。[①]

对于违背交叉遵守制度的行为，欧盟设定了罚则。欧洲议会和理事会第 1306/2013 号条例指出，不遵守第 93 条规定的交叉履约规则的，将给予行政处罚。进行处罚时应考虑违规行为的严重程度、持续性和是否再次发生。如果因疏忽而不遵守规定，扣减补贴的比例不应超过 5%，再次发生时不超过 15%。在故意不遵守规定的情况下，扣减补贴的比例不应低于 20%，甚至可以完全扣除。[②]

2. 农村绿色发展制度

农村绿色发展制度被称为欧盟共同农业政策的“第二支柱”[③]，是欧盟为应对 21 世纪广泛的农村经济、环境和社会挑战，向农村发展优先事项提供资金支持以推动绿色发展的制度。其目标在于：（1）提升农业竞争力；（2）确保自然资源的可持续管理和气候行动；（3）实现农村经济和社区的均衡地域发展，包括创造和维持就业。[④] 欧盟《农村发展条例》（1305/2013）规定了实现上述目标的六个优先方向和重点领域（见表 5-1）。

---

① ［英］布莱恩·杰克：《农业与欧盟环境法》，中国政法大学出版社 2012 年版，第 111～116 页。

② 欧洲议会和理事会第 1306/2013 号条例第 91～99 条。

③ 对农民的直接支付制度和管理农产品市场的措施被称为“第一支柱”。

④ Regulation (EU) No 1305/2013 of the European Parliament and of the Council of 17 December 2013.

表 5-1　欧盟《农村发展条例》的优先方向和重点领域

序号	优先方向	重点领域
1	有利于把知识转化为实用科技,鼓励农业、林业和农村地区的创新	推动农村创新合作和农民认知提升
		加强农业、粮食生产、林业方面的研究与创新
		促进终身学习和职业培训
2	增强农场活力和竞争能力,促进农场科技创新,促进森林可持续发展	改善农场经济能力,促进农业结构调整和现代化
		促进有熟练技能的农民进入农业部门并持续成长
3	促进农业产业链的发育,包括农产品加工和营销、增进动物福利和强化农业风险管理	通过更好地将初级生产者纳入农业食品链,提高初级生产者的竞争力
		支持农场风险预防和管理
4	恢复、保护和强化与农业和林业相关的生态系统	恢复、保护和加强生物多样性
		改善水资源管理
		防止土壤侵蚀和改善土壤管理
5	提升资源效率,支持农业、食品和林业的低碳发展	提高农业用水效率
		提高农业和食品加工能源使用效率
		促进可再生能源的供应和使用
		减少农业活动产生的温室气体和氨气排放
		促进农业和林业的碳保存和封存
6	促进社会包容,减少农村贫困和促进农村经济发展	促进小企业多样化,创造就业机会
		促进农村地区的地方发展
		加强农村地区信息和通信技术的可及性、使用和质量

欧盟规定,成员国应根据本国情况制定农村发展计划,这些计划应涵盖至少四个优先事项,并针对重点领域设定量化目标,列出用于实现这些目标的措施以及每项措施的分配金额。制定设计农村发展计划时应通过 SWOT 分析方法将农村发展政策的优先次序与其国

内情况联系起来，然后，从欧盟《农村发展条例》中选择措施，以适当方式处理优先事项。这些被选择的措施应是一系列活动、项目、投资的整体，并可以从区域发展方案中获得资金。各方面代表，包括民间机构应就计划内容充分协商，再提交委员会审批，审批通过后还应根据情况变化以及监测和评估结果对计划及时进行修订。之后展开监测和评估。计划部门应做好事前评价、计划期间的评估和事后评价，并于每年6月30日之前提交年度执行报告给委员会。在2014—2020年，农村发展政策将获得欧洲农村发展农业发展基金（EAFRD）①、欧盟成员国预算资金、私人资金等三类资金资助，总额将达到1610亿欧元。各成员国现在已经实施了118个农村发展计划，其中，20个是单一国家计划，其余8个国家则有2个以上的计划。②

3. 有机农业生产制度

有机农业生产制度是有关有机农业生产原则、方法、标识、监管等一系列法律规范的总称。欧盟第834/2007号条例在前言部分指出，有机农业生产是一个涵盖农场管理和食品生产的整体系统，它将最佳环境实践、高水平生物多样性和自然资源保护、动物福利标准以及特定消费者对使用天然物质和自然生产工艺的产品偏好联系起来。推进有机农业生产政策的目标在于：（1）建立一个可持续的农业管理制度，该制度应尊重自然的系统和循环，维持和加强土壤、水、植物和动物的健康以及它们之间的平衡；促进高水平的生物多样性；负责任地利用能源和自然资源，例如水、土壤、有机物质和空气；尊重动物福利标准，特别是满足动物物种特有的行为需要。（2）生产高质量的产品。（3）生产各类食品和其他农产品，以满足消费者对使用无害于环境、人体健康、植物健康或动物健康和福利的工艺流程方法的产品需求。③

围绕有机农业生产规则、有机农业产品标识和监督管理，欧盟第

---

① 欧洲农村发展农业发展基金将会出资1000亿欧元。

② 8个国家的项目数量分别为法国（30）、西班牙（22）、意大利（23）、德国（15）、葡萄牙（3）、英国（4）、比利时（2）、芬兰（2）。

③ 欧盟第834/2007号条例第3条目标。

834/2007 号条例作出了详细规定。

(1)有机农业生产规则

有机农业生产规则分为一般生产规则和种植业、饲料生产加工、食品生产加工等特殊生产规则。在一般生产规则部分,条例规定在有机农业生产过程中禁止使用转基因生物,转基因生物和由转基因生物生产的产品不得用作有机生产中的食品、饲料、加工剂、植物保护产品、肥料、土壤改良剂、种子、营养繁殖材料、微生物和动物等。又规定,在生产过程中禁止使用电离辐射方法,禁止使用电离辐射处理有机食品或饲料及其原料。①

针对饲料生产,条例要求有机饲料的生产加工应与非有机饲料生产加工在时间和空间上保持距离;有机饲料原料,或者从生产中转用的饲料原料,不得与非有机方式生产的同一饲料原料同时进入有机饲料产品之中;在有机生产中使用或加工的任何饲料材料不得使用化学合成溶剂进行加工;不得使用在有机饲料的加工和储存过程中丧失的恢复其特性的物质和技术,不得纠正加工过程中疏忽的结果,否则可能使人对这些产品的真实性质产生误解。

针对食品加工生产,条例规定:加工过有机食品的装备应与非有机食品在时间和空间上分离。

针对农业生产,条例要求应按照有机农业生产要求进行管理。

①种植业

(a)生产应维持或增加土壤有机质,提高土壤的稳定性和生物多样性,防止土壤压实和土壤侵蚀;

(b)土壤的肥力和生物活性应通过多年作物如豆类和其他作物轮作,施用有机生产的畜禽粪便或有机材料来维持和提高;

(c)符合生物动力学要求的准备工作应被允许;

(d)此外,肥料和土壤调理剂只有在获得第 16 条许可情况下才可以使用;

(e)禁止使用矿物氮肥;

(f)采用的生产工艺应防止或尽量减少对环境的污染;

① 欧盟第 834/2007 号条例第 9 条、第 10 条定义。

(g)预防病虫害和杂草应主要依靠物种天敌、作物品种选择、轮作、栽培技术和热力过程;

(h)在确定对作物构成威胁的情况下,植物保护剂只有在根据第16条获授权用于有机生产时才可使用;

(i)种子和繁殖材料因是有机的;

(j)清洁和消毒产品的使用应符合第16条授权。

②海藻

(a)天然生长的野生海藻被认为是有机产品,需要满足两个条件:一是该生产区域应是法定的具有较高生态质量的生长区域;二是采集活动不会影响自然栖息地的长期稳定和采集区内的物种。

(b)在生产的所有阶段,从收集幼海藻到收获都应使用可持续生产方案;为确保维持生物多样性应定期在野外收集幼海藻以补充室内基因组情况;除室内设施外,除非根据第16条获得授权用于有机生产,否则不得使用肥料。

③畜牧生产

(a)下列规则适用于畜牧生产

为繁殖目的,非有机饲养的动物可在特定条件下被带进围栏。在符合第17条所述的转换期后,该动物及其产品可视为有机;在转换期开始时已经在围栏内的动物及其产品,在符合第17条所指的转换期后,可视为有机。

(b)饲养方法和条件

饲养动物的人员应具备有关动物健康和福利所需的知识和技能;畜牧措施,包括放养密度和住房条件,应确保满足动物的发展、生理和动物行为学需要;除非根据立法对保护人类和动物健康施加限制,否则,只要天气条件和地面状况允许,牲畜应永久进入露天地区,最好是牧场;应限制牲畜的数量,以尽量减少过度放牧、偷猎,防止土壤侵蚀或动物及其粪便造成的污染;有机与非有机牲畜应分开饲养。但在一定条件限制下,有机动物可以在公共土地上放牧,非有机动物可以在有机土地上放牧;禁止用绳子拴住或隔离牲畜,除非是在一段有限的时间内,而且是出于安全、福利或兽医的建议;应尽量缩短牲畜的运输时间;任何痛苦,包括残害,在动物的整个生命期间,包括在屠宰时,应保持在最低限度;养蜂场应设置在确保花蜜和花粉来源主要由有机作物构成的地区。养蜂人应当与可能污染养蜂产品或者危害蜜蜂健康的源头保持足够的距离;蜂箱和养蜂材料以天然材料为主;禁止销毁蜂巢内的蜜蜂。

(c)育种

育种应采用自然方法。人工授精方法是允许的;不得使用激素或类似物质育种,除非作为个别动物的兽医治疗方案;不得采用克隆、胚胎移植等其他人工繁殖方式;应选择适当的品种。选择品种应有助于防止痛苦,并避免对动物的残害。

(d)饲料

应主要从饲养牲畜的畜牧场或同一地区的其他有机畜牧场获得牲畜饲料;在牲畜发育的各个阶段,应当使用符合牲畜营养需要的有机饲料喂养;除蜜蜂外,牲畜应长期使用牧草或粗饲料;源自植物的非有机饲料、源自动物及矿物的饲料、饲料添加剂、用于动物营养及加工剂的产品,必须根据第16条获授权才能使用;不得使用生长促进剂和合成氨基酸;哺乳动物应以天然的,最好是母乳喂养。

(e)疾病预防和兽医治疗

疾病预防应基于品种和菌株选择、畜牧管理办法、高质量的饲料和运动、适当的放养密度、在卫生条件下的适当住房条件;应立即治疗疾病,避免给动物造成痛苦;化学合成的疗法,如抗生素的使用,必须在严格条件下必要时进行;允许使用免疫兽药;应允许在相关立法的基础上实施与保护人类和动物健康有关的治疗。

(f)清洁和消毒

在禽畜建筑物和设施内使用的清洁和消毒产品,只有在符合第16条要求情况下才可以使用。

④水产养殖动物生产

(a)水产养殖动物的来源

应基于纯种和有机源,在没有的情况下,只在特定条件对有机动物进行培育。

(b)关于饲养方法

饲养人员应具备有关动物的健康和福利需要的必要基本知识和

技能;饲养方法,包括饲养、装置设计、放养密度和水质,应确保满足动物的发育、生理和行为需要;应尽量减少饲养对环境的负面影响,有机动物应当与其他养殖动物分开饲养;运输应确保动物福利;减少动物的痛苦,包括缩短屠宰时间。

(c)关于育种

人工诱导多倍体、人工杂交、克隆和生产单性生殖株,除人工分选外,不得使用;应选择适当的菌种;建立血亲管理和种属特异性条件管理。

(d)鱼类和甲壳类饲料

动物的饲料应符合其发展的各个阶段的营养需要;饲料的植物部分应当来源于有机生产,水生动物的饲料部分应当来源于渔业的可持续开发;源自植物的非有机饲料、源自动物及矿物的饲料、饲料添加剂、用于动物营养及加工助剂应使用的某些产品,必须根据第16条授权用于有机生产;不得使用生长促进剂和合成氨基酸。

(e)非由人类饲养而以天然浮游生物为食的双壳软体动物和其他物种

除在孵化场饲养的幼体外,这种滤食性动物应从大自然获得其所需的全部营养;须在符合欧盟第854/2004号条例附件Ⅱ所界定的甲类或乙类地区水域进行种植;种植区须符合指示2000/60/EC条例所规定的生态要求。

(f)关于疾病预防和兽医治疗

预防疾病的基础是保持动物在最佳条件下,通过适当的选址,优化畜群的设计,应用良好的畜牧业和管理方法,包括定期清洁和消毒的场所,高质量的饲料,适当的库存密度,品种和品种的选择;应当立即治疗疾病,避免给动物造成痛苦;化学合成的对抗疗法兽药产品,包括抗生素,可以在必要时使用;允许使用免疫兽药;允许在立法基础上实施与保护人类和动物健康有关的治疗。

(g)清洁和消毒

用于池塘、笼、建筑物和设施的清洁和消毒产品,只有在根据第16条获授权用于有机生产时,才可使用。

(2)有机农业标识

条例规定,只有符合本条例要求的产品才能粘贴有机生产标识,用于广告推广和商业文件当中,转基因产品不能使用这些标签。条例还“试图通过采用强制性欧盟商标措施使有机产品获得消费者的信赖”①,条例第 23 条规定,经营者应将管理代码粘贴在标签上,第 25 条第 1 款所指的预包装食品的标识也应出现在包装上;在使用标识的地方,还应在标识的同一视野中显示组成产品的农业原料的耕种地点,并酌情采用“EU Agriculture”“non-EU Agriculture”“EU/non-EU Agriculture”等标识。

(3)监督管理

条例要求成员国建立一整套管理制度,并指定一个或多个主管部门。根据条例设立的管理制度,至少应包括欧盟委员会根据第 37 条第 2 款规定的预防及管制措施,管制的性质和频率应根据违法行为风险评估结果确定。所有经营者每年应至少受到一次合规性审查。当出现严重违法时,主管机关应当禁止经营者粘贴有机产品标签和发布相应广告,违法信息应立即在主管部门、成员国当局和成员国之间进行通报,并视严重程度向欧盟委员会通报。

4. 农业环境指标

农业环境指标(Agri-environmental indicators)是分析农业与环境之间关系以及确定这种不断变化的相互作用趋势的政策工具。自 1993 年《欧洲联盟条约》生效以来,欧盟一直强调在制定和实施欧盟政策时考虑生态环境要求。2000 年,欧盟委员会发布政策文件“将环境问题纳入共同农业政策的指标”,提出确定一套农业环境指标以便于:提供有关农业环境状况的信息;了解和监督农业实践与其对环境影响的联系;提供背景信息,特别是有关欧盟农业生态系统多样性的信息;评估农业和农村发展政策在多大程度上促进环境友好型农业活动和可持续农业;解析全球农业可持续性评估过程。②

---

① [英]布莱恩·杰克:《农业与欧盟环境法》,中国政法大学出版社 2012 年版,第 173 页。

② 载欧盟委员会网站,https://ec.europa.eu/agriculture/envir/indicators_en.,最后访问日期:2024 年 6 月 8 日。

第二节　域外农村环境保护立法的启示

美国、欧盟等西方国家和地区农村环境保护立法都经历了“从无到有”“从不重视到重视”“从不完善到完善”的过程，其法制体系逐步健全，具体制度建设也渐趋完善，并在农村环境治理实践中发挥了越来越重要的作用。就我国而言，由于相关制度建设起步晚，在规制理念、立法模式、制度设计等各方面还不尽完善，因此，借鉴吸收域外农村环境保护立法经验，合理选择立法模式，科学设计具体制度，对于我国农村环境保护法制建设发展具有重要启示意义。

一、从法制发展视角看，环境保护规范逐步融入成为农业法制的核心要素

从域外经验看，美国、欧盟等西方国家和地区农村环境保护制度的构建完善并不是一蹴而就的，都经历了不断磨合调整直至修订完善的过程。在这一过程中，美国农业法几乎每间隔 4 ~ 5 年修订一次，经历了从无到有再到体系化的过程。欧盟共同农业政策则在 1985 年、1993 年、2003 年、2013 年多次修订，对法律实施过程中出现的问题作出相应调整，推动制度逐步走向成熟。

一方面，农村环境法制经历了从无到有、从不重视到逐步重视的过程。从美国情况看，在 20 世纪 30 年代以前其法制建设的重心在于土地确权、鼓励拓荒、产业扶持等方面。虽然在 1873 年美国《植树法》、1877 年《沙漠土地法》、1902 年《纽兰兹法》、1910 年《杀虫剂法》、1912 年《种子进口法》、1921 年《牲畜围场法》等多部联邦法律中包含一些环境保护规范，但那一时期真正意义上的农村环境法制并未产生，相关立法规制的重点也不是生态环境保护活动。这种现象直到 1934 年 5 月“尘暴”(Dust Bowl)的发生才真正改变。生态破坏引发的自然灾害深深教育和启示了美国公众，也促使相关部门采取措施积极应对。1934 年《泰勒放牧法》、1935 年《土壤侵蚀法》、1936 年《土壤保护和国内配额法》、1938 年《农业调整法》等法律文

件开始正视农业环境问题,并以补贴形式实施耕地面积削减计划,从而逐步建立起农业环境保护制度。欧盟情况也如此。在欧共体成立之初,确立共同体框架的一系列协议中并没有关于环境保护的内容。之后,1962 年欧盟共同农业政策也没有对农业环境保护作出特别规定。直到 1972 年联合国环境大会的举行才唤醒了欧洲的环境意识,欧共体开始采取措施应对环境问题。1973—1976 年实施第一个环境行动计划。1985 年欧共体第 797/85 号条例替代了 1972 年的农业结构指令和 1975 年的发展迟缓地区指令,首次将农场改善的定义扩展到包括旨在保护和改善环境在内的项目,并出台了一系列有关环境保护的指令,从而构建起农村环境保护管理框架。

另一方面,在逐步融入农业政策法规以后,农业环境保护制度在不断修正调整中逐步完善,成为农村发展、农业支持政策的核心内容。在美国,1936 年《土壤保护和国内配额法》设置“保护土壤补贴”。1956 年《农业法》规定“土壤银行计划”。1962 年《食物和农业法》将价格支持与休耕计划直接挂勾。1970 年《农业法》新增土壤保护绿地计划。1985 年《食物保障法》提出草地、沼泽地保护计划和土壤保护储备计划。1990 年《有机食品生产法》授权农业部创建针对有机生产者、加工者和认证管理者的有机食品标准。2002 年《农业安全与农村投资法》规定了保护安全计划、土壤保护储备计划、耕作土地计划、农地保护计划、小流域复原计划和其他保护计划。2014 年《食物、农场及就业法案》重新调整产生了一批新的农业保护项目,如保护储备项目、农业保护设施项目、区域保护合作项目、环境质量激励项目、保护管理项目、保护遵从条款、“Sodsaver”条款等。[①] 在欧洲,1992 年“麦克萨里改革”(Macsharry reforms)和 2000 年议程(Agenda 2000)确立了交叉遵守规则。2003 年欧盟共同农业政策中期审查和 2008 年检查将交叉遵守规则由自愿遵守转变为强制性要求。2005 年欧盟第 1698/2005 号条例明确农村发展政策的四个重点领域,其中基轴 2 为提升乡村环境。2013 年欧盟共同农业政策改革

---

①　王世群:《2014 年美国新农业法农业环境保护政策分析》,载《世界农业》2015 年第 8 期。

文件增设"绿色"直接支付,改革农村发展政策。通过这些渐进的改革措施,农业环境保护逐渐成为农业政策法规改革的关键领域,推进农业可持续发展和农村绿色发展成为立法目的之一。

二、从法制建设要求看,推进环境保护与农业支持政策一体化是建构重点

"一体化原则"或"综合原则"(the integration principle),又称将环境保护纳入其他经济社会政策之中的原则。这里的"纳入"是指"对外"纳入(external integration)意味着将环境目标纳入国家或者地区的其他政策领域之中。[①] "一体化原则"的意义在于,将原本孤立的政策领域有机融合,"强调相互关系,采取一种综合的并在区域内统一的办法实现对环境无害和持续的社会经济发展"[②]。换言之,在一体化政策下,环境保护不仅是环境法律制度规范的重点,也是其他经济社会政策法规应当重点考虑的因素,在制定这些政策法规时迫切需要融入环境保护的要求。

从欧美国家情况看,推进环境保护与农业支持政策的一体化融合正是其法制构建的重点。在美国,将土壤保护和农业补贴政策结合是其一大特征。1936年《土壤保护和国内配额法》设置"保护土壤补贴"对耕种增强地力的豆科作物和牧草的行为进行鼓励。1956年《农业法》制定"土壤银行计划"将休耕与补贴连接。1962年《食物和农业法》将价格支持与休耕计划直接挂勾,规定只有将玉米、高粱播种面积减少20%以上才能获得补贴资格。1985年《食物保障法》将对草地、沼泽地的保护与参加农产品计划、获得补贴资格挂钩。2014年《农业法》规定的保育计划都是环境保护计划。其中,保育保护区计划针对易受侵蚀耕地。保育管理工作计划宗旨在于"鼓励生产者以综合方式解决优先资源关切,改进和保育自然资源的质量与状

---

① 此处定义作了适当延伸,从欧盟一体化扩张到其他国家和地区。参见蔡守秋:《欧盟环境政策法律研究》,武汉大学出版社2002年版,第132页。

② 1982年《内罗毕宣言》。参见蔡守秋:《欧盟环境政策法律研究》,武汉大学出版社2002年版,第132页。

况”①。环境质量激励计划的重点在于促进和提高农业生产和改善环境质量，包括协助生产者遵守当地、州和国家有关法律规定。农业保育地役权计划的目的则在于防止高产农田或草原转为非农用途。通过这些计划有效推动了美国农地保护和农业自然资源可持续利用。

在欧洲，“一体化原则”已经上升到欧盟“宪法”的高度。“自从1983年通过《欧共体第三个环境行动规划》以来，‘将环境问题纳入欧共体的其他政策之中’已经成为欧共体环境政策的一个关键用语”。“纳入”这个问题在《欧共体第四个环境行动规划》(1987—1992年)的框架中得到了进一步的解释，在《单一欧洲法》(1987年)第130R(2)条中获得了法律地位，该条规定：“环境保护要求必须成为共同体其他政策的一个组成部分。从那时起，欧共体委员会的各部门主任(all Directorates-Genaral)就有责任将环境保护要求视为他们有关政策领域的一个部分。”②

具体到农业法制领域，“一体化原则”主要体现为交叉遵守规则。交叉遵守规则意味着在欧盟范围内，共同体支持计划的支付将与是否遵守有关生态环境保护、维护公众健康及动物福利的要求联系起来，从而确保支持计划的受益者保护或在可能时提升环境质量。③

一方面，它要求考虑法定管理要求，并列出了应当遵守的十三项法律清单，明确指出“构成共同农业政策改革环境方面的理念是农民应该遵守基本的环境标准而无须补偿”。这些要求都是强制性的，农民在从事农业生产活动时必须遵守，否则就面临农业补贴的扣减。另一方面，它授权成员国根据本国情况规定“良好农业与环境条件”，确保所有农业区，包括不再用于生产目的的土地，保持良好农业耕作和环境条件。同时，对“超出基线水平以上的环境服务，通过农业环境措施进行购买”。通过这些措施“提供了一个将环境条件与向

① 2014年美国《农业法》第1238E条保育管理工作计划。

② 蔡守秋：《欧盟环境政策法律研究》，武汉大学出版社2002年版，第133页。

③ [英]布莱恩·杰克：《农业与欧盟环境法》，中国政法大学出版社2012年版，第111~116页。

农民发放直接支付进行连接的机会”[①],从而在欧盟区域内实现了环境保护与农业支持政策的一体化。

三、从法制建设重点看,农村振兴与绿色发展日益成为政策法规着力点

从农业结构政策转向农村发展政策,并推动实现农村发展政策的绿色化是欧美农业政策法规共同特点。在这一过程中,“政策制定者逐渐认识到农业在大多数农村地区已不再是最主要的雇主(劳动力使用部门)。因此,需要进行政策转向:从农业结构政策转变为一个有更广泛基础的农村发展政策,以支持将农村地区作为一个整体寻求更广泛的经济和社会进步。”[②]这不仅意味着政策着力点从农业转向了农村,相关政策法规由产业政策转向区域政策,更意味着以提高农村整体生活质量为目标推进环境保护与农村经济社会的协调发展,在更高层面推进农村各项事业的可持续发展。

从美国情况看,1990 年《食物、农业、资源保护和贸易法》第一次就农村发展问题作出专篇规定。在该篇目下,包含重组农业部、协调农村发展、水和废弃物处理措施、改善人力资源、农村企业和经济援助、农村电气化条例、依托林业复兴农村以及其他条款等内容。该法要求制定乡村投资合伙计划和乡村经济发展咨询计划,设置农村发展署(Rural Development Agency, RDA)负责处理农村的给水、排水、基础设施建设等事务,增加农村给水排水资金为农村小社区提供安全的饮水设备和废水处理设施[③];之后,2002 年《农业安全与农村投资法》、2008 年《粮食、保育和能源法》、2014 年《农业法》都专篇规定了“农村发展”。在 2014 年《农业法》“农村发展”篇中设置了多个保护项目和补助。例如,水资源、废物处理核废水处理设施补助、农村水资源和废水巡回骑士项目、应急和紧急社区水资源援助补助项目、

① [英]布莱恩·杰克:《农业与欧盟环境法》,中国政法大学出版社 2012 年版,第 76 页。

② [英]布莱恩·杰克:《农业与欧盟环境法》,中国政法大学出版社 2012 年版,第 91 页。

③ 权昌会:《美国农业立法》,经济科学出版社 1997 年版,第 67~68 页。

阿拉斯加农村和原住民村庄供水系统、家用水井系统、固体废物处理补助、农村用水和废水处理基础设施等。

从欧盟情况看，2001 年 6 月，哥斯堡举行的欧洲理事会强调了农村发展政策在帮助欧共体实现可持续发展目标中的重要作用。2003 年 11 月，在萨尔茨堡举行的关于农村发展第二次欧洲会议上也达成了相似结论。这两次会议均指出，农村发展政策应在确保耕作环境，特别是高自然价值地区，能以一种保育和加强自然景观的方式进行管理方面，发挥着重要作用。[①] 2005 年，欧盟第 1698/2005 号条例明确了农村发展政策的四个重点领域，分别是：(1)增加农业和林业部门的竞争力；(2)提升乡村环境；(3)改善农村地区整体的生活质量；(4)协助以本地化为基础的项目以提升生活品质和促进经济繁荣。2013 年欧盟共同农业政策改革文件对农村发展政策规定了几个优先方向，由成员国自己决定资金分配方案和计划措施。优先方向主要包括：(1)有利于把知识转化为实用科技，鼓励农业、林业和农村地区的创新；(2)增强农场活力和竞争能力，促进农场科技创新，促进森林可持续发展；(3)促进农业产业链的发育，包括农产品加工和营销、增进动物福利和强化农业风险管理；(4)恢复、保护和强化与农业和林业相关的生态系统；(5)提升资源效率，支持农业、食品和林业的低碳发展；(6)促进社会包容，减少农村贫困和促进农村经济发展。[②]

四、从规制领域看，有机农业生产等新兴领域制度建设逐渐受到重视

1924 年，鲁道夫·史特内(Rudolf Steiner)提出生物动力农业，开启了现代有机农业之旅。20 世纪三四十年代，一些国家，如瑞士、英国、日本等开始在部分地区推广有机农业。20 世纪 60 年代以后，欧

---

① ［英］布莱恩·杰克：《农业与欧盟环境法》，中国政法大学出版社 2012 年版，第 112 页。

② 刘武兵：《欧盟共同农业政策研究》，中国农业科学技术出版社 2016 年版，第 107～114 页。

美国家开始运用农业补贴手段推动农场从常规农业向有机农业转换。[①] 从制度层面看,为了推动有机农业生产、规范相关活动,国际社会和欧美国家开始在 20 世纪 90 年代以后展开专门立法活动,规范其发展。目前,国际有机农业发展和有机农产品生产的法规与管理体系可以分为三个层次,一是联合国层面,联合国有机农业和有机农产品标准由联合国粮农组织(FAO)和世界卫生组织(WHO)共同制定,是联合国《食品法典》的一部分;二是国际性非政府组织层面,如国际有机农业运动联盟制定的相关标准;三是国家层面,如美国、欧盟制定的专门立法。

从美国情况看,1973 年,加州农场组织成立,着手规定有机农产品标准,并对给按标准从事农耕的农民颁发证明。1983 年,美国《农业生产力法案》(The Agricultural Production Act of 1983),对传统农业与有机农业作出了区分。1990 年,美国《有机食品生产法》(Organic Food Production Act,OFPA)进一步要求农业部制定"国家统一有机规划"(National Organic Program,NOP),从联邦层面拟定标准,成立国际有机农业标准委员会。1991 年,美国出台《美国农业部有机食品证书管理办法》,其目的在于在联邦层面建立有机农业生产标准,使有机食品认证标准统一并促进有机农产品贸易。2000 年,美国发布国家有机标准(National Organic Program,NOP)[②]。该标准由定义、适用范围、有机生产和经营要求、标签、标识和市场信息、认证、认证机构的认可、行政管理等内容构成。[③] 到 1994 年,据美国农业部估算,美国的有机农场总数已发展到 2 万个。由 33 个民间有机食品认证机构和 11 个州立认证机构认证的有机农场数量达到 4050 个,认证的面积为 45.32 万公顷。[④]

从欧盟情况看,20 世纪 80 年代,欧盟议会和欧盟委员会开始强调有机农业在欧盟农业中的潜在作用。欧盟第四个环境行动计划(1987—1992 年)指出,解决农业引起的地表和地下水硝酸盐污染问

① 黄国勤:《有机农业:理论、模式与技术》,中国农业出版社 2008 年版,第 1~2 页。
② 谢华安:《中国绿色农业》,中国农业科学技术出版社 2004 年版,第 34~35 页。
③ 杜相革:《有机农业在中国》,中国农业科学技术出版社 2006 年版,第 220~223 页。
④ 朱朝枝、黄锦文:《现代农业实用技术》,中国农业出版社 2007 年版,第 409 页。

题非常必要，应促进有机农业发展，引入良好农业实践守则并给农民进行培训。1991 年，欧共体制定 2092/91 号条例试图对有机产品进行标签化管理。1999 年，欧共体第 1804/1999 号条例将其适用范围扩大到包括有机牲畜产品。2004 年，欧洲委员会发布《有机食品和有机农业行动纲领》，要求欧共体提高并且加强有机农业生产标准、进口标准和检查标准。[①] 2007 年，欧盟出台第 834/2007 号条例，围绕有机农业生产规则、有机农业产品标识和监督管理作出详细规定，成为欧盟地区规范有机农业生产的制度基础。

除了有机农业领域，欧盟国家在农村新能源使用、转基因食品安全管理、农业清洁生产、循环经济等领域制度建设也作出了积极努力，推动农业法更加绿色化，映射出农业环境法制发展的新方向。

五、从规制措施看，命令控制型政策工具与激励型政策工具被综合运用

环境政策工具可以分为强制命令控制型工具、经济激励政策和自愿环境管制等。[②] 命令控制型政策工具以政府行政命令为主导，具有强制性和速效性的特征，在解决环境问题时能起到立竿见影效果。但也存在政府监管信息成本高、行政命令色彩浓、没有考虑不同企业治理成本差异等问题。[③] 经济激励政策能较好地调动企业自主治理的积极性，引导企业或者个体根据各自的成本与收益情况做出决策，但也存在信息不对称，交易成本较高等问题。因此，环境保护活动的开展应将两者结合、综合运用以提升环境治理实效。

在农业环境保护领域也如此。一方面，欧美国家通过立法设置环境标准、行政许可、进行环评、规划等，对污染农业环境和破坏农业自然生态的行为予以规制。在美国，主要是《联邦水污染控制法》《联邦杀虫剂、杀菌剂和灭鼠剂法》《安全饮用水法》《资源保护和恢复法》等，通过设立环境标准和许可对水、大气、土壤等环境要素风险

---

① ［英］布莱恩·杰克：《农业与欧盟环境法》，中国政法大学出版社 2012 年版，第 161～163 页。

② 郝云宏：《浙商管理评论》，浙江工商大学出版社 2014 年版，第 96 页。

③ 郝云宏：《浙商管理评论》，浙江工商大学出版社 2014 年版，第 97 页。

进行法律规制。在欧盟,有《关于保护水体免受农业来源硝酸盐污染的指令》《关于野生鸟类保护的指令》《关于保护自然栖息地和野生动植物的理事会指令》《关于食品法一般原则要求、建立欧洲食品安全局以及制定食品安全管理程序的指令》《限制在农场动物中使用具有激素或抑制作用的物质和 β-激动剂的指令》《关于猪的鉴定和登记指令》《关于牛的鉴定和登记指令》《关于建立绵羊与山羊鉴定与登记制度的理事会条例》《关于预防、控制和消除某些遗传性海绵状脑病的规则》《关于加强市场植物保护产品的指令》《保护牛的最低标准》《保护猪的最低标准》《保护为耕作目的饲养动物的规定》等指令、条例,详细规定了环境管制措施。

另一方面,基于农业环境保护特点,欧美国家广泛应用补贴、税收、有机产品标识等影响性措施①,通过经济激励促使农民自觉遵守相关规定,采取环境友好措施进行保护和耕作。在美国,由农业功能区划、税收减免、开发权转移与购买、土地信托等构成的综合政策体系直接或间接地创造了对农村环境保护行为的激励,而且这些政策措施大多基于政府与农民的平等协商,通过合同方式确定权利义务,在自愿基础上调动农民环境保护的积极性;在欧盟,通过交叉遵守规则将共同体农业支持与是否遵守有关生态环境保护、维护公众健康及动物福利的要求联系起来,并且在农村绿色发展政策中规定了大量财政补助,这些措施的目的都在于促使农民自觉自愿的开展有利于生态环境保护的各项活动。

① 我国台湾地区学者陈慈阳认为,影响性措施亦可称为间接性的柔性措施,主要是指国家对受规范者在此放弃了严格且强制的控制,而以间接的、柔性的、影响性的方式来启动人民的行为动机,自发为有利于环境保护之行为,此亦可称为“迂回”式的环境保护措施。参见陈慈阳:《环境法总论》,台北,元照出版有限公司 2011 年版,第 465 页。

第六章　我国农村环境法制体系的构建完善

未来,我国农村环境法制体系将如何建构完善?笔者认为,应该从专门立法、相关立法完善方面提出体系构建思路,并考虑农村环境保护地方立法和环境标准体系的构建完善问题,从而形成体系性的改进策略。

第一节　农村环境保护相关立法的修订

从现状看,农村环境保护的有关规范主要由相关立法进行规定。未来,应完善综合性环境保护基本法、环境保护单行法、农业法等立法,对其中部分法律适时进行修订完善,以满足农村环境保护的社会需要。

一、综合性环境保护基本法

一直以来,如何在《环境保护法》中融入农村环境保护法律规范和制度,克服重城镇轻农村、重工业轻农业环境保护倾向都是学界关注的重点。[1] 2014 年《环境保护法》修订,在法规范结构、数量和内容上对农村环境保护制度进行了调整[2],以环境基本法的形式进一步加强了农村环境保护法制建设。现在的问题是,新修订的《环境保护法》是否存在改进的必要?如果需要改进,应从哪些方面展开?应该说,虽然农村环境保护制度已经在新修订的《环境保护法》中进行了规定,但这部分规定还存在瑕疵,与其重要性并不匹配。未来,可以从两个方面予以修订完善。

(一)针对现有规定存在的问题进行修改

1. 监督管理体制

《环境保护法》第 10 条规定了统一监管与分级、分部门监管相结合的体制。"国务院环境保护主管部门,对全国环境保护工作实施统一监督管理;县级以上地方人民政府环境保护主管部门,对本行政区域环境保护工作实施统一监督管理。县级以上人民政府有关部门和军队环境保护部门,依照有关法律的规定对资源保护和污染防治等环境保护工作实施监督管理"。

在此,所谓"县级以上"仅包括国家、省、市、县四级,而不包括作为基层政府的乡镇一级。这意味着农村环境保护的重任主要落在县一级环境监督管理机构之上,而县一级环境监督管理机构一般位于县城,其管辖重点在乡镇企业及县城周边,对于那些数量巨大、地理位置偏远、交通不便的偏远农村,其管理能力十分有限。由于这一管理体制未延伸到乡镇和村庄,容易造成基层环境监管的结构空洞。[3] 2015 年《中国环境年鉴》就指出,截至 2014 年年底,全国共有县一级环境保护管理机构 2815 个,乡镇一级环境保护机构 2968 个。平均下来 1 个县只有 1 个乡镇设有环境保护管理机构,只占到我国乡镇

---

① 例如,蔡守秋教授认为,应该对《环境保护法》进行修改,增加和明确农村环境保护的内容,使其成为真正意义上的"城市、农村、自然原野三种区域一体化"的环境资源保护基本法,从而对农村环境保护发挥统领作用。参见蔡守秋、吴贤静:《农村环境保护法治建设的成就、问题和改进》,载《当代法学》2009 年第 1 期。

② 详见第三章第一节。

③ 李奇伟:《城市中心主义环境立法倾向及其矫正》,载《求索》2018 年第 6 期。

总数 40,381 的 7.35%。①

因此,未来《环境保护法》修订应明确在乡镇一级设立专门的农村环境保护管理机构。可以借鉴吸收重庆、湖北、江苏等地经验,在机构定位上保持一定弹性,既可以作为县级环境监督管理部门的派出机构,也可以作为乡镇一级政府的内设部门。在村一级,可以通过合同方式聘任专(兼)职环保协查员协助开展农村环境监督管理工作。②

2. 鼓励和支持措施

《环境保护法》在第二章监督管理中规定了"鼓励和支持措施"。"国家采取财政、税收、价格、政府采购等方面的政策和措施,鼓励和支持环境保护技术装备、资源综合利用和环境服务等环境保护产业的发展。""企业事业单位和其他生产经营者,在污染物排放符合法定要求的基础上,进一步减少污染物排放的,人民政府应当依法采取财政、税收、价格、政府采购等方面的政策和措施予以鼓励和支持。"③

依据这一规定,国家对环境保护活动鼓励和支持的对象主要为两类:一是环境保护产业,二是企业事业单位和其他生产经营者。应当指出的是,此处"其他生产经营者"的范围并不明确,"其他生产经营者"是否仅指具备牟利性质的其他事业者,是否包含农业生产经营者,是否包含单个农民仍不清晰。此外,就调整行为看,只对"在污染物排放符合法定要求的基础上,进一步减少污染物排放的"行为进行鼓励和支持也不全面,因为,在符合法定要求基础之上,改善生活环境、生态环境,增益环境利益的行为不只是污染防治行为,还包括自然资源保护行为。应当说,只要符合环境友好型要求,又超出法定标准的行为,政府就应该鼓励和支持。正如,欧盟所秉持的理念:"构成共同农业政策改革环境方面的理念是农民应该遵守基本的环境标准而无需补偿。但是不管怎样,只要社会要求农民提供超出基线水平以上的环境服务,那么就应该通过农业环境措施对该服务进行明确

① 张卫东、朱沁园、鞠昌华:《垂直管理背景下乡镇环保机构建设探索》,载《环境保护》2017 年第 7 期。

② 李奇伟:《城市中心主义环境立法倾向及其矫正》,载《求索》2018 年第 6 期。

③ 《环境保护法》第 21 条、第 22 条。

的购买。"实践中,欧盟也是这么做的。一方面,它要求考虑法定管理要求,并列出了应当遵守的十三项法律清单;另一方面,授权成员国根据本国情况规定"良好农业与环境条件",确保所有农业区保持良好农业耕作和环境条件。同时,对"超出基线水平以上的环境服务,通过农业环境措施进行购买"。通过这些措施"提供了一个将环境条件与向农民发放直接支付进行连接的机会"①,从而在欧盟区域内实现了环境保护与农业支持政策的一体化。

回到我国《环境保护法》的规定,未来的修订应该从前述的两个方面入手。一方面,在此规定基础上增补一款,对农民和农业生产经营组织②实施保持良好农业耕作和保持适宜环境条件的行为予以鼓励和支持,突出农业环境保护的地位;另一方面,将"在污染物排放符合法定要求的基础上,进一步减少污染物排放的"规定,修改为"在符合法定要求基础上,进一步减少污染物排放、改善环境的"。

3. 保护生物多样性

《环境保护法》在第三章保护和改善环境中规定了"保护生物多样性"条款:"开发利用自然资源,应当合理开发,保护生物多样性,保障生态安全,依法制定有关生态保护和恢复治理方案并予以实施。引进外来物种以及研究、开发和利用生物技术,应当采取措施,防止对生物多样性的破坏。"③该规定明确使用了"生物多样性"范畴,规定对引进外来物种、利用生物技术的管理措施,符合国际生物多样性保护趋势。④

但该规定也存在一些缺陷。只强调了在"引进外来物种"时采取措施,防止对生物多样性的破坏,没有规定引进后的管理;只规定了对即将引进的外来物种的管理,没有规定对已经入境的外来物种的

---

① [英]布莱恩·杰克:《农业与欧盟环境法》,中国政法大学出版社 2012 年版,第 76 页。

② "农民和农业生产经营组织"的用法借鉴了《农业法》的规定。

③ 《环境保护法》第 21 条、第 22 条。

④ 1992 年 6 月,联合国环境与发展大会通过《生物多样性公约》,该公约为生物多样性保护提供了国际法依据。我国于 1992 年年底加入该公约。2005 年,我国核准加入《卡塔赫纳生物安全议定书》。2010 年,国务院通过《中国生物多样性保护战略与行动计划(2011—2030 年)》。

管理。事实上,我国从中央到地方都已经在外来物种入侵管理方面采取了诸多政策措施。2003 年 4 月,国务院明确原农业部作为外来物种管理的牵头部门。10 月,原农业部组织成立"农业部外来入侵生物管理办公室",组织全国外来入侵生物的防治与管理工作。[①]2013 年,原农业部发布《国家重点管理外来入侵物种名录(第一批)》,编辑出版《国家重点管理外来入侵物种防治技术手册》,起草了《农业重大有害生物和外来入侵生物入侵突发事件应急预案》。据此,原农业部在建立监测体系、加强信息管理、综合防治等方面进行了大量工作,并在重点区域组织实施了入侵生物防治行动。一些地方,如湖南省也制定了《湖南省外来物种管理条例》对外来物种的引入、监测、防治、监督管理、法律责任作出了具体规定。

未来,除了加快外来物种入侵管理专门立法步伐,还需要在修订完善《环境保护法》时进一步强化有关规定,加强外来物种引进后的管理,加强对已经入境的外来物种的监测、预警、风险防范,对外来物种入侵后受到影响的生态环境进行修复。

4. 生态保护补偿制度

《环境保护法》在第三章保护和改善环境中首次明确规定了生态保护补偿制度。"国家建立、健全生态保护补偿制度。国家加大对生态保护地区的财政转移支付力度。有关地方人民政府应当落实生态保护补偿资金,确保其用于生态保护补偿。国家指导受益地区和生态保护地区人民政府通过协商或者按照市场规则进行生态保护补偿。"[②]

从农村环境保护角度看,农村环境保护资金在很大程度上来源于国家财政、税收、价格等方面的鼓励和扶持,生态保护补偿是其主要形式。在美国,1936 年《土壤保护和国内配额法》设置"保护土壤补贴"。1956 年《农业法》制定"土壤银行计划"。2014 年《农业法》规定保育计划。其中,保育保护区计划针对易受侵蚀耕地,其宗旨在于"鼓励生产者以综合方式解决优先资源关切,改进和保育自然资源

---

① 《中国环境年鉴》编辑委员会:《中国环境年鉴》,中国环境科学出版社 2006 年版,第 281 页。

② 《环境保护法》第 31 条。

的质量与状况”[①]。环境质量激励计划的重点在于促进和提高农业生产和改善环境质量，包括协助生产者遵守当地、州和国家有关法律规定。农业保育地役权计划的目的则在于防止高产农田或草原转为非农用途。

相对而言，我国农业农村领域的生态环境保护政策支持机制并不完善。退耕还林有法可依[②]，但补偿标准较低；防止高产农田或草原转为非农用途的耕地补偿尚未推广实施；着眼于解决优先资源关切的保护计划并未开展；旨在促进和提高农业生产和改善环境质量的激励计划也未获得重视。基于此，在未来《环境保护法》修订时，针对生态保护补偿制度的规定，应该增加农业农村领域生态保护补偿的内容，使之更为具体、更具有操作性。

5. 农业和农村生态环境保护

《环境保护法》在第三章保护和改善环境中明确规定了农业与农村环境保护制度。“各级人民政府应当加强对农业环境的保护，促进农业环境保护新技术的使用，加强对农业污染源的监测预警，统筹有关部门采取措施，防治土壤污染和土地沙化、盐渍化、贫瘠化、石漠化、地面沉降以及防治植被破坏、水土流失、水体富营养化、水源枯竭、种源灭绝等生态失调现象，推广植物病虫害的综合防治。县级、乡级人民政府应当提高农村环境保护公共服务水平，推动农村环境综合整治。”[③]与 1989 年《环境保护法》的规定相比，一是增加了“石漠化”“水体富营养化”等情形，二是加入了农村环境综合整治的内容。

其存在的问题是，条文主要描述了生态环境破坏的结果，如土壤污染、土地沙化、植被破坏、水土流失等，却没有针对各种环境污染和生态破坏行为作出规定。未来，《环境保护法》修订可以从几个方面入手进行调整。从源头防控看，不合理的农业资源开发利用行为是导致农业生态环境破坏的主因。应通过建立环境规划制度、农业生

---

① 2014 年美国《农业法》第 1238E 条保育管理工作计划。

② 《防沙治沙法》《土壤污染防治法》等法律文件中对此作出了规定，国务院《退耕还林条例》也作出了专门性调整。

③ 《环境保护法》第 33 条。

产力布局制度、落实农业功能区制度、实施良好农业耕作标准、推动农业清洁生产和循环经济来实现；从过程管控看，应强化农业用途管制、投入品管理、环境标准的遵守、开发强度的控制等措施；从损害修复看，应建立耕地轮作休耕制度，完善生物增殖放流机制，加快构建退耕还林还草、退耕还湿、防沙治沙，以及石漠化、水土流失综合生态治理长效机制，健全生态保护修复制度。

此外，应从生态系统整体性出发构建田园生态系统。在欧盟，欧盟议会和理事会第1306/2013号条例规定，成员国应确保所有农业区，包括不再用于生产目的的土地，保持良好农业和环境条件。其中，“景观”要求是指，“最低维护水平保留景观特征，包括适当的树篱、池塘、沟渠、树木、群落或隔离、田间边缘和梯田，包括在鸟类繁殖和饲养季节禁止砍伐树篱和树木”。2017年，中共中央办公厅、国务院办公厅印发《关于创新体制机制推进农业绿色发展的意见》也指出，要“遵循生态系统整体性、生物多样性规律，合理确定种养规模，建设完善生物缓冲带、防护林网、灌溉渠系等田间基础设施，恢复田间生物群落和生态链，实现农田生态循环和稳定。优化乡村种植、养殖、居住等功能布局，拓展农业多种功能，打造种养结合、生态循环、环境优美的田园生态系统”。因此，未来《环境保护法》修订应更多从生态系统整体出发，而不是从要素出发展开规范构建。

6. 绿色采购、绿色消费

《环境保护法》在第三章保护和改善环境中规定了绿色采购、绿色消费制度。“国家鼓励和引导公民、法人和其他组织使用有利于保护环境的产品和再生产品，减少废弃物的产生。国家机关和使用财政资金的其他组织应当优先采购和使用节能、节水、节材等有利于保护环境的产品、设备和设施。”①

事实上，除了绿色采购、绿色消费制度，绿色认证、绿色标识制度更为基础。“绿色采购和绿色消费作为促进环境保护的经济手段，需要与环保标志等信息手段配合使用才能发挥效用的特性。如果没有相关信息说明，无论国家机关和使用财政资金的其他组织，还是普通

① 《环境保护法》第36条。

消费者，都很难在购买使用前预知某一种产品、设备和设施是否具有'节能、节水、节材'等有利于环境保护的特征，或者是否属于再生产品等。"①从欧盟情况看，欧盟第834/2007号条例明确规定了有机农业标识制度。条例规定，只有符合本条例要求的产品才能粘贴有机生产标识、用于广告推广和商业文件当中，转基因产品不能使用这些标签。条例还"试图通过采用强制性欧盟商标措施使有机产品获得消费者的信赖"②，条例第23条规定，经营者应将管理代码粘贴在标签上，第25条第1款所指的预包装食品的标识也应出现在包装上；在使用标识的地方，还应在标识的同一视野中显示组成产品的农业原料的耕种地点，并酌情采用"EU Agriculture""non-EU Agriculture""EU/non-EU Agriculture"等标识。就我国而言，应更加重视绿色认证、标识制度建设，建议在未来《环境保护法》修订时增加绿色认证、绿色标识相关内容。

7. 农业农村环境污染防治

《环境保护法》在第四章防治污染和其他公害中规定了农业农村环境污染防治制度，包括(1)污染防治："各级人民政府及其农业等有关部门和机构应当指导农业生产经营者科学种植和养殖，科学合理施用农药、化肥等农业投入品，科学处置农用薄膜、农作物秸秆等农业废弃物，防止农业面源污染。禁止将不符合农用标准和环境保护标准的固体废物、废水施入农田。施用农药、化肥等农业投入品及进行灌溉，应当采取措施，防止重金属和其他有毒有害物质污染环境。畜禽养殖场、养殖小区、定点屠宰企业等的选址、建设和管理应当符合有关法律法规规定。从事畜禽养殖和屠宰的单位和个人应当采取措施，对畜禽粪便、尸体和污水等废弃物进行科学处置，防止污染环境。县级人民政府负责组织农村生活废弃物的处置工作。"③(2)资金支持："各级人民政府应当在财政预算中安排资金，支持农

---

① 全国人大常委会法制工作委员会：《中华人民共和国环境保护法释义》，法律出版社2014年版，第129页。

② ［英］布莱恩·杰克：《农业与欧盟环境法》，中国政法大学出版社2012年版，第173页。

③ 《环境保护法》第49条。

村饮用水水源地保护、生活污水和其他废弃物处理、畜禽养殖和屠宰污染防治、土壤污染防治和农村工矿污染治理等环境保护工作。”①(3)农村环境污染治理公共设施建设:“各级人民政府应当统筹城乡建设污水处理设施及配套管网,固体废物的收集、运输和处置等环境卫生设施,危险废物集中处置设施、场所以及其他环境保护公共设施,并保障其正常运行。”②这三条都是新增的条文,体现了 2014 年《环境保护法》修订时对农村环境保护问题的关注。

但这一规定还存在一些问题:

首先,对农村饮用水水源地保护不够。《环境保护法》只在资金支持和统筹城乡建设污水处理设施及配套管网等方面作出了规定,却未对保护农村饮用水水源地生态环境作出规定,未对农村饮用水水源调查评估和保护区划定、农村饮用水质监测、农村饮用水水源环境风险排查整治等作出规定,而农村饮用水水源地保护是《农业农村污染治理攻坚战行动计划》设定的重要行动目标③,应当进一步强化而不应被弱化。

其次,畜禽养殖污染防治在适用对象规定上有差异。《环境保护法》规定:“畜禽养殖场、养殖小区、定点屠宰企业等的选址、建设和管理应当符合有关法律法规规定。”在此,“有关法律法规规定”主要指《畜禽规模养殖污染防治条例》《生猪屠宰管理条例》等。④ 应当指出的是,国务院《畜禽规模养殖污染防治条例》⑤的适用对象是规模养殖单位而不是所有畜禽养殖场或者养殖户,而《环境保护法》的规定则适用于所有畜禽养殖场、养殖小区,两者适用范围并不完全一致。

再者,缺乏推进农业清洁生产、农业标准化生产和大力发展现代

---

① 《环境保护法》第 50 条。

② 《环境保护法》第 51 条。

③ 经国务院同意,生态环境部、农业农村部于 2018 年下发《农业农村污染治理攻坚战行动计划》提出“一保两治三减四提升”行动目标,“一保”,即保护农村饮用水水源,农村饮水安全更有保障。

④ 原国家环境保护总局于 2001 年制定的《畜禽养殖污染防治管理办法》已于 2016 年 6 月 30 日废止。参见环境保护部《关于废止部分环保部门规章和规范性文件的决定》。

⑤ 国务院《畜禽规模养殖污染防治条例》第 2 条指出:“畜禽养殖场、养殖小区的规模标准根据畜牧业发展状况和畜禽养殖污染防治要求确定。”

生态循环农业的规定。要实现“预防为主”原则应推广科学施肥、安全用药、绿色防控、农田节水等清洁生产技术与装备,实施种植业减量化利用、畜禽养殖废弃物循环利用、秸秆高值利用、水产养殖污染减排、农田残膜回收利用、农村生活污染处理等措施,但这些在《环境保护法》当中并未充分体现。

最后,缺乏目标约束。应按照《农业部关于打好农业面源污染防治攻坚战的实施意见》(农科教发〔2015〕1号)要求将防治目标具体化,即实现“一控两减三基本”。“一控”,即严格控制农业用水总量,大力发展节水农业,确保农业灌溉用水量保持在3720亿立方米,农田灌溉水有效利用系数达到0.55;“两减”,即减少化肥和农药使用量,实施化肥、农药零增长行动,确保测土配方施肥技术覆盖率达90%以上,农作物病虫害绿色防控覆盖率达30%以上,肥料、农药利用率均达40%以上,全国主要农作物化肥、农药使用量实现零增长;“三基本”,即畜禽粪便、农作物秸秆、农膜基本资源化利用,大力推进农业废弃物的回收利用,确保规模畜禽养殖场(小区)配套建设废弃物处理设施比例达75%以上,秸秆综合利用率达85%以上,农膜回收率达80%以上。农业面源污染监测网络常态化、制度化运行,农业面源污染防治模式和运行机制基本建立,农业资源环境对农业可持续发展的支撑能力明显提高,农业生态文明程度明显提高。①

此外,还应完善农村环境污染治理设施的建设、管护机制。明确地方党委和政府以及有关部门、运行管理单位责任,基本建立有制度、有标准、有队伍、有经费、有督查的村庄人居环境管护长效机制。鼓励专业化、市场化建设和运行管护,有条件的地区推行城乡垃圾污水处理统一规划、统一建设、统一运行、统一管理。②

8. 法律责任

2014年《环境保护法》修订对法律责任部分进行了强化,规定了按日计罚制度、超标超总量的法律责任、擅自开工建设的法律责任、

① 《农业部关于打好农业面源污染防治攻坚战的实施意见》(农科教发〔2015〕1号)。

② 中央农办、农业农村部等18部门关于印发《农村人居环境整治村庄清洁行动方案》的通知。

违规公开环境信息的法律责任、行政拘留、侵权责任、环境服务机构与污染者的连带责任、诉讼时效期间、上级对下级进行监督、监管部门的法律责任、刑事责任等条款，加大了惩处力度，体现了法律的威慑性。

但这部分规定也存在一些问题。在《环境保护法》中，第 33 条、第 49～51 条等是专门的农村环境保护法规范，这些规范基本上都是义务性规范和禁止性规范，都应在法律责任具体规定上有所体现。而实际情况却是，《环境保护法》只在第 63 条最后一款中规定："生产、使用国家明令禁止生产、使用的农药，被责令改正，拒不改正的情形下的法律责任。"其余的法律责任条款都是针对城市和工业污染防治方面的规定。如此一来，在环境法律责任领域就出现了违法情形与法律责任规定相脱节的情况，出现"城市"环保强，"农村"环保弱，"工业"环境保护标准高，"农业"环境保护标准低的局面。如果这种局面不及时进行调整或者修正，就会在区域间形成有差异的环境管制强度，使原本一体的环境法治面临断裂、碎片化的风险。[①] 基于此，未来《环境保护法》的修订应特别注重这一方面的修改要求，尽量做到违法行为与法律责任的相关性，避免出现违法情形与法律责任规定脱节。

（二）以一体化治理思路进一步修订完善《环境保护法》

虽然 2014 年《环境保护法》的修订充实了农村环境保护的内容，但仍然存在不少问题，未来继续完善的关键除了对某一条款进行补充改进，还需要沿着绿色法治发展要求，推动农村环境保护从碎片化治理向一体化治理转变。基于此，可以从以下几个方面作出努力。

1. 从城乡分立立法到城乡统筹协同立法

2014 年修订后的《环境保护法》在总体框架上仍然呈现总分结构，在分论部分围绕"保护和改善环境""防治污染和其他公害"展开，然后，在这两部分中对重要事项逐条予以规定。在"保护和改善环境"这一部分中，分列了农业与农村环境保护（第 33 条）和城市建设环境保护（第 35 条）；在"防治污染和其他公害"中，对农业、农村

① 李奇伟：《城市中心主义环境立法倾向及其矫正》，载《求索》2018 年第 6 期。

环境污染防治(第49条)、农村环境污染防治资金支持(第50条)和农村环境卫生设施和环境保护公共设施建设(第51条)作出规定,又对工业、城市环境污染防治的防污设施的设计、施工与投产、排污者防治污染责任、排污许可管理、工艺、设备和产品淘汰制度、化学物品和放射性物质安全管理等作出规定,呈现城乡分立立法特征。从实施情况看,人为分割的"城市"和"农村"环境管理体系在实践中产生了一系列不利后果,破坏了生态环境一体化规制原则,容易诱发环境污染转嫁与风险外溢,导致城乡环境非正义。

因此,从城乡分立到城乡一体转变应是未来我国《环境保护法》发展完善的方向。通过城乡统筹立法避免分割立法的各种弊端,重新整合"城市"和"农村"法制资源,实现对环境事务"城乡环境综合治理",将有助于健全完善我国环境法制体系。为了实现统筹安排,对于"城市"和"农村"共有的环境保护事项应尽可能实现一体化治理。在条件成熟时,在适当领域应逐步借鉴吸收《城乡规划法》立法模式,实现一体化调整,对城乡环境保护活动予以综合规范。①

2. 从农业农村环保立法到乡村绿色发展立法

针对农业环境保护,现行《环境保护法》主要规定了农业生态保护(第33条)、农业面源污染防治(第49条)等内容;针对农村环境保护,主要规定了农村环境综合整治(第33条)、农村生活废弃物处置(第49条)、农村环境污染防治资金支持(第50条)、农村环境卫生设施和环境保护公共设施建设(第51条)等内容。其立法理念体现了生态优先原则,突出了对农业农村环境问题的法律规制。但这样的立法思路也存在一些局限,单列农村环境治理事务自然突出了其重要性,但将农村环境治理事务从农村经济社会发展整体事务中剥离出来,并不利于农村环境问题的有效解决。

从欧美经验看,从单纯的农村环境保护政策转向农村发展政策,并推动实现农村发展政策的绿色化才是关键。"政策制定者逐渐认识到……需要进行政策转向:从农业结构政策转变为一个有更广泛基础的农村发展政策,以支持将农村地区作为一个整体寻求更广

① 李奇伟:《城市中心主义环境立法倾向及其矫正》,载《求索》2018年第6期。

泛的经济和社会进步。”[①]这不仅意味着政策着力点从农业转向了农村，相关政策法规由产业政策转向区域政策，更意味着以提高农村整体生活质量为目标推进环境保护与农村经济社会的协调发展，在更高层面推进农村各项事业的可持续发展。

对于我国法制建设而言，不只《农业法》要朝着这一方向迈进，《环境保护法》也需要如此。《环境保护法》的规制重点当然是防范环境污染和生态破坏行为，但也应该将农村环境保护与乡村振兴、绿色发展联系起来，在整体推进中相互促进。

3. 从社会事务管理立法到社会事务治理立法

在环境保护领域，由于关涉复杂多元的利益主体，如政府机构、污染企业、专家体系、媒体与公众等，农村环境治理需要各方在环境决策过程中充分表达、沟通、论辩、协商，并在利益碰撞中妥协平衡，进而形成治理共识，以实现对环境风险的合作规制。[②] 在这方面，2014 年《环境保护法》修订已经作出了积极努力。它明确了公众参与原则[③]，又新设“信息公开和公众参与”一章，对环境权利及其保障机制、环境信息公开、企业环境信息公开、公众参与、环境公益诉讼等内容进行了规定，反映出国家日益重视保障公众环境保护知情权、参与权、表达权和监督权，为农村环境保护领域公众参与奠定了法制基础。

当然，这样的规定还远远不够。从农村环境治理看，除了《环境保护法》规定的获取环境信息、参与环境保护和监督环境保护三项权利，还应增设私主体自我规制的内容。一方面，鼓励村民积极参与到环境治理建设中，通过信息公开、共建、共管等方式保障其参与权；另一方面，强化村委会在农业农村环境保护工作中协助推进垃圾污水治理和农业面源污染防治的责任，将农业农村环境保护纳入村规民约，建立农民参与生活垃圾分类、农业废弃物资源化利用的直接受益

---

① [英]布莱恩·杰克：《农业与欧盟环境法》，中国政法大学出版社 2012 年版，第 91 页。

② 李奇伟、李爱年：《论利益衡平视域下生态补偿规则的法律形塑》，载《大连理工大学学报(社会科学版)》2014 年第 4 期。

③ 《环境保护法》第 5 条规定：“环境保护坚持保护优先、预防为主、综合治理、公众参与、损害担责的原则。”

机制。引导农民保护自然环境,科学使用农药、肥料、农膜等农业投入品,合理处置畜禽粪污等农业废弃物。

二、农业法

除了《环境保护法》需要进一步修改完善,以《农业法》为核心的农业支持与农村发展政策法律法规也需要不断修订,逐步融入农村环境保护内容,形成环境法与农业法双重法律规制体系,以推动农村经济社会的可持续发展。

(一)基于“综合原则”对《农业法》进行修改完善

“综合原则”又称将环境保护纳入其他经济社会政策之中的原则。这里的“纳入”是指“对外”纳入(external integration),意味着将环境目标纳入国家或者地区的其他政策领域之中。[①] “综合原则”的意义在于,将原本孤立的政策领域有机融合,“强调相互关系,采取一种综合的并在区域内统一的办法实现对环境无害和持续的社会经济发展”[②]。进言之,在一体化政策下,农业农村环境保护不仅是环境法律制度规范的重点,也是其他经济社会政策法规,特别是农业法应当重点考虑的因素,在制定这些政策法规时迫切需要融入环境保护的要求。

在欧盟,“综合原则”已经上升到欧盟“宪法”的高度。自从1983年通过《欧共体第三个环境行动规划》以来,“将环境问题纳入欧共体的其他政策之中”已经成为欧共体环境政策的一个关键用语。“纳入”这个问题在《欧共体第四个环境行动规划》(1987—1992年)的框架中得到了进一步的解释,在《单一欧洲法》(1987年)第130R(2)条中获得了法律地位,该条规定:“环境保护要求必须成为共同体其他政策的一个组成部分。从那时起,欧共体委员会的各部门主任就有责任将环境保护要求视为他们有关政策领域的一个部分。”[③]

就我国而言,迫切需要基于“综合原则”对《农业法》进行修改完

---

① 蔡守秋:《欧盟环境政策法律研究》,武汉大学出版社2002年版,第132页。

② 1982年《内罗毕宣言》。参见蔡守秋:《欧盟环境政策法律研究》,武汉大学出版社2002年版,第132页。

③ 蔡守秋:《欧盟环境政策法律研究》,武汉大学出版社2002年版,第133页。

善。首先,目标融入。维护和改善农业生态环境和农村生活环境与提高农业生产效率、确保农产品供应和质量、提高农民的收入和生活水平等一样都应成为《农业法》的核心目标,而且为实现其他目标采取政策措施时也应综合考虑这些措施可能对生态环境造成的影响和效益。其次,过程和领域的融入。从农业生产、加工到流通、消费各个环节,都应该考虑环境因素;在粮食安全、农业投入与支持保护、农业科技与农业教育、农民权益保护、农村经济发展等各个领域也要考虑环境污染防治与自然资源保护,实现全过程管理。最后,政策对接。对农业农村环境保护的政策支持要与农业投入与支持连接,与农村经济发展措施连接,成为政策措施组成部分。

(二)针对现有规定存在的具体问题进行修改

1. 奖励措施

2012年《农业法》在第一章总则中规定了"奖励措施"。"全社会应当高度重视农业,支持农业发展。国家对发展农业和农村经济有显著成绩的单位和个人,给予奖励。"[①]依据这一规定,国家实施奖励政策的对象是"发展农业和农村经济有显著成绩的单位和个人",而不包括保护和改善环境取得显著成绩的单位和个人。显然,这一规定有较强的经济导向,而缺乏环境因素的考虑。未来,《农业法》的修订应适度扩张奖励范围,鼓励农民和农业生产经营组织实施保持良好农业耕作和保持适宜环境条件,鼓励进一步减少污染物排放和改善环境。

2. 农产品认证和标志制度

《农业法》规定:"国家支持依法建立健全优质农产品认证和标志制度。国家鼓励和扶持发展优质农产品生产。县级以上地方人民政府应当结合本地情况,按照国家有关规定采取措施,发展优质农产品生产。符合国家规定标准的优质农产品可以依照法律或者行政法规的规定申请使用有关的标志。符合规定产地及生产规范要求的农产品可以依照有关法律或者行政法规的规定申请使用农产品地理标

① 《环境保护法》第21条、第22条。

志。”[①]这一条款只规定了优质农产品认证和标志制度，还应增加有机农业认证和标志制度。推进有机农业生产政策有助于建立一个可持续的农业管理制度、生产高质量的产品，以满足消费者对使用无害于环境、人体健康、植物健康或动物健康和福利的工艺流程方法的产品需求。[②] 美国、欧盟等国家和地区已经就有机农业生产原则、方法、标识、监管等一系列问题从法律层面作出了规定。未来，我国《农业法》修订也需要逐步融入有机农业生产规则，推广有机农业认证和标志。

3. 化肥农药施用管理

《农业法》在多处对化肥农药施用管理进行了规定，强调了登记、许可、淘汰、禁用制度，规定了合理使用义务。未来《农业法》的修订应围绕减量增效展开规范构建。健全农业投入品减量使用制度，减少化肥和农药使用量，实施化肥、农药零增长行动，确保测土配方施肥技术覆盖率达 90%以上，肥料、农药利用率均达 40%以上，全国主要农作物化肥、农药使用量实现零增长。扩大低毒生物农药补贴项目实施范围，加速生物农药、高效低毒低残留农药推广应用，逐步淘汰高毒农药，推进病虫害统防统治和绿色防控。完善农药风险评估技术标准体系，加快实施高剧毒农药替代计划。

4. 农业投入与支持保护

《农业法》设专章对“农业投入与支持保护”进行规定，要求国家建立和完善农业支持保护体系，逐步提高农业投入的总体水平，鼓励和引导农民和农业生产经营组织增加投入，鼓励社会资金投向农业，鼓励企业事业单位、社会团体和个人捐资设立各种农业建设和农业科技、教育基金。这些措施确实有助于加大农业投入、为农业生产体系提供支持和保护。但这些措施并未将环境保护要求与获得政策补贴的条件联系起来，从而背离了一体化原则。

可以借鉴的做法是，吸收欧盟交叉遵守规则，将支持计划的支付与是否遵守有关生态环境保护、维护公众健康及动物福利的要求联

---

① 《农业法》第 23 条。

② 欧盟第 834/2007 号条例第 3 条目标。

系起来,从而确保支持计划的受益者保护或在可能时提升环境质量。[①] 依据欧盟理事会条例 1306/2013、委员会实施细则 809/2014 和委员会授权条例 640/2014 等法律文件,交叉遵守合规性的审查主要应考虑两方面因素,一是法定管理要求。它包含在《关于保护水体免受农业来源硝酸盐污染的指令》《关于野生鸟类保护的指令》等十三项欧盟法律[②]中,属于强制性要求。二是良好农业与环境条件要求。成员国应确保所有农业区,包括不再用于生产目的的土地,保持良好的农业和环境条件。未来,我国《农业法》修订也应适时引入交叉遵守规则,规定法定管理要求和良好农业耕作环境条件,推动绿色农业支持政策的发展。

5. 农村经济发展

《农业法》设专章对"农村经济发展"进行了规定,要求调整和优化农村经济结构,发展乡镇企业,有重点地推进农村小城镇建设,逐步完善农村社会救济、合作医疗制度,扶持贫困地区改善经济发展条件。但现有规定并没有涉及农村绿色发展的内容。随着乡村振兴战略的提出,如何创新体制机制推进农村绿色发展已经成为我国生态文明建设的重要方面。从欧美经验看,政策投入的重点已经从农业产业支持转向具备综合性的农村发展支持上,环境保护要求逐步融入农村绿色发展政策中,成为农村发展的重点领域或者优先方向。这一点对于我国农业法制建设具有借鉴意义。未来《农业法》的发展,应将"农村经济发展"这一章改为"农村发展支持",明确政府对农村绿色发展支持的重点方面、路径、措施,并将政策激励与相关措施挂钩。

6. 保育计划

《农业法》提出了加大农业投入与支持保护,为加强农业生态环境保护建设提供资金,增加对西部地区农业发展和生态环境保护的投入。这样的规定虽然明确了政府投入资金保护生态环境的义

---

① ［英］布莱恩·杰克:《农业与欧盟环境法》,中国政法大学出版社 2012 年版,第 111~116 页。

② Regulation（EU）No 1306/2013 of the European Parliament and of the Council Annex Ⅱ Rules on Cross-Compliance Pursuant to Article 93.

务，但太过原则操作性不强。相对而言，欧美国家在这方面制度设计则更为具体。2014 年美国《农业法》就专设第Ⅱ篇“保育”规定了保育保护区计划、保育管理工作计划、环境质量激励计划、农业保育地役权计划、地区保育伙伴关系计划、其他保育计划等内容，并对每一计划的目的、注册要求、拥有者和经营者责任、政府职责、补贴限额、合同条款等内容作出具体规定。政府投入也相对较大，从而产生了较好的社会效果。

就我国而言，在《农业法》修订时增设“保育计划”一章很有必要。一方面，随着我国经济社会发展，已经具备一定的财政实力，推动实现工业反哺农业、城市支持农村政策；另一方面，农村环境保护是我国环境保护工作的短板，亟须加强，而政策投入、资金支持是确保实施效果的重要因素，因此，应适时推动“保育计划”的制定和实施。

7. 法律责任

《农业法》设专章规定了法律责任，但条文相对较少，只有 6 条且未专门针对环境污染和生态破坏行为。这样一来，与《环境保护法》存在的问题一致，在法律责任领域出现了违法情形与法律责任规定相脱节的情况。因此，未来《农业法》的修订应特别注重这一方面的修改要求，尽量做到违法行为与法律责任的相关性，避免违法情形与法律责任规定脱节的情况出现。

三、环境保护单行法律

农村环境保护工作的具体展开离不开环境单行法的制定实施。从现状看，我国已经形成了以《环境保护法》为基本法，涵盖自然资源保护法和污染防治法两大领域的环境法律体系。[①] 在这一框架下，环境保护单行法律的完善应围绕自然资源保护法和污染防治法两部分展开。

（一）污染防治单行法

现行污染防治单行法主要包括《大气污染防治法》《水污染防治

① 李爱年、周圣佑：《我国环境保护法的发展：改革开放 40 年回顾与展望》，载《环境保护》2018 年第 20 期。

法》《土壤污染防治法》《固体废物污染环境防治法》《环境噪声污染防治法》《放射性污染防治法》等。对这些单行法的修订完善应主要从框架结构和具体制度两个方面展开。

1. 单行法结构的改进

一直以来,我国环境保护法制建设都呈现出城市中心主义立法倾向[①],重工业、重城镇,轻农村环境保护,致使农村和农业环境法制被边缘化。[②] 这种情况在2000年以后逐步得到调整。《水污染防治法》在2008年修订时,增加了"农业和农村水污染防治"一节,在2017年修正时又对该部分内容作出了调整;《大气污染防治法》在2015年修订时,增加了"农业和其他污染防治"一节;《土壤污染防治法》在2018年制定时,在第四章风险管控和修复中单列"第二节　农用地",并在环境监测、预防、风险管控和修复、保障和监督、法律责任等章节都规定了农用地污染防治有关内容。

应当说,在要素型污染防治单行法中单列出农业和农村污染防治一章或者一节以突出其重要地位非常必要,因为农村环境保护不仅与城市环境保护一样重要,而且具有面源污染的特殊性。因此,未来《固体废物污染环境防治法》《环境噪声污染防治法》等污染防治单行法在修订时,也应考虑农村环境保护因素,在框架结构上适时作出调整。

2. 具体制度的健全

第一,《大气污染防治法》的修订完善。2015年修订的《大气污染防治法》对化肥、农药的不合理施用、禽畜养殖业臭气释放、秸秆露天焚烧等重点问题作出了规定。进一步的修订应增加对农村燃煤污染问题的关注,另外,在法律责任部分明确规定化肥、农药的不合理施用、禽畜养殖业臭气释放的违法后果。

第二,《水污染防治法》的修订完善。现行《水污染防治法》针对农村污水处理设施建设、农业水污染防治、农村饮用水水源安排等内容作出了规定。未来的修订还应从两个方面入手。

---

① 李奇伟:《城市中心主义环境立法倾向及其矫正》,载《求索》2018年第6期。

② 谢玲、黄锡生:《城乡一体化背景下农村饮用水安全法律制度的重构》,载《华中农业大学学报(社会科学版)》2015年第3期。

一是补充相关内容。将农村水环境治理纳入河长制、湖长制管理范围;在有条件的地区探索建立污水垃圾处理农户缴费制度;对地下水超采作出严格规定。

二是进一步完善现有制度。针对农村污水处理设施建设,应以县级行政区域为单位,实行农村生活污水处理统一规划、统一建设、统一管理,并保障已建成的农村生活垃圾污水处理设施正常运行;针对畜禽养殖污染防治,应推行标准化规模养殖,配套建设粪便污水贮存、处理、利用设施,改进设施养殖工艺,完善技术装备条件,鼓励和支持散养密集区实行畜禽粪污分户收集、集中处理;针对水产养殖污染防治,应推行水产健康养殖制度,合理确定湖泊、水库、滩涂、近岸海域等养殖规模和养殖密度,逐步减少河流湖库、近岸海域投饵网箱养殖,防控水产养殖污染;针对农田灌溉用水,制定农田污染控制标准,建立监测体系,严格工业和城镇污染物处理和达标排放,依法禁止未经处理达标的工业和城镇污染物进入农田、养殖水域等农业区域。

(二)自然资源保护法

现行自然资源保护法主要包括《水法》《土地管理法》《渔业法》《矿产资源法》《森林法》《野生动物保护法》《水土保持法》《防沙治沙法》《畜牧法》《节约能源法》《可再生能源法》等。对这些单行法的修订完善也可以从两个方面展开。

1. 从农村自然生态系统角度进行整合

农村是自然资源和环境的复合区域,生态环境具有多样性,应从农村自然生态系统整体出发进行法制设计,避免出现碎片化治理困境。而事实情况却是,《水法》管水、《土地管理法》管耕地、《草原法》管草地、《森林法》管森林、《野生动物保护法》管野生动物。每部单行法都以某一环境要素为对象进行部门管理,从而违背了生态系统整体治理要求。从国外情况看,美国较早将生态系统完整理念作为原则纳入国内法的,1972 年《清洁水法》规定"恢复和保持国家水域的化学、物理和生物完整性"作为立法的唯一目标。[①] 加拿大 1988 年

① See 33 U. S. Code § 1251(a).

《国家公园法》将生态完整性定义为“一种被确定为其自然区域的特征并可能持续存在的条件,包括非生物成分、天然物种和生物群落的组成和丰度、变化率和支持过程”。[①] 就我国而言,未来加强农村自然资源保护立法,需要遵循生态系统整体性、生物多样性规律,围绕生物栖息地保护整合相关立法内容,改要素法为生态系统法,推动要素融合、区域规划与系统管理糅合、利用与保护相结合。

2. 具体制度的健全

第一,《水法》的修订完善。现行《水法》针对节水型农业、农业蓄水防渗漏措施等内容作出了规定。未来的修订还应从两个方面入手:一是在《水法》中增设“水生态修复”一章,体现开发、利用、保护相结合的思路;二是具体规定节约高效的农业用水制度。确立水资源开发利用控制红线、用水效率控制红线和水功能区限制纳污红线。强化农业取水许可管理,推行农业灌溉用水总量控制和定额管理。加快建立合理农业水价形成机制和节水激励机制,充分利用天然降水,积极有序发展雨养农业。

第二,《土地管理法》的修订完善。首先,应注重耕地质量保护。现有规定主要以耕地数量不下降为目标,落实耕地红线要求,严格控制耕地转为非耕地,实行占补平衡机制。未来,《土地管理法》则应兼顾数量和质量双重目标,融入耕地质量提升、保护、考核机制。其次,应建立耕地轮作休耕制度。在确保国家粮食安全和农民收入稳定增长的前提下,对土壤污染严重、区域生态功能退化、可利用水资源匮乏等不宜连续耕作的农田实行轮作休耕。最后,完善农地生态补贴制度。建立与耕地地力提升和责任落实相挂钩的耕地地力保护补贴机制,继续支持退耕还林还草,增设农地保育计划,对优先资源关切、促进和提高农业生产和改善环境质量等行为予以政策补助。

第三,《渔业法》的修订完善。一方面,科学划定江河湖海限捕、禁捕区域,健全海洋伏季休渔和长江、黄河、珠江等重点河流禁渔期制度,率先在长江流域水生生物保护区实现全面禁捕,严厉打击“绝户网”等非法捕捞行为。另一方面,实施海洋渔业资源总量管理制

---

① See Canada National Parks Act, S. C. 2000 c. 32, s. 2(1), 2001.

度，完善渔船管理制度，建立幼鱼资源保护机制，开展捕捞限额试点，推进海洋牧场建设。完善水生生物增殖放流，加强水生生物资源养护。因地制宜实施河湖水系自然连通，确定河道砂石禁采区、禁采期。

第二节　农村环境保护地方立法的规范

在法制纵向结构上，随着农村环境污染与生态破坏形势加剧，在我国农村环境保护法律体系中开始出现地方立法的身影。正如前面所分析的，通过北大法宝以关键词“农业环境保护”搜索地方法规规章有 36 项结果，其中，地方性法规 31 部，地方政府规章 5 部；以关键词“基本农田”搜索地方法规规章，现行有效的有 45 项，其中，地方性法规 35 部，地方政府规章 10 部；以关键词“农药”搜索地方法规规章，现行有效的有 15 项。总体来看，农村环境保护体现在地方政策法规中的数量较为可观。而且，中央对地方进行先行先试立法也持鼓励态度。2018 年，《农村人居环境整治村庄清洁行动方案》（农社发〔2018〕1 号）就指出：“鼓励各地区结合实际，制定农村垃圾治理条例、乡村清洁条例等地方性法规规章和规范性文件。”未来，需要加强中央和地方立法协调、促进地方立法规范化、调整完善地方立法规范内容。

一、中央和地方立法的协调

根据《立法法》第 73 条和第 82 条的规定，有地方立法权的人大及其常委会与政府可以就环境保护事项作出规定。换言之，地方出台相关立法符合《立法法》所设定的地方性法规、规章的立法权限。在农村环境保护问题上，中央和地方都有立法权，那么该如何协调？应注意以下 3 个方面。

第一，在立法时序上，可以依循地方立法先行先试，再到全国人大及其常委会统一立法的过程。特别是那些国家级试点地区，如《全国农业可持续发展规划（2015—2030 年）》（农计发〔2015〕145 号）要求,建设东北黑土地保护、西北旱作区农牧业可持续发展、黄淮海平原地下水超采综合治理、长江中下游耕地重金属污染综合治理、西南华南石漠化治理、西北农牧交错带草食畜牧业发展、青藏高原草地生态畜牧业发展、水产养殖区渔业资源生态修复、畜禽污染治理、农业废弃物循环利用等10个类型的农业可持续发展试验示范区。应当积极推动此类试点活动,从政策实验的视角展开地方立法,并在时机成熟时适时推动中央立法。

第二,在立法重点上,中央和地方立法应有所区分。由于农村环境存在显著的地域性,受到各种自然因素,如自然资源分布、地形、气候等,以及人为因素,如监管体制、治理方式、经济社会发展水平等的影响,因此,在立法分工合作中,既要注重一统性立法的原则性、框架性,又要注重地方立法的差异性。正如《立法法》所要求的,"制定地方性法规,对上位法已经明确规定的内容,一般不作重复性规定"。[①] 地方立法应在国家层面立法框架基础上,根据本地的实际情况拟定与本地条件相适应的治理形式、程序、标准,通过地方立法所采取的具体措施将国家层面的立法内容与区域性事务特征相结合,使之更为具体,更具操作性,以提升农村环境治理效率。例如,东北地区可以就黑土地保护制定地方立法,长江中下游地区可以就重金属污染综合治理和农地污染防治制定地方立法,黄淮海平原地区则可以针对地下水超采制定地方立法。

第三,在立法冲突时,应及时进行调整。"生态文明与美丽中国的建设目标离不开环境法的制度供给与规范导引,但目前环境法在表现形式、内部结构、效力等级等方面的矛盾与冲突不仅在法律体系内产生了效力抵牾,也直接影响环境法制的运行实效,导致法律逆向调节效应。"[②] 对于农村环境保护地方立法而言,同样应关注立法的合法性问题。不仅是立法权限,也包括规范内容。需要按照《立法法》的规定,强化省、自治区的人民代表大会常务委员会合法性审查职能,在发现抵触时及时作出处理决定。

---

① 《立法法》第73条。

② 秦鹏、李奇伟:《协调各方利益冲突 规范环境立法途径》,载《环境保护》2013年第13期。

二、地方立法行为的规范

第一，地方立法主体资格的规范。地方层面农村环境保护政策法规文件的制定主体呈现多元化倾向。既有人大及其常委会和政府，又有其他国家机关，如《江西省人民政府办公厅关于加强农村能源和农业环境保护工作的通知》（赣府厅发〔1994〕28号）由江西省人民政府办公厅下发。《陕西省人民政府办公厅关于进一步加强农村环境保护工作的通知》（陕政办发〔2008〕49号）由陕西省人民政府办公厅制定。《德州市人民政府办公室关于进一步加强农村环境保护工作的通知》（德政办发〔2009〕1号）由德州市人民政府办公室制定。显然，这些文件的制定主体并不具备立法权。因此，这些以"通知""意见"为名称的各种规范性文件，实际的权威性、约束性并不够。按照2015年《立法法》修订的精神，设区的市人大及其常委会、政府获得了地方立法权，这不仅扩大了这些设区的市的立法权限，同时，也开启了地方规范性文件法制化之路。借助这一契机，应逐步将制定地方规范性文件的权力收归有立法权的机关，并开始对以往制定的规范性文件进行清理，该作废的作废，该调整的由有立法权的机关进行调整，重新颁布。

第二，地方立法程序的规范。应严格按照《立法法》的有关规定，相关立法在提出、审议和表决时，依据相应的法定程序，并在立法获得通过后，通过权威渠道予以刊载、公告、备案。

三、地方立法内容的调整完善

第一，应根据四点实践的情况及时进行调整反馈。一些地方已经注意到了这一点，如《山东省农业环境保护条例》于1994年制定，后经过1997年、2004年、2013年三次修订；《广西壮族自治区农业环境保护条例》于1995年制定，后经过2004年、2016年两次修订；《银川市农村环境保护条例》在2012年颁布实施后，于2018年做了修改完善。

第二，应突出地方特色，对各地农村环境保护重点事项进行规定。例如，对大气污染防治重点区域，如京津冀及周边、长三角、汾渭平原等应加强农业秸秆污染的防控,规定秸秆禁烧区划定方案、综合利用、责任追究办法;在农地污染防治重点区域,如湖南、江西等长江以南地带应加强农用地土壤污染防治和重金属污染修复,规定修复责任、风险管控方案、安全利用标准等;在黑土地保护重点区域——北起大兴安岭,南至辽宁省南部,西到内蒙古东部的大兴安岭山地边缘,东达乌苏里江和图们江,行政区域涉及辽宁、吉林、黑龙江以及内蒙古东部的部分地区①,应针对提升黑土区农田系统、生产能力、生态环境、资源利用的可持续性制定地方立法,明确规制目标、保障措施、责任机制等。

第三,应健全地方农村环境保护监督管理体制。一方面,应明确乡镇一级农村环境保护管理机构。现有地方立法,如《广西壮族自治区农业环境保护条例》等只是规定:"各级人民政府应当将农业环境保护纳入国民经济和社会发展规划,对本行政区域的农业环境质量负责。"②"县级以上人民政府环境保护行政主管部门,对本行政区域的环境保护工作,实施统一监督和管理。"③而没有明确乡镇一级农村环境保护监督管理机构,也没有规定农村基层组织环境保护义务。未来,地方立法应该结合地方特点在这方面作出规定,填补管理空洞,另一方面应该按照中共中央办公厅、国务院办公厅印发《关于深化生态环境保护综合行政执法改革的指导意见》,整合农村环境执法职责、组建执法队伍、规范机构设置、优化职能配置、明确执法层级实现生态环境保护综合执法,按照属地管理、重心下移的原则,减少执法层级,合理划分各级生态环境保护综合执法队伍的执法职责。

第四,积极推进农村人居环境立法。地方应该结合各自实际制定农村垃圾治理条例、乡村清洁条例等地方性法规规章和规范性文件。

---

① 《东北黑土地保护规划纲要(2017—2030年)》(农发〔2017〕3号)。

② 《广西壮族自治区农业环境保护条例》第3条。

③ 《广西壮族自治区农业环境保护条例》第7条。

第三节　农村环境保护环境标准体系的构建

在农村环境保护法制体系中，有一个重要的以技术规范为依据的组成部分——环境标准。“它同法律一样是一种具有规范性的行为规则。其特点是不以法律条文形式规定人们的行为模式和法律后果，而是通过一些具体数字、指标、技术规范来表示行为规则的界限，以规范人们的行为。”①就农村环境保护而言，环境标准体系既包括强制性标准，如环境质量标准、污染物排放标准，也包括推荐性标准，如各项技术导则；既包括国家级标准、行业标准，也包括地方标准。随着我国农村环境保护实践的推进，现有农村环境标准体系呈现出诸多问题，亟须调整完善，以适应实践发展的需要。

一、以预防原则构建农业投入品质量标准

农业投入品是指在农业和农产品生产过程中使用或添加的物质，主要包括农用生产资料产品和农业设施设备两类。农用生产资料产品分为生物投入品和化学投入品。生物投入品主要包括种子、苗木、微生物制剂（包括疫苗）、天敌生物和转基因种苗等；化学投入品主要包括农药（包括生物源农药）、兽药、动物激素、抗生素、保鲜剂等。农业设施设备主要包括农机具、农膜、温室大棚、灌溉设施、养殖设施、环境调节设施等。②

农业投入品管理是确保农产品质量安全③、预防农业污染和生态破坏的重要措施。传统农业投入品管理注重产品的质量和功效，对投入品对生态环境的影响关注较少，而可持续农业发展要求从源头进行控制，对农业投入品生产、加工、销售、使用各个环节进行有效管

---

① 韩德培：《环境保护法教程》，法律出版社 2015 年版，第 115 页。

② 史致国、金红云：《农药与病虫草鼠害综合防控》，中国农业科学技术出版社 2015 年版，第 113 页。

③ 陈德明、张瑞明：《蔬菜标准园生产与管理技术》，上海科学技术出版社 2016 年版，第 171 页。

理。以农药管理标准为例,现有标准主要为测定标准,如《粮食和果蔬质量　有机磷农药的测定　气相色谱法》《水质　有机氯农药和氯苯类化合物的测定　气相色谱-质谱法》《固体废物　有机磷农药的测定　气相色谱法》等。未来,应加强农药产品质量标准建设,完善农药风险评估技术标准体系。在《百菌清原药》《井冈霉素水剂》《阿维菌素原药》《毒死蜱原药》《草甘膦水剂》《噻虫嗪原药》《右旋烯丙菊酯原药》《吡蚜酮原药》《高效氟吡甲禾灵原药》《春雷霉素原药》《精吡氟禾草灵乳油》等产品标准中,从成分选取、含量、毒性、使用剂量等方面予以控制,加速生物农药、高效低毒低残留农药推广应用,逐步淘汰高毒农药,推进病虫害统防统治和绿色防控,同时,修订并严格执行农药安全使用标准。

二、进一步完善强制性环境标准体系

《环境标准管理办法》第 5 条规定,环境标准分为强制性环境标准和推荐性环境标准,环境质量标准、污染物排放标准和法律、行政法规规定必须执行的其他环境标准属于强制性环境标准。

未来,应逐步形成城市与农村、工业与农业并重的强制性环境标准体系。一方面,应不断修订完善现有的环境标准。对于《环境空气质量标准》,应将农村地区环境空气功能区与居住区、商业交通居民混合区、文化区、工业区等进行区分,定位应略低于一类区、高于二类区;对于《地表水环境质量标准》,农业用水区标准不应比工业用水区Ⅳ类标准低,而应将其归为Ⅲ类水质;对于《农田灌溉水质标准》,应当禁止工业废水作为农田灌溉用水。[①] 同时,修订耕地质量、土壤环境质量、农用地膜、饲料添加剂重金属含量等标准,制定、修订农兽药残留、畜禽屠宰、饲料卫生安全、冷链物流、畜禽粪污资源化利用、水产养殖尾水排放等国家标准和行业标准,为生态环境保护与建设提供依据。

另一方面,应制定出台《农业废弃物污染控制标准》《农业源水污染物排放标准》《水产养殖尾水排放标准》《农村生活污水处理排

---

① 李奇伟:《城市中心主义环境立法倾向及其矫正》,载《求索》2018 年第 6 期。

放标准》等系列标准。在标准分级上，除了加强国家环境标准、环境保护行业标准以外，还应着重加强地方环境标准建设。对已有国家标准规范的事项，可以根据地方实际制定严于国家标准的地方标准；对国家没有制定环境标准而又有现实需要的领域，特别是农村、农业领域内各项活动，地方应积极行使环境标准制定权对这些活动予以规范。在标准类型上，应形成类型多样、结构合理、相互补充的环境标准体系。既重视污染防治标准建设，又注重提升环境质量标准的数量和质量；既强调点源型环境控制标准的完善，又关注面源型环境控制标准的发展。①

三、发展与农村环境保护有关的技术导则

除了修订完善环境质量标准和污染物排放标准以外，还应注重发展与农业环境保护有关的技术导则。这些技术导则一般由环境保护部制定发布，针对农村环境保护某项特定活动展开，对该项活动的一般性原则、方法、程序、内容提出要求。从法律性质上属于推荐性环境标准。

目前，在我国环境管理的诸多领域都存在环境技术导则。例如，《农村生活污染控制技术规范》（HJ 574—2010）、《农村生活污染防治技术政策》（环发〔2010〕20 号）、《农药使用环境安全技术导则》（HJ 556—2010）、《农业固体废物污染控制技术导则》（HJ 588—2010）、《淡水水生生物水质基准制定技术指南》（HJ 831—2017）、《畜禽养殖业污染防治技术规范》（HJ/T 81—2001）、《国家级生态村创建标准（试行）》（环发〔2006〕192 号）、《农村环境连片整治技术指南》（HJ 2031—2013）、《农村饮用水水源地环境保护技术指南》（HJ 2032—2013）、《村镇生活污染防治最佳可行技术指南（试行）》（HJ-BAT-9）、《规模畜禽养殖场污染防治最佳可行技术指南（试行）》（HJ-BAT-10）、《畜禽养殖禁养区划定技术指南》等。

未来，仍需进一步制修订的农村环境保护技术导则，包括：《农田污染土壤治理工程技术规范》《规划环境影响评价技术导则——农

---

① 李奇伟：《城市中心主义环境立法倾向及其矫正》，载《求索》2018 年第 6 期。

业》《排污单位自行监测技术指南　农药制造》《地下水污染防治与修复技术指南》《废水综合毒性评价技术规范》等，使与农村环境保护相关的各项技术活动能够获得规范指引。

第四节　农村环境保护专门立法的构建

农村环境保护相关立法、地方立法、技术规范标准，再加上农村环境保护专门立法共同构成了较为完整的农村环境保护法制体系。就我国情况而言，展开农村环境保护法律制度构建也需要考虑专门立法的问题：采取何种立法模式？立法的定位如何？在具体制度建构上如何实现"本土化"？等等。诸如此类的问题是我国农村环境保护法律制度设计与型构过程中需要正视与解决的课题。

一、农村环境保护专门立法模式的选择

立法模式是一个内涵丰富、极具伸缩性的概念。[①] 针对农村环境保护，立法模式的具体内涵，主要包括下列几方面问题：第一，农村环境保护立法是分散立法还是专门立法；第二，如果展开专门立法，那么立法的形式是法律、行政法规还是其他；第三，在法律体系上，农村环境保护专门立法如何融入既有环境法体系。

（一）应专门针对农村环境保护展开立法

域外国家和地区关于农村环境保护活动的规范依据主要呈现为两种形态。

一是通过分散立法的形式予以规范。例如，美国的《农业法》《有机食品生产法》《农业安全与农村投资法》《濒危物种法》《联邦水污染控制法》《联邦杀虫剂、杀菌剂和灭鼠剂法》《资源保护和恢复法》《有毒物质控制法》《综合环境响应全面环境反应、赔偿和责任法》《应急预案和社区知情权法》等；欧盟的《欧洲联盟条约》《欧盟环

---

① 梁剑琴：《世界主要国家和地区土壤污染防治立法模式考察》，载《法学评论》2008年第3期。

境行动计划》《欧盟共同农业政策》《关于保护水体免受农业来源硝酸盐污染的指令》《关于野生鸟类保护的指令》《关于保护自然栖息地和野生动植物的理事会指令》《关于食品法一般原则要求、建立欧洲食品安全局以及制定食品安全管理程序的指令》《限制在农场动物中使用具有激素或抑制作用的物质和β-激动剂的指令》《关于猪的鉴定和登记指令》《关于牛的鉴定和登记指令》《关于建立绵羊与山羊鉴定与登记制度的理事会条例》《关于预防、控制和消除某些遗传性海绵状脑病的规则》《关于加强市场植物保护产品的指令》《保护牛的最低标准》《保护猪的最低标准》《保护为耕作目的饲养动物的规定》等十三项欧盟法律。①

二是通过专门立法形式予以规定。例如,1999年瑞典制定实施了《农业环保法》,明确了政府监管义务、污染者付费原则和节省原材料和能源的"生态环境原则",针对环境质量目标的达成、环境影响评价活动、自然保育行为、水中作业、采石、耕作活动、基因工程、化学投入品和生物技术有机物、废物垃圾管理等作出了详细规定。②

笔者认为,根据我国国情,对农村环境保护进行专门立法有其必要性和可行性。

第一,规范农村环境保护活动的实践需要是制定一部专门法律法规的现实动因。

社会需要是产生立法的基本动力,回应社会需要积极展开相应立法则是立法机关的职责。就我国而言,农村环境保护实践经历了从无到有,从自发到规范,从不被重视到重视,从试点到普遍关注的发展过程,政府主导与公众参与正融合生成具有中国特色的农村环境保护实践。从国家层面看,优化发展布局,稳定提升农业产能;保护耕地资源,促进农田永续利用;节约高效用水,保障农业用水安全;治理环境污染,改善农业农村环境;修复农业生态,提升生态功能等正成为农业可持续发展的重要任务。③ 国家的目标是到2020年,严

---

① Regulation (EU) No 1306/2013 of the European Parliament and of the Council Annex Ⅱ Rules on Cross-Compliance Pursuant to Article 93.

② 陈泉生:《循环经济法研究》,中国环境科学出版社2009年版,第354页。

③ 《全国农业可持续发展规划(2015—2030年)》。

守18.65亿亩耕地红线，主要农作物化肥、农药使用量实现“零增长”，化肥、农药利用率达到40%；秸秆综合利用率达到85%，养殖废弃物综合利用率达到75%，农膜回收率达到80%；全国森林覆盖率达到23%以上，湿地面积不低于8亿亩，基本农田林网控制率达到95%，草原综合植被盖度达到56%；到2020年，全国粮食(谷物)综合生产能力稳定在5.5亿吨以上，农产品质量安全水平和品牌农产品占比明显提升①。这些农村环境保护活动的开展，不仅需要投入大量的资金、技术、人力，更需要稳定的制度措施以明确各方权利义务，规范各方行为，从而为农村环境保护各项活动提供制度支撑。这成为农村环境保护专门立法的现实动因。

第二，相关立法准备活动为专门立法打下了坚实基础。

从中央层面看，20世纪80年代末，我国就开始规划制定《农业环境管理条例》。1989年6月2日，原农业部何康部长在农业部环境保护委员会第四次会上讲话指出：“关于法规和制度建设，应抓紧全国农业环境管理条例以及渔业和乡镇企业环境管理条例的起草工作，成熟一个报批一个，特别是《农业环境管理条例》，应主动做好同国家环保局等有关部门的协调，部内有关司局也要积极配合，争取早日向国务院法制局报出。”②1989年6月20日，原农业部环境保护委员会第四次会议指出：“抓紧起草《农业环境管理条例》《渔业水域环境监督管理条例》《乡镇企业环境保护管理条例》，争取尽快报批；研究加强乡镇企业环境管理和污染防治工作。”③1989年11月8—11日，全国农业环境法制建设问题研讨会召开，指出：“抓紧《中华人民共和国农业环境管理条例》的协调送审工作。与会代表认为，《中华人民共和国农业环境管理条例》经过四年的调研、起草及与有关部门协商，十易其稿，已较为成熟，各有关部门应本着保护农业生产力，向农业倾斜的精神，通力协作，争取尽快上报送审，早日出台，以缓解农

① 中共中央办公厅、国务院办公厅印发《关于创新体制机制推进农业绿色发展的意见》。

② 农业部环保能源司，农业部环境监测总站：《农业环境管理法规资料汇编》，天津科技翻译出版公司1991年版，第503页。

③ 农业部环保能源司，农业部环境监测总站：《农业环境管理法规资料汇编》，天津科技翻译出版公司1991年版，第498页。

业环境保护工作无专门法制可依之急。”①

之后，经过长时间的探索，国家有关部门开始着手制定《农村环境保护条例》。2005 年《“十一五”全国环境保护法规建设规划》指出：“为填补生态保护的法律空白，需要制定相关的法律、法规和规章。主要包括《自然保护区法》《生物安全法》《土壤污染防治法》《遗传资源保护法》《生态保护法》等法律，《西部开发生态保护监督条例》《农村环境保护条例》《畜禽养殖污染防治条例》《生物物种资源保护条例》《生态功能保护区建设与管理条例》等行政法规，《生态示范管理办法》《有机产品管理办法》《生态功能区划管理办法》《国家级自然保护区监督检查办法》《环保用微生物环境安全管理办法》《转基因生物环境安全管理办法》等部门规章。”②2007 年，原国家环保总局《关于进一步加强生态保护工作的意见》指出：“加强生态保护立法工作。积极配合全国人大做好自然保护区法的立法工作，总局要依据职责抓紧研究拟订土壤污染防治法、转基因生物安全法、生态保护法、畜禽养殖污染防治条例、农村环境保护条例、生物遗传资源管理条例等法律、法规草案建议稿；加快制订矿山生态恢复治理、生态脆弱区评估、自然保护区和生态功能区生态功能评估等方面的标准。各地要结合实际，抓紧拟订一批地方性生态保护法规、规章和标准。”③

从地方层面看，自从 1991 年山西省通过《山西省农业环境保护条例》以后，地方农业环境保护专门立法进程速度在明显加快。1993 年《湖北省农业环境保护条例》、1994 年《山东省农业环境保护条例》《宁夏回族自治区农业环境保护条例》、1995 年《广西壮族自治区农业环境保护条例》、1996 年《辽宁省农业环境保护条例》等，到 2018 年年底，总计有 17 个省一级人大及政府推出了本省市农业环境保护地方性法规规章，成为我国农村环境法制体系的重要组成部分。这

① 农业部环保能源司、农业部环境监测总站：《农业环境管理法规资料汇编》，天津科技翻译出版公司 1991 年版，第 515 页。

② 陈泉生：《环境法学》，厦门大学出版社 2008 年版，第 352 页。

③ 王怀安、顾明、祝铭山：《中华人民共和国法律全书》，吉林人民出版社 2007 年版，第 370 页。

些先行先试的专门立法符合《立法法》所规定的立法权限，保障了地方农业环境保护实践的顺利进行，并为未来中央层面立法打下了良好基础。

第三，相较于分散立法，专门立法形式更符合中国的实际。

一方面，我国经济社会结构呈现城乡二元分立特征，并依据城乡分治的思路，形成了二元土地制度、二元就业制度、二元社会保障制度、二元住房制度、二元教育制度、二元医疗制度。[①] 这意味着在一定程度上城市与农村是分割的，农村区域具有特殊性，农村环境保护面临的主要问题、工作任务和城市区域并不完全一致，有必要针对其特殊性展开专门的法律规制。另一方面，现有环境监督管理体制设计、环境法制结构事实上呈现出某种“城市中心主义倾向”，有着浓厚的“为城市立法、为工业立法”印记，通过非均衡的权利义务安排使社会资源配置整体上向城市和工业环境保护倾斜，致使农村和农业环境法制被边缘化。[②] 在这种情况下，更应该通过农村环境保护专门立法矫正这种倾向，充分考虑城市和农村环境保护的共性与个性，平等对待、兼顾协调城市和农村在环境保护方面的各项利益。[③] 其实，国外立法例，如 1999 年瑞典《农业环保法》等的成功实践，已经表明农业环境保护专门立法具有可行性。

（二）专门立法的形式应从行政法规向法律逐步调整

农村环境保护专门立法将以何种形式呈现，存在两种可供选择的方案。一种以法律的形式，另一种以国务院行政法规的形式。有观点就认为，有必要尽快制定一部全国性的《农业生态环境保护法》，对涉及农业生态环境的一系列问题进行规范，体现污染防治与生态环境保护相结合，侧重生态环境保护的指导思想，协调与大环境保护之间的关系，减少法律规定的交叉，赋予农业行政主管部门行使农业生态环境保护方面的职责，从而推动整个农业生态环境保护法

① 易小光：《统筹城乡发展的就业、户籍与土地利用制度联动研究》，中国经济出版社 2013 年版，第 14 页。

② 谢玲、黄锡生：《城乡一体化背景下农村饮用水安全法律制度的重构》，载《华中农业大学学报（社会科学版）》2015 年第 3 期。

③ 李奇伟：《城市中心主义环境立法倾向及其矫正》，载《求索》2018 年第 6 期。

制建设,进一步完善我国环境保护的法律体系。[①] 也有观点认为,农村环境保护还缺乏一部综合性的《农村环境保护条例》。应当由国务院以《环境保护法》为依据,制定《农村环境保护条例》,对农村地区各类与环境和资源保护相关的开发利用行为,以及农村的生产、生活活动作出统一规范。[②] 笔者认为,两种思路并不矛盾,可以先制定《农村环境保护条例》,再等到条件成熟时由全国人大常务委员制定法律。

之所以如此,一方面是因为现阶段先由国务院制定行政法规会更快的推动专门立法进程以满足农村环境治理的需要。按照《立法法》的规定,国务院可以就下列事项作出规定:为执行法律的规定需要制定行政法规的事项;《宪法》第 89 条规定的国务院行政管理职权的事项。[③] 显然,国务院有权就农村环境保护事项作出规定。同时,正如前述,相关部门已经从 20 世纪 80 年代开始就《农业环境管理条例》《农村环境保护条例》的制定进行了大量立法准备,《"十一五"全国环境保护法规建设规划》也明确将《农村环境保护条例》定位为行政法规。基于此,加速推进《农村环境保护条例》的立法进程具备较好的基础和条件。

另一方面,等到条件成熟时应由全国人大常务委员制定《农村环境保护法》。相较于部门规章,由国务院制定《农村环境保护条例》既可以防止多个监管部门职责不清、争权避责情况的出现,又可以由国务院对各个部门行动进行整合。[④] 但国务院制定的行政法规也存在缺陷,其法律效力不及法律,规定的事项较为有限,在一些需要改革创新的事项上不能超越《立法法》的规定,在与其他单行法关系上也会由于效力不对等存在诸多局限。法律是依据法定程序与职权由全国人大及其常委会制定、修改的调整整个国家带有根本性的社会关系的一种法,在我国法的形式体系中占据主导地位,其效力仅低于

---

① 贾天增:《湖北农业与农村法制建设研究》,湖北教育出版社 2007 年版,第 126 页。
② 陈叶兰:《农村环境自治模式研究》,中南大学出版社 2011 年版,第 195 页。
③ 《立法法》第 65 条。
④ 李奇伟:《城市污染场地治理法律制度研究》,法律出版社 2017 年版,第 215 页。

宪法而高于其他的法，是形式体系中二级大法。[①] 规定《农村环境保护法》等事项是适合、恰当的。

所以，从立法形式上看，目前较合适的立法选择是行政法规，在条件成熟时应由全国人大常务委员制定《农村环境保护法》。

二、农村环境保护专门立法的框架结构

（一）章节安排的内在逻辑

现有政策文件在表现形式上主要存在两种逻辑。

一种按照政策执行要素展开。例如，2015 年农业部《关于打好农业面源污染防治攻坚战的实施意见》（农科教发〔2015〕1 号）围绕“打好农业面源污染防治攻坚战的总体要求”“明确打好农业面源污染防治攻坚战的重点任务”“加快推进农业面源污染综合治理”“不断强化农业面源污染防治保障措施”等内容进行了规定；2018 年生态环境部、农业农村部《农业农村污染治理攻坚战行动计划》（环土壤〔2018〕143 号）的框架结构是总体要求、主要任务、保障措施。可见，在与农业农村环境保护密切相关的政策文件中，章节安排主要围绕如何推进农村环境保护重点工作展开，通过明确要求、规定任务、提供保障的规定实现对农村环境保护活动的规范。

另一种是依循监督管理、具体防治措施、法律责任的逻辑展开。现有地方农村环境保护立法，如《广西壮族自治区农业环境保护条例》《山东省农业环境保护条例》等在展开规范论述时，主要按照总则、监督管理、保护防治措施、法律责任、附则的框架结构进行规定。它们参照了 1989 年《环境保护法》[②]的篇章结构，同时将“保护和改善环境”与“防治环境污染和其他公害”的内容进行合并形成了“保护防治措施”一章。

除此之外，笔者认为，章节安排还可以根据农村环境保护的主要方面，如农村人居环境整治、农业面源污染防治、农业自然资源保护、乡镇企业污染防治等内容进行划分。

---

① 张文显：《法理学》，高等教育出版社 2007 年版，第 97 页。

② 1989 年《环境保护法》的章节结构是第一章总则、第二章环境监督管理、第三章保护和改善环境、第四章防治环境污染和其他公害、第五章法律责任、第六章附则。

这两种逻辑都具有一定合理性,当考虑到我国的实际情况,本书认为我国农村环境保护专门立法应该选择第二种逻辑展开。一方面,总则、监督管理、保护防治措施、法律责任、附则基本上是我国环境保护法律的通用结构,由总到分,总分结合围绕环境监督管理事项展开规定。另一方面,这样的结构可以涵盖我国农村环境保护的主要方面,在保护防治措施这一章当中又可以分污染防治和自然资源保护两大类,从而与我国单行法结构相一致。当然,在具体设计时还应加入信息公开与公众参与一章。如此一来,未来《农村环境保护条例》的篇章结构设计可以包括这几个部分:第一章总则、第二章监督管理、第三章保护和改善农业农村环境、第四章防治农业农村污染和其他公害、第五章信息公开和公众参与、第六章法律责任、第七章附则。

(二)《条例》的框架结构

1.第一章　总则

作为《农村环境保护条例》的统领性内容,总则应当规定立法目的,农业农村环境的含义,基本原则,环境保护义务,环保科教,加大财政投入、环保宣传与舆论监督、环境监督管理体制、奖励等内容。

对立法目的规定应该融入生态文明建设和绿色发展的内容,可以规定为:为保护和改善农业农村环境,防治污染和其他公害,保障公众健康,推进生态文明建设,促进农村经济社会绿色发展,制定本法。

对农业农村环境的含义的规定需要对"农业环境"和"农村环境"分别进行规定:农业环境是指与农业生物的生长、发育和繁殖密切相关的水、空气、阳光、土壤、森林、草原等要素组成的综合体。农村环境是指以农村居民为中心的农村区域范围内各种天然的和经过人工改造的自然因素的整体,包括该区域范围内的土地、大气、水、动植物等。①

对基本原则的规定应重视城乡统筹等因素,具体可以归纳为:农

① 全国人大常委会法制工作委员会:《中华人民共和国环境保护法释义》,法律出版社2014年版,第117~118页。

村环境保护应当以改善农村环境质量为目标,坚持城乡统筹推进、预防为主、公众参与原则,加强农村人居环境整治,防治农业面源污染,保护农村生态环境,严格防控工业和城镇污染向农业和农村转移。

对环境监督管理体制的规定应注重基层监管能力的提升,明确在乡镇一级设立专门的农村环境保护管理机构,在村一级,通过合同方式聘任专(兼)职环保协查员协助开展农村环境监督管理工作。[①]

2. 第二章　监督管理

第二章监督管理将主要规定一般性监管措施,应当包括:农村环保规划、污染防治标准和限期达标规划、环境影响评价、约谈、损害评估、环境监测、风险预警、监督检查、查封、扣押等内容。

对污染防治标准和限期达标规划的规定,可以借鉴《大气污染防治》的做法,要求对未达到农村环境质量标准的人民政府及时编制环境质量限期达标规划,采取措施,按照规定的期限达到环境质量标准。

对环境影响评价的规定,欧盟环境法中已经对严重影响生态环境的农业项目实施环境影响评价制度,我国也可以借鉴吸收其规定,将农业领域环评的范围从新建、改建、扩建畜禽养殖场、养殖小区[②]扩大到其他对生态环境可能造成较大影响的农业建设项目。

对约谈制度的规定,可以对未完成国家农村环境质量改善目标的地区由省级以上人民政府生态环境主管部门进行约谈,并向社会公开。

对损害评估制度的规定,可以规定国务院生态环境主管部门会同有关部门,建立和完善农村环境风险损害评估制度,为环境管理、环境司法等提供服务。

3. 第三章　保护和改善农业农村环境

第三章保护和改善农业农村环境将主要规定农业自然资源保护的内容,应当包括:地方政府改善农村环境义务、耕地红线与轮作休

---

① 李奇伟:《城市中心主义环境立法倾向及其矫正》,载《求索》2018 年第 6 期。

② 《畜禽规模养殖污染防治条例》第 12 条。

耕、保护生物多样性、节约农业用水、生态保护补偿、有机生产、绿色认证、农业生物资源保护、农村环境综合整治等内容。

对耕地红线与轮作休耕的规定,应推动用地与养地相结合,在确保国家粮食安全和农民收入稳定增长的前提下,对土壤污染严重、区域生态功能退化、可利用水资源匮乏等不宜连续耕作的农田实行轮作休耕。

对节约农业用水的规定,应推行农业灌溉用水总量控制和定额管理。强化农业取水许可管理,严格控制地下水利用,加大地下水超采治理力度。全面推进农业水价综合改革,按照总体不增加农民负担的原则,加快建立合理农业水价形成机制和节水激励机制。突出农艺节水和工程节水措施,推广水肥一体化及喷灌、微灌、管道输水灌溉等农业节水技术,健全基层节水农业技术推广服务体系。充分利用天然降水,积极有序发展雨养农业。

对生态保护补偿的规定,应当制定农村生态保育计划,对退耕还林、高产农田或草原转为非农用途、解决优先资源关切、促进和提高农业生产和改善环境质量等事项进行规定,实施生态保护补偿。

对有机农业的规定,应借鉴欧美国家有机农业生产制度,对有机农业生产原则、方法、标识、监管等进行规定。

对农业生物资源保护的规定,应加快国家种质资源库、畜禽水产基因库和资源保护场规划建设,推进种质资源收集保存、鉴定和育种,全面普查农作物种质资源。加强野生动植物自然保护区建设,推进濒危野生植物资源原生境保护、移植保存和人工繁育。实施生物多样性保护重大工程,开展濒危野生动植物物种调查和专项救护,实施珍稀濒危水生生物保护行动计划和长江珍稀特有水生生物拯救工程。

4. 第四章　防治农业农村污染和其他公害

第四章防治农业农村污染和其他公害主要规定污染防治的内容,应当包括:农业清洁生产和资源循环利用、养殖业污染防治、种植业污染防治、工业和城镇污染向农业转移防控、农村饮用水水源保护、农村环境污染防治资金支持、农村环境卫生设施和环境保护公共设施建设等内容。

对农业清洁生产和资源循环利用的规定，应规定加快推广科学施肥、安全用药、绿色防控、农田节水等清洁生产技术与装备，改进种植和养殖技术模式；以种植业减量化利用、畜禽养殖废弃物循环利用、秸秆高值利用、水产养殖污染减排、农田残膜回收利用、农村生活污染处理等为重点，扶持和引导以市场化运作为主的生态循环农业建设。

对养殖业污染防治的规定，应推进养殖生产清洁化和产业模式生态化，优化调整畜禽养殖布局，加强畜禽粪污资源化利用，严格畜禽规模养殖环境监管，加强水产养殖污染防治和水生生态保护。

对种植业污染防治，应持续推进化肥、农药减量增效，加强秸秆、农膜废弃物资源化利用，大力推进种植产业模式生态化，实施耕地分类管理。

5. 第五章 信息公开和公众参与

第五章信息公开和公众参与主要规定环境权利及其保障机制、环境信息公开、公众参与、村民自治、举报、环境公益诉讼等内容。其中，村民自治是需要强调的内容。应尊重村民意愿激发其参与热情，建立政府、村集体、村民等各方共谋、共建、共管、共评、共享机制，动员村民投身美丽家园建设，保障村民决策权、参与权、监督权；建立完善村规民约。将农业农村环境保护纳入村规民约，建立农民参与生活垃圾分类、农业废弃物资源化利用的直接受益机制。引导农民保护自然环境，科学使用农药、肥料、农膜等农业投入品，合理处置畜禽粪污等农业废弃物。

6. 第六章 法律责任

第六章法律责任主要规定监管机构及工作人员法律责任和被管理者责任。一方面，应避免出现违法情形与法律责任规定相脱节的情况，对前面章节出现的义务性规范、禁止性规范要在法律责任具体规定上有所体现；另一方面，加强法律威慑性，增加按日计罚、行政拘留、连带责任的规定以提高违法成本，保障农村经济社会可持续发展。

7. 第七章 附则

总之，未来的《农村环境保护条例》在章节安排上应该呈现出前后衔接、内在一致的特征，立足于我国实际提出具备本土适应性的制度建构和立法规制方案，推动农村环境治理的法制化。

参考文献

一、中文著作

1. 韩德培、陈汉光:《环境保护法教程》,法律出版社 2018 年版。

2. 蔡守秋:《中国环境法学的基本理论》,中国人民大学出版社 2019 年版。

3. 吕忠梅:《自然保护地立法研究》,法律出版社 2022 年版。

4. 王树义:《外国环境法》,中国社会科学出版社 2023 年版。

5. 王灿发:《支持环境公益诉讼案例选》,中国政法大学出版社 2022 年版。

6. 汪劲:《环境法学知识体系和教学进阶》,北京大学出版社 2024 年版。

7. 李挚萍、陈春生:《农村环境管制与农民环境权保护》,北京大学出版社 2009 年版。

8. 曹明德:《环境与资源保护法》,中国人民大学出版社 2020 年版。

9. 李爱年、肖爱:《法治保障生态化:从单一到多维》,湖南师范大学出版社 2015 年版。

10. 李爱年:《环境法的伦理审视》,科学出版社 2006 年版。

11. 秦鹏:《生态消费法研究》,法律出版社

2007 年版。

12. 黄锡生:《社会主义新农村建设的环境法律问题研究》,法律出版社 2015 年版。

13. 胡静:《环境法的正当性与制度选择》,知识产权出版社 2009 年版。

14. 王彬辉:《论环境法的逻辑嬗变:从“权利本位”到“义务本位”》,科学出版社 2006 年版。

15. 董正爱:《生态秩序法的规范基础与法治构造:“美丽中国”的行为模式与秩序规范法律研究》,法律出版社 2015 年版。

16. 杜辉:《环境公共治理与环境法的更新》,中国社会科学出版社 2018 年版。

17. 杜健勋:《环境利益分配法理研究》,中国环境科学出版社 2013 年版。

18. 陈海嵩:《解释论视角下的环境法研究》,法律出版社 2016 年版。

19. 陈海嵩:《国家环境保护义务论》,北京大学出版社 2015 年版。

20. 张百灵:《农村环境风险防范法治研究》,线装书局 2013 年版。

21. 陈叶兰:《农村环境自治模式研究》,中南大学出版社 2011 年版。

22. 张宏艳、刘平养:《农村环境保护和发展的激励机制研究》,经济管理出版社 2011 年版。

23. 曾鸣、谢淑娟:《中国农村环境问题研究:制度透析与路径选择》,经济管理出版社 2007 年版。

24. 杨朝霞、代杰:《送法下乡之农村环境维权》,中国政法大学出版社 2010 年版。

25. 环境保护部环境与经济政策研究中心:《农村环境保护与生态文明建设》,中国环境出版社 2017 年版。

26. 裴敬伟:《生态文明视角下农村环境法治问题研究》,世界图书出版广东有限公司 2015 年版。

27. 魏佳容:《我国农村环境保护的困境与化解之道》,湖北科学技术出版社 2012 年版。

28. 肖敏:《农村环境保护法律指导》,贵州大学出版社 2009 年版。

29. 梁涤坚:《中国新农村环境法治研究》,中国地质大学出版社 2009 年版。

30. 熊春秋:《农村环境保护法律知识问答》,贵州科技出版社 2007 年版。

31. 佟占军:《农村生态环境法律研究》,知识产权出版社 2016 年版。

32. 吕军:《两型社会农村生态环境治理机制研究》,中国地质大学出版社 2016 年版。

33. 孟庆瑜、申静等:《农村生态环境保护法律读本》,甘肃文化出版社 2009 年版。

34. 窦玉珍:《农村常用环境保护法律知识》,中国法制出版社 2002 年版。

35. 冯淑怡:《农村发展中环境管理研究》,科学出版社 2014 年版。

36. 张俊哲:《农村环境治理问题研究》,吉林人民出版社 2014 年版。

37. 刘国涛:《农村资源开发与环境保护法制保障研究》,法律出版社 2016 年版。

38. 周纪昌:《中国农村环境侵权问题研究》,经济科学出版社 2007 年版。

39. 闫伟:《农村环境综合整治制度创新研究》,经济科学出版社 2011 年版。

40. 郭琰:《中国农村环境保护的正义之维》,人民出版社 2015 年版。

41. 王伟:《农产品产地土壤污染防治立法研究》,中国法制出版社 2015 年版。

42. 张辉:《美国环境法研究》,中国民主法制出版社 2015 年版。

43. 徐更生:《美国农业政策》,经济管理出版社 2007 年版。

44. 杜楠、吕翔等:《美国农业现代化历程及其对中国的启示研究》,中国农业科学技术出版社 2017 年版。

45. 权昌会:《美国农业立法》,经济科学出版社 1997 年版。

46. 洪民荣:《美国农村研究》,上海社会科学院出版社 2016 年版。

47. 朱艳丽:《经济全球化视野下的日本农业改革研究》,吉林大学出版社 2012 年版。

48. 焦必方、孙彬彬:《日本现代农村建设研究》,复旦大学出版社 2009 年版。

49. 宋敏编:《日本环境友好型农业研究》,中国农业出版社 2010 年版。

50. 罗伟雄、赵鲲:《发达国家农业管理制度》,时事出版社 2001 年版。

51. 张广胜:《发展中的世界农业:美国农业》,中国农业出版社 2015 年版。

52. 张汉麟:《美国 2002 年农业法专题研究》,经济管理出版社 2005 年版。

53. 孙中才:《世界农业发展与欧盟共同农业政策》,法律出版社 2003 年版。

54. 聂凤英:《中国欧盟农业合作战略研究》,中国农业科学技术出版社 2007 年版。

55. 肖主安、冯建中:《走向绿色的欧洲:欧盟环境保护制度》,江西高校出版社 2006 年版。

56. 李伟:《世界农业法鉴》,中国民主法制出版社 2004 年版。

57. 农业部国际合作司:《美国农业法汇编》,中国农业出版社 2014 年版。

58. 毛如柏:《世界环境法汇编 美国卷》,中国档案出版社 2007 年版。

59. 蔡书凯:《新型城镇化与生活环境》,广东经济出版社 2014 年版。

60. 姚士谋:《中国城镇化的资源环境基础》,科学出版社 2010 年版。

61. 孟健军:《城镇化过程中的环境政策实践:日本的经验教训》,商务印书馆 2014 年版。

62. 欧阳南江:《快速城镇化与资源环境协调发展理论、方法及实证研究》,中国城市出版社 2014 年版。

63. 钱易、吴良镛:《城镇化进程中的生态环境保护与生态文明建设研究》,中国建筑工业出版社 2013 年版。

64. 黄河东:《北部湾城市群城镇化与生态环境协调发展研究》,经济科学出版社 2018 年版。

65. 张杰:《生态环境约束下新疆新型城镇化支撑产业研究》,经济科学出版社 2017 年版。

66. 蒋晓伟:《城市治理法治化研究》,人民出版社 2016 年版。

67. 何艳玲:《变迁中的中国城市治理》,格致出版社 2013 年版。

68. 关玲永:《我国城市治理中公民参与研究》,吉林大学出版社 2010 年版。

69. 陈慈阳:《环境法总论》,台北,元照出版有限公司 2003 年版。

70. 陈慈阳:《行政法总论:基本原理、行政程序及行政行为》,台北,神州图书出版股份有限公司 2001 年版。

71. 李建良:《环境法》,台北,新学林出版股份有限公司 2012 年版。

72. 陈春生:《行政法之学理与体系》,台北,元照出版有限公司 2007 年版。

73. 辛年丰:《环境风险的公私协力:国家任务变迁的观点》,台北,元照出版有限公司 2014 年版。

二、中译本著作

1. [德]汉斯 · J. 沃尔夫:《行政法》(第 1 卷),高家伟译,商务印书馆 2002 年版。

2. [德]考夫曼:《法律获取的程序:一种理性分析》,雷磊译,中国政法大学出版社 2015 年版。

3. [德]魏德士:《法理学》,丁晓春等译,法律出版社 2005 年版。

4. [德]马克斯·韦伯:《社会科学方法论》,阎克文等译,华夏出版社 1999 年版。

5. [美]爱蒂丝·布朗·魏伊丝:《公平地对待未来人类:国际法、共同遗产与世代间衡平》,汪劲等译,法律出版社 2000 年版。

6. [美]凯斯· R. 孙斯坦:《风险与理性:安全、法律及环境》,师帅译,中国政法大学出版社 2005 年版。

7. [美]珀西瓦尔:《美国环境法:联邦最高法院法官教程》,赵绘宇译,法律出版社 2014 年版。

8. [美]约翰·斯普兰克林:《危险废物和有毒物质法精要》,凌欣译,南开大学出版社 2016 年版。

9. [美]吉恩·马基雅弗利·艾根:《毒物侵权法精要》,李冰强译,南开大学出版社 2016 年版。

10. [美]理查德·B. 斯图尔特:《美国环境法的改革:规制效率与有效执行》,王慧译,法律出版社 2016 年版。

11. [美]肯·盖泽:《无害化学品:可持续发展的策略》,高映辉译,上海科学技术出版社 2017 年版。

12. [英]布莱恩·杰克:《农业与欧盟环境法》,姜双林译,中国政法大学出版社 2012 年版。

13. [英]绍尔卡:《法国环境政策的形成》,韩宇等译,中国环境科学出版社 2012 年版。

14. [日]原田尚彦:《环境法》,石龙潭译,法律出版社 1999 年版。

15. [日]黑川哲志:《环境行政的法理与方法》,肖军译,中国法制出版社 2008 年版。

16. [日]饭岛伸子:《环境社会学》,包智明译,社会科学文献出版社 1999 年版。

三、外文著作

1. Hardoy J. E., Mitlin D. & Satterthwaite D., *Environmental Problems in Third World Cities*, Taylor & Francis, 2024.

2. Rogers D. T. , *Fundamentals of Environmental Law and Compliance*, CRC Press, 2022.

3. Spiegel-Feld et al. , *Global Sustainable Cities: City Governments and Our Environmental Future*, NYU Press, 2023.

4. Plater Z. J. B. et al. , *Environmental Law and Policy: Nature, Law, and Society*, Wolters Kluwer Law & Business, 2016.

5. Sands P. & Peel J. , *Principles of International Environmental Law*, Cambridge University Press, 2012.

6. Jans J. H. & Vedder H. , *European Environmental Law: after Lisbon*, Apollo Books, 2012.

7. Bodansky D. , *The Art and Craft of International Environmental Law*, Harvard University Press, 2010.

8. Lazarus R. J. , *The Making of Environmental Law*, University of Chicago Press, 2008.

9. Burns R. G. & Lynch M. J. , *Stretesky P*, *Environmental Law, Crime, and Justice*, LFB Scholarly Pub. , 2008.

10. Andrea Lenschow, *Environmental Policy Integration: Greening Sectoral Policies in Europe*, Routledge, 2002.

四、期刊论文

1. 蔡守秋:《法治视野下健全农村环境治理的路径思考》,载《环境保护》2015 年第 17 期。

2. 蔡守秋、吴贤静:《农村环境保护法治建设的成就、问题和改进》,载《当代法学》2009 年第 1 期。

3. 蔡守秋:《论农村环境保护法规制的主要领域》,载《中国地质大学学报(社会科学版)》2008 年第 6 期。

4. 吕忠梅:《美丽乡村建设视域下的环境法思考》,载《华中农业大学学报(社会科学版)》2014 年第 2 期。

5. 吕忠梅:《农村面源污染控制的体制机制创新研究——对四湖流域的法社会学调查报告》,载《中国政法大学学报》2011 年第 5 期。

6. 王树义、刘琳:《论我国农村环境保护之法治保障——以立法保护为重点》,载《环境保护》2015 年第 21 期。

7. 陈德敏:《循环经济与新农村建设》,载《科学咨询(决策管理)》2007 年第 12 期。

8. 高利红、周勇飞:《我国农村饮用水安全的法律保障问题探析》,载《中州学刊》2015 年第 6 期。

9. 李挚萍:《社会转型中农民环境权益的保护——以广东农村为例》,载《中山大学学报(社会科学版)》2007 年第 4 期。

10. 秦天宝:《关于我国自然资源保护法律体系的评价及立法取向》,载《中国人口・资源与环境》1999 年第 3 期。

11. 孙佑海:《运用环境法治推动农村环境保护》,载《环境保护》2008 年第 15 期。

12. 孙佑海:《农村比城市更需要环境立法》,载《人民论坛》2007 年第 19 期。

13. 汪劲:《统一监管:环保部门难以承受之重》,载《环境保护》2009 年第 16 期。

14. 王明远:《转基因生物安全监管模式及我国转基因生物安全立法研究》,载《上海交通大学学报(农业科学版)》2007 年第 2 期。

15. 秦鹏、冯林玉:《民法典"绿色原则"的建构逻辑与适用出路》,载《大连理工大学学报(社会科学版)》2018 年第 3 期。

16. 秦鹏、祝睿:《未经行政审批之矿业权转让合同的效力认定:裁判实践与应然路径》,载《法律科学(西北政法大学学报)》2018 年第 2 期。

17. 李爱年、肖爱:《论生态文明建设守法主体的"生态化"》,载《湖南师范大学社会科学学报》2015 年第 4 期。

18. 李爱年、周圣佑:《我国环境保护法的发展:改革开放 40 年回顾与展望》,载《环境保护》2018 年第 20 期。

19. 于文轩、朱炳成:《农村环境健康纠纷解决机制的困境与出路》,载《农业资源与环境学报》2013 年第 3 期。

20. 于文轩:《转基因农产品让公众心知肚明——农产品质量安全视角下的转基因标识制度》,载《农业环境与发展》2007 年第 5 期。

21. 黄锡生、唐绍均:《三峡库区环境安全保护法律实施机制探讨》,载《长江流域资源与环境》2004 年第 6 期。

22. 黄锡生、许珂:《环境友好型社会下我国饮用水源的法律保护》,载《环境保护》2007 年第 2 期。

23. 黄锡生、关慧:《农村环保监管模式的创新——以农民环境角色的转变为突破口》,载《学术界》2010 年第 9 期。

24. 王江、黄锡生:《我国生态环境恢复立法析要》,载《法律科学(西北政法大学学报)》2011 年第 3 期。

25. 柯坚、刘志坚:《我国环境法学研究十年(2008—2017 年):热议题与冷思考》,载《南京工业大学学报(社会科学版)》2018 年第 1 期。

26. 李志榕、张佐鹏:《互信、互动、互联:培育农村环境治理共同体的可行路径研究》,载《中南大学学报(社会科学版)》2024 年第 3 期。

27. 田毅鹏、吕龙:《社会政策视域下农村人居环境治理政策的演进及路径转向》,载《济南大学学报(社会科学版)》2024 年第 3 期。

28. 杜辉:《论环境私主体治理的法治进路与制度建构》,载《华东政法大学学报》2016 年第 2 期。

29. 杜辉:《资源型城市可持续发展保障的策略转换与制度构造》,载《中国人口·资源与环境》2013 年第 2 期。

30. 董正爱、王璐璐:《迈向回应型环境风险法律规制的变革路径——环境治理多元规范体系的法治重构》,载《社会科学研究》2015 年第 4 期。

31. 董正爱:《社会转型发展中生态秩序的法律构造——基于利益博弈与工具理性的结构分析与反思》,载《法学评论》2012 年第 5 期。

32. 杜健勋、陈德敏:《环境利益的差异建构与原因阐释——基于我国区域与城乡环境利益分配的基础分析》,载《华东经济管理》2010 年第 10 期。

33. 谢玲、李爱年:《责任分配抑或权利确认:流域生态补偿适用条件之辨析》,载《中国人口·资源与环境》2016 年第 10 期。

34. 刘晶、李君:《新疆农村环境保护法治建设的现状与对策》,载

《新疆师范大学学报(哲学社会科学版)》2016年第1期。

35. 乐波:《荷兰环境合作社与农村环境保护之借鉴》,载《武汉理工大学学报(社会科学版)》2014年第6期。

36. 林云飞:《论生态文明建设中农村环境保护的问题与对策——基于政策与法律对比分析的视角》,载《湖北社会科学》2013年第7期。

37. 章力建、赵鱼等:《我国农村环境保护回顾与展望》,载《环境保护》2011年第23期。

38. 黄志永:《论农村环境保护激励机制的建立与完善》,载《中国青年政治学院学报》2011年第5期。

39. 程庆水、孙增杰:《河北省农村环境保护法律制度建设研究》,载《河北学刊》2011年第5期。

40. 张秋:《建立完善农村环境保护的激励机制研究》,载《农村经济》2011年第3期。

41. 程宇光:《论农业补贴的农村环境保护功能——以欧美农业补贴制度的比较为视角》,载《河北法学》2010年第8期。

42. 王丽琼、李子蓉等:《乡村振兴战略下农村环境协同治理关键因素识别研究》,载《中国生态农业学报》2019年第2期。

43. 王允华、杨兴东:《绿色发展视野下农村环境治理法律规制研究》,载《农业经济》2018年第12期。

44. 魏新玲:《美丽乡村建设视野下农村环境生态化发展的价值取向与实现路径研究》,载《农业经济》2018年第10期。

45. 傅晶晶、赵云璐:《农村环境法律制度嬗变的逻辑审视与启示》,载《云南社会科学》2018年第5期。

46. 何寿奎:《农村环境多元共治主体行为逻辑与政策引导机制研究》,载《现代经济探讨》2018年第8期。

47. 姜双林:《欧盟农业环境补贴法律制度的嬗变及其对中国的启示》,载《法治研究》2008年第6期。

48. 陈润羊、德国洁:《城乡一体化视野下农村环境治理的困境与出路》,载《农业经济》2018年第7期。

49. 张诚、刘祖云:《从"碎片化"到"整体性":农村环境治理的现实路径》,载《江淮论坛》2018 年第 3 期。

50. 吴隽雅:《公私协作视阈下农村环境治理的法律进路》,载《大连理工大学学报(社会科学版)》2018 年第 5 期。

51. 郭武、王晶:《农村环境资源“多中心治理”法治格局初探》,载《江苏大学学报(社会科学版)》2018 年第 3 期。

52. 徐慧明:《农村环境污染治理的法律对策探究》,载《农业经济》2018 年第 4 期。

53. 程会强:《农村环境保护体系的构建策略》,载《改革》2017 年第 11 期。

54. 史磊、郑珊:《日本农村环境治理中的农户参与机制及启示》,载《世界农业》2017 年第 10 期。

55. 张国磊、张新文等:《农村环境治理的策略变迁:从政府动员到政社互动》,载《农村经济》2017 年第 8 期。

56. 吴限、刘欢:《农村环境污染责任保险制度的审视与构建》,载《农业经济》2017 年第 6 期。

57. 牛玉兵、刘钦:《城镇化进程中农村环境治理法律机制分析》,载《农业经济》2017 年第 3 期。

58. 黄森慰、唐丹等:《农村环境污染治理中的公众参与研究》,载《中国行政管理》2017 年第 3 期。

59. 徐瑾、王睿:《农村环境监管亟须政府出手》,载《人民论坛》2017 年第 6 期。

60. 高博、李桂花:《农村环境问题:表现、成因及解决》,载《理论与改革》2016 年第 4 期。

61. 范和生、唐惠敏:《农村环境治理结构的变迁与城乡生态共同体的构建》,载《内蒙古社会科学(汉文版)》2016 年第 4 期。

62. 雷俊:《农村环境抗争的动因分析及治理路径选择——基于环境正义的视角》,载《行政论坛》2016 年第 3 期。

63. 董玥玥:《城乡一体化导向的农村环境污染治理研究》,载《农业经济》2016 年第 5 期。

64. 房宇:《农村环境污染现状及原因的法律分析》,载《农业经济》2016 年第 5 期。

65. 沈费伟、刘祖云:《农村环境善治的逻辑重塑——基于利益相关者理论的分析》,载《中国人口·资源与环境》2016 年第 5 期。

66. 黄海峰、冯海燕:《中国农村环境责任保险制度的研究》,载《农村经济》2016 年第 1 期。

67. 刘晶、李君:《新疆农村环境保护法治建设的现状与对策》,载《新疆师范大学学报(哲学社会科学版)》2016 年第 1 期。

68. 许家胜、陈吉仲等:《农业环境给付政策之研究——以有机稻米与水稻田为例》,载《农业与经济》2014 年第 53 期。

69. Sinaga R. Y. & Barus L. B. , *Legal Pluralism in Rural Land Resilience: Towards Sustainable Food Security in Indonesia*, 95 - 107Journal of Sustainable Development Issues 2(2023).

70. Faishal A. , *Laws and Regulations Regarding Food Waste Management as a Function of Environmental Protection in a Developing Nation*, 223-237 International Journal of Criminal Justice Sciences 17(2022).

71. Wieliczko B. , Kurdyś-Kujawska A. & Floriańczyk Z. , *EU Rural Policy's Capacity to Facilitate a Just Sustainability Transition of the Rural Areas*, 50 Energies 14 (2021).

72. Mueller J. T. & Gasteyer S. , *The Widespread and Unjust Drinking Water and Clean Water Crisis in the United States*, 35 - 44Nature Communications 12(2021).

73. Garske B. , Stubenrauch J. & Ekardt F. ,*Sustainable Phosphorus Management in European Agricultural and Environmental Law*, 107 - 117 Review of European, Comparative & International Environmental Law 29(2020) .

74. Cannon C. , *Examining Rural Environmental Injustice: An Analysis of Ruralness, Class, Race, and Gender on the Presence of Landfills across the United States*, 89 - 114 Journal of Rural and Community Development 15(2020).

后　记

本书是国家社会科学基金青年项目“城镇化进程中我国农村环境法制建设研究”(项目编号13CFX095)的最终成果。2013 年项目立项以后,围绕课题研究中心任务,团队相继发表了多篇学术论文,例如,《城市中心主义环境立法倾向及其矫正》《美国城市化进程中基本农田保护制度的构建与启示》。之后,在对前期研究成果进行归纳总结基础上展开了进一步研究,系统梳理了写作思路并进行著作章节撰写,终于形成了书稿。可以说,它是对自己这一阶段学习、工作的一个小结。

特别感谢在这一过程中支持、帮助、关心过我的人!感谢两位授业恩师——湖南师范大学法学院李爱年教授、重庆大学法学院秦鹏教授。两位老师的为人处事都令我非常钦佩,对我的学术研究也提点、指导良多,使我形成了相对系统的学术思维;感谢彭本利、谢玲等伙伴的参与、支持,也谢谢他们提供的宝贵意见;感谢我的家人,紧张的课题研究工作挤占了很多家庭的欢聚时光,在这期间大宝长大了,小宝出生了,而家人们为我承担了很多家庭重任。

在出版之际，特别感谢法律出版社编校老师们提供的帮助和指导！也感谢湖南省一流建设学科法学（湖南师范大学）建设项目的支持。

文中还有诸多不足之处，也恳请大家批评指正！

李奇伟

2024年11月

岳麓山下